数字化管理创新系列教材

商业模式创新

数字经济时代持续竞争优势的源泉

胡保亮　闫帅　编著

清华大学出版社
北京

内容简介

本书在明确商业模式创新在当前数字经济发展热潮中的重要作用的基础上，深入介绍了商业模式创新的基本概念、主要工具、常见类型、战略框架与伦理道德等基础性知识；还重点介绍了商业模式创新过程中高管团队的作用、需求侧战略引领与商业生态系统情境等一些进阶性内容；最后介绍了新一代信息技术发展及其使能的商业模式创新专题。力求诠释数字经济发展背景下，为什么以及如何实现成功的商业模式创新。

全书共安排3篇内容。第1篇为基础篇，着重介绍商业模式创新的基础知识；第2篇为进阶篇，着重介绍商业模式创新的一些热点问题的最新进展。第3篇为专题篇，着重介绍新一代信息技术发展及其引发的商业模式创新。

本书适合作为高等院校管理类、经济类等高年级本科生和研究生的教材。本书也可供对商业模式设计、创新、运营比较感兴趣的广大研究人员和企业实践者参考。

图书在版编目(CIP)数据

商业模式创新：数字经济时代持续竞争优势的源泉/胡保亮，闫帅编著. —北京：清华大学出版社，2021.4(2023.7重印)
数字化管理创新系列教材
ISBN 978-7-302-57538-2

Ⅰ.①商… Ⅱ.①胡… ②闫 Ⅲ.①商业模式－教材 Ⅳ.①F71

中国版本图书馆CIP数据核字(2021)第022724号

责任编辑：刘向威
封面设计：文　静
责任校对：胡伟民
责任印制：朱雨萌

出版发行：清华大学出版社
网　　址：http://www.tup.com.cn，http://www.wqbook.com
地　　址：北京清华大学学研大厦A座　　**邮　　编**：100084
社 总 机：010-83470000　　**邮　　购**：010-62786544
投稿与读者服务：010-62776969，c-service@tup.tsinghua.edu.cn
质量反馈：010-62772015，zhiliang@tup.tsinghua.edu.cn
课件下载：http://www.tup.com.cn，010-83470236
印 装 者：三河市君旺印务有限公司
经　　销：全国新华书店
开　　本：185mm×260mm　　**印　　张**：13.5　　**字　　数**：235千字
版　　次：2021年6月第1版　　**印　　次**：2023年7月第4次印刷
印　　数：4001～5500
定　　价：49.00元

产品编号：087527-01

总序

FOREWORD

2003年，在习近平新时代中国特色社会主义思想的重要萌发地浙江，时任省委书记的习近平同志提出建设“数字浙江”的决策部署。在此蓝图的指引下，“数字浙江”建设蓬勃发展，数字化转型和创新成为当前社会的共识和努力方向。特别是党的十八大以来，我国加快从数字大国向数字强国迈进，以“数字产业化、产业数字化”为主线推动经济高质量发展，我国进入数字化发展新时代。

数字强国战略的实施催生出大量数字化背景下的新产业、新业态和新模式，响应数字化发展需求的人才培养结构和模式也在发生显著变化。加强数字化人才培养已成为政、产、学、研共同探讨的时代话题。高等教育更应顺应数字化发展的新要求，顺变、应变、求变，加快数字化人才培养速度、提高数字化人才培养质量，为国家和区域数字化发展提供更好的人才支撑和智力支持。数字化人才不仅包括数字化技术人才，也包括数字化管理人才。当前，得益于新工科等一系列高等教育战略的实施以及高等学校数字人才培养模式的改革创新，数字化技术的人才缺口正在逐步缩小。但相较于数字经济的快速发展，数字化管理人才的供给缺口仍然巨大，加强数字化管理人才的培养和改革迫在眉睫。

近年来，杭州电子科技大学管理学院充分发挥数字化特色明显的学科优势，努力推动数字化管理人才培养模式的改革创新。2019年，在国内率先开设“数字化工程管理”实验班，夯实信息管理与信息系统专业的数字化优势，加快工商管理专业的数字化转型，强化工业工程专业的数字化特色。当前，学院数字化管理人才培养改革创新已经取得良好的成绩：2016 年，信息管理与信息系统专业成为浙江省“十三五”优势本科专业（全省唯一），2019 年入选首批国家一流本科建设专业。借助数字化人才培养特色和优势，工业工程和工商管理专业分别入选首批浙江省一流本科建设专业。通过扎根数字经济管理领域的人才培养，学院校友中涌现了一批以独角兽数字企业联合创始人、创业者以及知名数字企业高管为代表的数字化管理杰出人才。

杭州电子科技大学管理学院本次组织出版的“数字化管理创新”系列教材，既是对学院前期数字化管理人才培养经验和成效的总结提炼，也为今后深化和升华数字化管理人才培养改革创新奠定了坚实的基础。该系列教材既全面剖析了技术、信息系统、知识、人力资源等数字化管理的要素与基础，也深入解析了运营管理、数字工厂、创新平台、商业模式等数字化管理的情境与模式，提供了数字化管理人才所需的较完备的知识体系建构；既在于强化系统开发、数据挖掘、数字化构建等数字化技术及其工程管理能力的培养，也着力加强数据分析、知识管理、商业模式等数字化应用及其创新能力的培养，勾勒出数字化管理人才所需的创新能力链条。

“数字化管理创新”系列教材的出版是杭州电子科技大学管理学院推进数字化管理人才培养改革过程中的一项非常重要的工作，将有助于数字化管理人才培养更加契合新时代需求和经济社会发展需要。“数字化管理创新”系列教材的出版放入当下商科人才培养改革创新的大背景中也是一件非常有意义的事情，可为高等学校开展数字化管理人才培养提供有益的经验借鉴和丰富的教材资源。

作为杭州电子科技大学管理学院的一员，我非常高兴地看到学院在数字化管理人才培养方面所取得的良好成绩，也非常乐意为数字化管理人才培养提供指导和支持。期待学院在不久的将来建设成为我国数字化管理人才培养、科学研究和社会服务的重要基地。

是为序！

刘人怀

中国工程院 机械与运载工程学部 / 工程管理学部 院士

2020 年 6 月

序言

FOREWORD

人类社会的发展已经历了以蒸汽机发明与应用为代表的第一次工业革命、以电力与流水线作业应用为代表的第二次工业革命以及以半导体、计算机、互联网发明和应用为代表的第三次工业革命，当下正加速进行着以数字化与智能化为核心的第四次工业革命。从160年前的洋务运动开始，虽历经磨难，但中国企业一直在不懈地追赶。建国后的70多年里，尤其在改革开放的40余年中，中国已经昂然成为世界第一制造大国，跃上了奋进中成为制造强国的快车道。

从追赶到超越追赶，第四次工业革命为中国企业提供了全面赶超的重大机会窗口。而抓住这一机会窗口的关键在于：一方面要不断实现技术创新突破，赢得硬科技的创新制高点；另一方面则要大力发挥商业模式创新的作用，打破和转化原有的商业生态系统，为新的商业生态系统赋能。而当代商业模式创新最值得人们关注的一个特点就是通过"价值网络"来形成新的价值创造机制和实现机制。从封闭的价值链转向开放的价值网络是当今全球创新实践的新趋势。技术创新与商业模式创新的"双轮驱动"已经成为全球一流企业的共识。

事实上，每次工业革命推动下的技术迭代与扩散应用，都伴随着商业模式创新。但是，虽然"商业模式"这一事物本身存在已久，作为一个"概念术语"的出现却是拜互联网改写人类及人类与世间万物关系所赐，始于20世纪90年代中期人们开始认识到价值创造的模式已经从价值链转向价值网络之时。以价值网络为背景，进行商业模式的创新与设计，相关主体必须对商业模式创新有更全面与深刻的理解和把握，包括商业模式创新的基础性知识、前沿知识及前沿实践等。

当前，我国大力发展数字经济已经在实践中取得了快速的进展，数字经济的比重已然超过了三分之一的GDP，处于重要的战略机遇期。但是，围绕商业模式创新的学术成果与专业知识并不多，而且相对分散，需要有所汇集以便向读者群体有体系地介绍与传播。此外，国内现有的商业模式创新相关教材多来自国外，亟须有志之士对中国的实践进行系统深入的研究，从而编撰出适合国内读者学习的优秀教材。

显然，本教材《商业模式创新：数字经济时代持续竞争优势的源泉》的出版恰逢其时，具有不言而喻的重要意义和价值。这本教材是两位青年编者基于他们在商业模式创新领域的多年积累并结合对数字经济发展的深刻理解而完成的。教材既包括商业模式创新基础性知识层面的理论篇，也包括商业模式创新前沿热点探究层面的进阶篇，还包括新一代信息技术引致的商业模式创新的专题篇。这些内容的安排将帮助读者完成对商业模式创新从浅到深、从理论到实践、从基础到前沿的全面理解。

本教材既适合在校学习的本科生和研究生，也适合更多正在从事商业模式创新研究与实践的学者与管理者阅读。作为作者之一胡保亮博士曾经的导师，为他们的成绩而深感欣慰，他们秉承浙江大学的“求是精神”校训，孜孜以求的踏实努力，造就了今日之成就。特此推荐！

浙江大学教授，教育部长江学者特聘教授

前言

PREFACE

信息技术，特别是互联网的发展，显著改变了价值创造、传递与获取的方式。在此背景下，商业模式创新成为企业新的战略性的竞争手段，为企业获取竞争优势打开了新的机会窗口。随着商业模式创新重要性的日益显现，以及社会对商业模式创新的日益重视，越来越多的高校将商业模式创新独立作为一门新兴起的、面向未来的课程引入本科生、硕士生甚至博士生的培养中。有关商业模式创新的知识内容非常丰富，但缺乏系统梳理与总结；有关商业模式创新的研究性质的著作很多，但教材不多，特别是体系健全的教材。

本书旨在为开设商业模式创新课程的高校提供体系健全且创新、理论深刻且易懂、知识前沿且实用的教材，满足高校课程改革与人才培养的需求。本书在统一体系的框架内，采用模块化内容安排，共包括 3 篇 10 章。第 1 篇为商业模式创新知识基础篇，包括商业模式创新与数字经济、商业模式创新概述、商业模式创新工具、商业模式创新类型、商业模式创新战略、商业模式创新伦理。第 2 篇为商业模式创新知识进阶篇，包括高管团队与商业模式创新、需求侧战略与商业模式创新、商业生态系统与商业模式创新。第 3 篇为商业模式创新知识专题篇，即新一代信息技术发展与商业模式创新。基础篇与专题篇可供本科生与研究生选用，进阶篇内容可供对研究感兴趣的本科生深化选用、更可供研究生选用，本书也可以作为相关研究人员和企业实践者的参考用书。

本书框架与思路由胡保亮设计，第 3、4、7、8、10 章由胡保亮编写，第 1、2、

5、6、9章由闫帅编写。全书由胡保亮统稿，完成修改。本书的部分内容来自编者先前的一些研究成果，这些研究成果是在一些基金项目资助下完成的，在此表示感谢。本书的出版还汇聚了其他人员的努力与支持，在此表示感谢：编者的同事刘广、张素平在本书编写过程中提供了观点支持与启发；刘馨钰、胡晓冰、黄伟、张卓越等研究生在本书编写过程中参与了资料收集与整理等工作。本书获杭州电子科技大学教材立项出版资助，在此一并表示感谢。

限于编者水平有限，书中不当之处在所难免，欢迎广大同行和读者批评指正。

编　者

2020年9月

目录

CONTENTS

第一篇　基础篇

第二篇 进阶篇

第三篇 专题篇

第1篇　基础篇

第1章 商业模式创新与数字经济

1.1 数字经济的兴起、内涵与特征

1.1.1 数字经济的兴起

20世纪90年代，全球经济表现平平，美国却保持了持续快速发展。截至2000年年底，美国实现了连续118个月的增长，创造了连续增长时间最长的历史纪录，而且呈现出“两高两低”的特征，即高经济增长率、高生产增长率、低失业率、低通货膨胀率。这种高质量的增长在资本主义发展史上难得一见，诸多不同以往发展模式的新特征显现出来。这首先体现在驱动增长的要素中首次出现了现代信息通信技术，而20世纪90年代也正是信息通信技术革命如火如荼、互联网正式开启商业化进程的年代。美国前劳工部长罗伯特·赖克曾表示，美国新一轮经济增长中的70%应归功于计算机和互联网。互联网以“0”和“1”构成的比特流改变了信息输入方式和交互方式，改变了商品流通方式和交易方式，一经商业化就展现了强大的生命力。在此背景下，数字经济的概念被提出并引起广泛关注。

1995年，加拿大商业策略大师唐·泰普斯科出版了一本名为《数字经济》的著作，详细论述了互联网对经济社会的影响，他被认为是最早提出“数字经济”概念的人之一。此后，随着曼纽尔·

卡斯特的《信息时代：经济、社会和文化》、尼古拉斯·尼葛洛庞帝的《数字化生存》等一系列著作的问世，数字经济的理念迅速流行开来。各国政府也开始把发展数字经济作为推动经济增长的重要手段。表1.1列举了一些国家及组织的数字经济发展战略。

表1.1 一些国家及组织的数字经济发展战略

一些国家及组织的数字经济战略	数字经济战略的主要观点
美国"数字经济议程"	自由开放的互联网；互联网信任和安全；创新和新兴技术
欧盟"数字单一市场战略"	破除法律和行业壁垒，实现数字商品服务自由流通；加强网络交流平台的管理；推动数字技术发展；增加数字产业投资
德国"数字经济战略2025"	构建千兆(吉比特)光纤网络；建立投资和创建领域监管框架；在基础设施领域推进智能互联以加速经济发展；加强数据安全，保障数据主权；促进中小企业、手工业和服务业商业模式数字化转型；帮助德国企业推进"工业4.0"；注重科研创新，数字技术发展达到顶尖水平
英国"数字经济法"	重视通信基础设施特别是宽带的建设，建立数字版权保护的法律和管制框架，保护在线著作权等
中国"互联网＋战略"	依托互联网信息技术实现互联网与传统产业的深度融合；优化生产要素、重构经济结构等途径来完成经济转型和升级；推动移动互联网、云计算、大数据、物联网等与现代制造业结合，促进电子商务、工业互联网和数字金融的创新发展
日本"i-Japan战略"	电子政府战略；医疗和健康信息化发展战略；教育和人才信息化战略

资料来源：阿里研究院。

在数字经济时代之前，人类经历了游牧经济、农耕经济、工业经济、信息经济。一般可从8个方面对工业经济、信息经济和数字经济进行比较，如表1.2所示。可以看出，数字经济显著不同于工业经济与信息经济，在代表性通用技术、起主导作用的生产要素、代表性产业、核心商业主体、新经济形态、商业模式、组织模式、文化习惯等方面具有鲜明的特征。

表 1.2 不同经济时代的比较

不同方面	工业经济	信息经济	数字经济
代表性通用技术	电力、交通网络等	数据中心、数字通信网络开始发育	大数据、云计算、人工智能、移动互联网、智能终端等
起主导作用的生产要素	资本、劳动力、土地等	“信息”开始体现价值	“数据”成为核心要素
代表性产业	汽车、钢铁、能源等	IT 产业，以及被 IT 化的各行业	DT 的产业融合产业，被 DT 化的各产业，数据驱动
核心商业主体	大企业主导、追求纵向一体化	大企业主导、由 IT 技术支撑起供应链协同	平台主导
新经济形态	规模经济：以产品为价值载体	范围经济：以服务和解决方案为价值载体	平台经济＋共享经济
商业模式	B2C	大规模定制为最高形态	C2B、C2M
组织模式	泰勒制	传统金字塔体系受到冲击，各类管理理念盛行	云端制（大平台＋小前端）
文化习惯	命令和控制	泰勒制松动，重视个性和创造力	开放、分享、透明、责任

资料来源：阿里研究院。

1.1.2 数字经济的内涵

人们对数字经济的认识是一个不断深化的过程。在众多关于数字经济的定义中，以 2016 年 G20 杭州峰会发布的“二十国集团数字经济发展与合作倡议”最具代表性。该倡议认为，数字经济是指以使用数字化的知识和信息作为关键生产要素、以现代信息网络作为重要载体、以信息通信技术的有效使用作为效率提升和经济结构优化的重要推动力的一系列经济活动。

“数字经济”中的“数字”至少有两个方面的含义。

一是作为数字技术，包括仍在不断发展的信息网络、信息技术，如大数据、云计算、人工智能、区块链、物联网、增强现实（AR）/虚拟现实（VR）、无人机、自动驾驶等，将极大地提高生产力，扩大经济发展空间，产生新的经济形态，创造新的增量财富，同时也将推动传统产业转型升级，优化产业结构，从传统实体经济向新实体经济转型。在这些数字技术中，人工智能的重要性越来越凸显。智能将渗透到经济生活的各个环节。相对于工业经济时代的新技术解放人的体力，数字经济时代的技术将解放人的脑力，新型的数字经济也将是智能经济。

二是数字即数据，特别是大数据，既是新的生产要素，也是新的消费品。大数据作为新的生产要素，不仅能够提高其他生产要素（资本、劳动）的使用效率和质量，更重要的是，将改变整个生产函数，即经济活动的组织方式，通过平台化的方式加速资源重组，提升全要素生产率，推动经济增长。作为消费品，数字所包含的信息、知识、数字内容、数字产品已经形成了非常大的市场，同时也成为新的财富载体，直播、短视频、数字音乐、新闻推送等产业极富创造力，且增长速度飞快。

今天，人们看到的数字经济的内容将包含两大部分，或者说两个环节：一是传统产业的数字经济化；二是新兴的智能化经济形态。前者代表了现有经济的存量，是现有经济活动和环节的优化；后者反映了新的经济增量，代表着未来经济发展的方向。实际上，已有研究将数字经济分为1.0和2.0，1.0体现了“互联网＋”对于整个社会经济带来的变化，对已有经济活动的优化，推动存量经济的发展；2.0意味着数字经济的智能化，基于大数据、云计算和人工智能，带来新的经济增量。

1.1.3 数字经济的特征

1. 数据成为驱动经济发展的关键生产要素

随着移动互联网和物联网的蓬勃发展，人与人、物与物、人与物的互联互通得以实现，数据量呈爆发式增长。全球数据增速符合大数据摩尔定律，大约每两年翻一番。庞大的数据量及其处理和应用催生了大数据概念，数据日益成为重要的战略资产。数据资源将是企业的核心实力，谁掌握了数据，谁就具备了优势。国家层面也是如此。美国政府认为，大数据是“未来的新石油”、数字经济中的“货币”，是“陆权、海权、空权”之外的另一种“国家核心资产”。如同农业时代的土地和劳动力、工业时代的技术和资本一样，数据已成为数字经济时代的生产要素，而且是最关键的生产要素。数据驱动型创新正向科技研发、经济社会等各个领域扩展，成为国家创新发展的关键形式和重要方向。

2. 数据基础设施成为新的基础设施

在工业经济时代，经济活动架构在以“铁公机”(铁路、公路和机场)为代表的物理基础设施之上。数字技术出现之后，网络和云计算成为必要的信息基础设施。随着数字经济的发展，数字基础设施的概念变得更宽泛，既包括宽带、无线网络等信息基础设施，也包括对传统物理基础设施的数字化改造，如安装了传感器的自来水总管、数字化停车系统、数字化交通系统等。这两类基础设施共同为数字经济发展提供了必要的基础条件，推动工业时代以“砖和水泥”为代表的基础设施转向以“光和芯片”为代表的数字时代基础设施。

3. 数字素养成为对劳动者和消费者的新要求

随着数字技术向各领域渗透，劳动者越来越需要具有双重技能——数字技能和专业技能。但是，各国普遍存在数字技术人才不足的现象，40%的公司表示难以找到需要的数字技术人才。具有较高数字素养成为劳动者在就业市场胜出的重要因素。对消费者而言，若不具备基础的数字素养，将无法正确运用数字化的产品和服务，成为数字时代的“文盲”。因此，数字素养是数字时代与听、说、读、写同等重要的基础能力。提高数字素养既有利于数字消费，也有利于数字生产，是数字经济发展的关键要素和重要基础。

4. 供给和需求的界限日益模糊

传统经济活动被严格划分为供给侧和需求侧，一个经济行为的供给方和需求方界限非常清晰。随着数字经济的发展，供给方和需求方的界限日益模糊，逐渐成为融合的“产消者”。在供给方面，许多行业涌现出新的技术，能够在提供产品和服务的过程中充分考虑用户需求，不仅创造了满足需求的全新方式，也改变了行业价值链。例如，很多企业通过大数据技术挖掘用户需求，有针对性地设计产品、开发影视作品和图书作品等，甚至借助3D打印技术实现完全个性化的设计、生产。公共服务的提供也是如此，政府通过听取民众意见，及时收集经济社会数据，进行科学决策、精准施策。相应地，在需求方面也出现了重大变化，透明度增加、消费者参与和消费新模式的出现，使企业必须改变原来的设计、推广和交付方式。

5. 人类社会、网络世界和物理世界日益融合

随着数字技术的发展，网络世界不再仅是物理世界的虚拟映像，而是真

正进化为人类社会的新天地，成为人类新的生存空间。同时，数字技术和物理世界的融合，也使得现实物理世界的发展速度向网络世界靠近，人类社会的发展速度将呈指数级增长。

网络世界和物理世界的融合主要是靠信息系统和物理系统的统一体（信息物理系统）实现的。信息物理系统是一个结合计算领域和传感器、制动器装置的整合控制系统，包含无处不在的环境感知、嵌入式系统、网络通信和网络控制等系统工程，使人们身边的各种物体具有计算、通信、精确控制、远程协作和自组织功能，使计算能力和物理系统紧密结合与协调。

在此基础上，随着人工智能、虚拟现实（VR）、增强现实（AR）等技术的发展，又出现了"人机物"融合的信息物理生物系统，这一系统改变了人类和物理世界的交互方式，更强调人机互动，强调机器和人类的有机协作。信息物理生物系统推动物理世界、网络世界和人类社会之间的界限逐渐消失，构成一个互联互通的新世界。

1.2 数字经济的内容与构成

1.2.1 数字产业化

数字产业化是当前和今后一个时期各地区产业竞争和经济角逐的主战场。所谓数字产业化，通常意义上讲就是通过现代信息技术的市场化应用，将数字化的知识和信息转化为生产要素，推动数字产业形成和发展。数字产业化是发展数字经济的重要内容，是推动经济高质量发展的重要驱动力。2018 年 4 月，习近平总书记在全国网络安全和信息化工作会议上强调："要发展数字经济，加快推动数字产业化，依靠信息技术创新驱动，不断催生新产业新业态新模式，用新动能推动新发展。"

1. 数字产业化的内涵

数字产业化是大数据、云计算、人工智能等数字技术研发不断成熟并广泛地市场化应用，进而推动数字产业形成和发展的过程。数字产业化的结果是数字产业。数字产业由传统的信息产业演化而来，也称为基础型数字经济或数字经济核心部分，统计上可以界定为单一产出数字产品或数字服务的国民经济产业部门的总和。数字产业是数字经济发展的内核，是产业数字融合的基础。

数字产业的发展对科技、经济和社会发展具有重要价值。首先，数字产业加快了科学技术的传播速度，缩短了科学技术从发明到应用的时间；其次，数字产业借助现代数字技术进行相关产业活动提升了经济信息的传递速度，使经济信息的传递更加及时、可靠和全面，进而提高各产业的劳动生产率。此外，数字产业的发展推动了知识密集型、智力密集型和技术密集型产业的发展，有利于国民经济发展结构的改善。数字产业的发展水平已成为决定一个国家经济发展水平的重要因素和衡量指标。当前，数字产业大幅提升相关产业和基础产业的发展，对传统制造业也正在产生重要影响，在国民经济中所占的比重也越来越大。

数字产业是以数字技术产业发展为基础，运用数字技术工具收集、整理、存储和传递信息资源，围绕数字产品和数字服务的生产和供给等相关环节的产业，对应于数据采集、传播、运算到建模的流转过程。数字产业主要包括电子信息制造业、信息通信业、软件服务业和互联网与人工智能等行业。电子信息制造业提供数据采集、存储的基础设施，主要开展计算机、集成电路、电子设备、可穿戴设备和传感器等硬件的研究、开发和生产，包括相关机器设备的硬件制造和计算机软件的开发设计。信息通信业主要利用现代化的数据传输中介，即时、准确、完整地将信息传递到需求方，包括互联网、物联网、无线通信、卫星通信和移动互联网等。软件服务业提供计算机软件、大数据技术、电子商务、人工智能、区块链等软件技术，主要从事基于现代电子计算机设备和数字技术收集、整理、筛选和处理信息资源，为相关组织部门提供决策依据的信息服务。互联网与人工智能产业包括互联网、大数据、云计算等基础技术的研发，人机交互、计算机视觉、深度学习等人工智能技术的发展和智能语音、人脸识别、智能机器人、无人驾驶等领域的人工智能技术的应用。

2. 数字产业化的驱动模式

数字产业化的本质是数字技术知识流动和数字产品创新的过程。按照数字产业化的驱动主体差异，可分为研发机构驱动模式、龙头企业驱动模式和特色小镇驱动模式，分别从研发创新、技术应用、规模发展等环节切入推动数字产业化。不同的驱动主体为数字产业提供了不同的发展模式。

1）研发机构驱动的数字产业化发展模式

研发机构是数字产业化的技术驱动力量。研发机构驱动模式是指大学、科研院所、新型研发机构和企业研究院等主体从数字经济的研发环节入手推动数字产业化的模式。基于5G、人工智能、云计算、物联网等领域的基础研究和技术创新，通过产学研合作、成果转化基金和开放平台建设等方式将基础研究成果传播和转化进而驱动数字产业化的过程。研发机构驱动模式关注的是数字科技的前沿科学技术问题，具有很强的战略前瞻性。

研发机构主导的基础研究和核心技术是创新的源头，对数字产业发展具有重要作用。从科技发展规律来看，数字科技强调学科交叉融合，不断产生新的学科增长点，基础研究、应用研究、技术开发和产业化的边界日趋模糊，创新周期缩短。从国际形势看，全球数字科技创新和竞争格局正在发生深刻变化，为抢占未来数字经济发展的战略制高点，世界主要国家都在强化数字科技的战略部署，对基础研究和数字技术的重视也是前所未有的。数字产业化的关键在于基础研究和关键核心技术的突破。

例如，以之江实验室和阿里达摩院为代表的新型研发机构在浙江数字产业化的过程中发挥了重要作用。之江实验室以创建世界一流的国家实验室为目标，在人工智能和网络安全两大研究领域形成特色优势。阿里达摩院从企业需求和科技前沿视角提出BASIC技术布局，加强数字技术的自主研发。之江实验室通过战略合作、项目承担和平台建设等方式推进数字科技前沿成果的高效转化。在战略合作上，之江实验室与阿里巴巴、海康威视、新华三等企业形成战略合作关系，从数据收集、基础研究到产业应用开展全链路布局，以产业发展需求为导向开展智慧城市、安防、超级视觉等领域的原始创新，以基础研究驱动人工智能产业的快速发展。在项目开展上，之江实验室在2019年浙江省工业和信息化科技全球精准合作大会上，承担了“人工智能开源开放平台”技术攻关项目。该项目主要技术指标实现了突破，并面向智慧安防、智能制造等浙江省优势产业，形成了人工智能赋能行业转型升级的示范性应用。在开放平台建设上，一方面围绕工业互联网安全这一重点，设立网络安全技术研究中心，建设supET工业互联网平台，服务浙江省工业互联网体系建设；另一方面加强开放合作平台建设，以“强网杯”工业互联网安全主动防御国际邀请赛为载体，联合国内多方力量共同参与工业互联网安全平台的建设，建立工业互联网安全靶场。

2）龙头企业驱动的数字产业化发展模式

数字龙头企业是数字产业化的产品驱动力量。龙头企业驱动模式是通过培育在5G、人工智能、云计算、物联网等领域具有较高的成果转化能力的数字龙头企业，通过优势产品开发、裂变创业、市场拓展等方式发挥其在产业和地区内的辐射、引领作用，进而推动数字产业化的过程。龙头企业具有规模大、效益好、带动能力强等特点，往往在某个领域处于领先地位，在技术、人才、资金等方面具有充足的储备，在技术创新应用、开拓新市场和促进区域数字经济发展方面具有规模优势。

例如，阿里云经过十年发展成为全球领先的云计算科技公司，围绕产业需求自主研发核心软件，为产业数字化提供云解决方案；海康威视以安防监控产业为基础，拓展以视频技术为核心的物联网解决方案；新华三作为国内网络设备市场龙头企业，不断创新数字技术产品和解决方案，帮助用户快速有效实现数字化转型。

3）特色小镇驱动的数字产业化发展模式

特色小镇是创新推动供给侧改革，推动产业升级、培育新产业、新业态、新动能，解决经济发展动力的重要平台。特色小镇的核心是特色产业，如互联网金融、大数据和云计算、健康服务业等，表现为智力密集型产业。特色小镇驱动模式是指特色小镇以新兴数字产业为核心，加快互联网、大数据、云计算、人工智能和物联网等领域的企业集聚，通过搭建产品平台、建设孵化体系、优化创业生态，加速数字产业集群建设，以协同发展抢占数字产业制高点。

例如，浙江在推进数字产业化的进程中，以数字特色小镇为抓手，着力打造世界级数字产业集群。目前，拥有5个超千亿元级的数字经济产业集群和27个数字经济类特色小镇。以杭州市高新（滨江）区为例，自物联网小镇成立以来，该区一直以信息经济为重点发展方向，形成了以阿里巴巴、网易为首的智慧互联产业集群，以海康威视、大华控股和宇视科技为代表的智慧安防产业集群和以新华三、华为通信为代表的通信制造产业集群等，走出了一条主导产业突出、高新特色鲜明的产业发展之路。2018年，滨江区数字经济实现收入3070亿元，同比增长17%。通信设备、物联网、信息软件和电子商务产业贡献巨大，人工智能、集成电路设计、云计算、大数据等前沿技术领域企业快速成长。

1.2.2 产业数字化

2018年4月，习近平总书记在全国网络安全和信息化工作会议上强调：“要推动产业数字化，利用互联网新技术新应用对传统产业进行全方位、全角度、全链条的改造，提高全要素生产率，释放数字对经济发展的放大、叠加、倍增作用。”也就是说，要加速推动互联网、大数据、人工智能和实体经济深度融合，加快制造业、农业、服务业的数字化、网络化、智能化。

1. 产业数字化的内涵

产业数字化，指的是将信息技术应用于传统行业，促进传统行业的效率提升以及数字化、自动化转型，然后基于网络再造公司，通过利用信息技术，生成大量的数据资产，建立平台生态系统，拓展新时期的生存和发展空间。新技术能够带来效率提升，推动新旧动能持续转变，效率的提升又加速了信息技术应用于传统行业的进程，从而促使了传统行业与数字经济相互之间的融合，如图 1.1 所示。

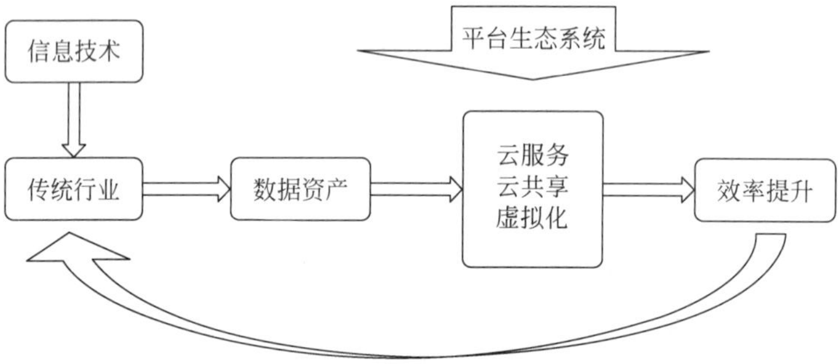

图 1.1　产业数字化

2. 产业数字化的驱动力

产业数字化转型催生了对新型基础设施的强大需求，包括新型数字化基础设施（如 5G、通信设施）、传统基础设施数字化。同时，良好的政府治理和制度环境对产业数字化转型成败至关重要。在“新基建”和数字经济新管理制度的支撑下，技术赋能、创新经济模式、社会治理成为推动传统产业向未来产业转型的三股驱动力。

这里重点阐述技术赋能和创新经济模式这两个驱动力量。以云计算、大数据、物联网、5G、人工智能、区块链为代表的新一代信息技术与各产业的设计、生产、制造、销售、服务等环节相融合，称为产业数字化转型的数字技术赋能。在数字技术的作用下，各产业突破传统经济模式，产生新业态、新组织、新管理，拓宽产业价值创造模式，提升产业生产效率，增加产业产出效益，称为产业数字化转型的新经济模式变革。

1）技术赋能

产业数字化转型中，技术涉及以下3个层次和内容。

（1）数字层。

数字层主要进行数据资源的采集、存储、分析和应用。数字层由数据汇聚而成，是产业底层的物理层通过数字化技术到虚拟空间的一个映射，可以在数字端虚拟整个产业的生产过程。数据即服务（data as a service，DaaS）是一种新型服务，旨在将产业信息数据化和云化，通过将数据资源集中化管理，并把数据场景化，对数据进行清洗和优化，实现数据的开放和共享，同时提供数据的应用端口，为企业自身和其他企业的数据共享提供了一种新方式。在此基础上，将形成大数据服务。

数据层还通过数据建模等方式实现知识化赋能，形成软件即服务（software as a service，SaaS）。SaaS是一种通过网络提供软件的模式，有了SaaS，所有的服务都托管在云上，无须对软件进行维护。企业可以根据实际需要向SaaS提供商租赁在线软件服务。SaaS可以帮助企业减少费用，高效管理硬件、网络和内部IT部门。

（2）平台层。

平台层提供数据的存储、计算能力，由大数据平台和云计算平台构成。平台层可以围绕数字闭环、业务闭环等，搭建舆情监控平台、数字技能培训平台、社会治理平台、网络安全监控平台等，解决数字化转型过程中的行业和企业发展的关键和共性问题。这一层主要实现平台即服务（platform as a service，PaaS），具体是将软件研发的平台作为一种服务提供给用户。用户或者企业可以基于PaaS平台快速开发自己需要的应用和产品。

（3）物理层。

物理层主要由传感器、网络和其他硬件基础设备构成，负责数据的采集、传输和生产执行。物理层的技术主要包括物联网、5G、超算中心等。物联网作为数字化体系的物理层，其快速发展意味着数字化体系的快速构建和完善。数以亿计的传感器成为物理世界数字化的基础，物联网成为物理世界通向数字世界的通道。超级计算机（超算中心）的超级计算能力和应用水平关乎一个国家或地区在信息技术领域国际竞争的成败，也是国家创新体系的重要组成部分，已经成为世界各国特别是大国争夺的战略制高点。5G推动六大领域数字化转型，包括智能交通和运输、工业4.0、智慧农业、智能电网、智慧医疗、媒体和内容创新等。

2）创新经济模式

数字化转型是以数字化的知识和信息为关键生产要素，以数字技术创新为核心驱动力，以现代信息网络为重要载体的新型经济形态，由此催生新业态、新组织以及新管理。

（1）新业态。

① 新产业链重构。

产业数字化转型是通过电子手段从源头到目的地传送数据内容的过程，是一个集采购、智能仓储、智能制造、数字营销、智慧 B2C 物流、供应链风险预测与防控以及数字化客户关系管理等一体化的集成生态系统。

产业数字化转型主要是基于数字化供应链的视角，通过对数据的采集、存储、传递、分析、管理和应用，定制化订单、产品开发、数字化采购、数字化生产、自动化生产、智能物流及客户服务的全产业链实现数字化转型，如图 1.2 所示。

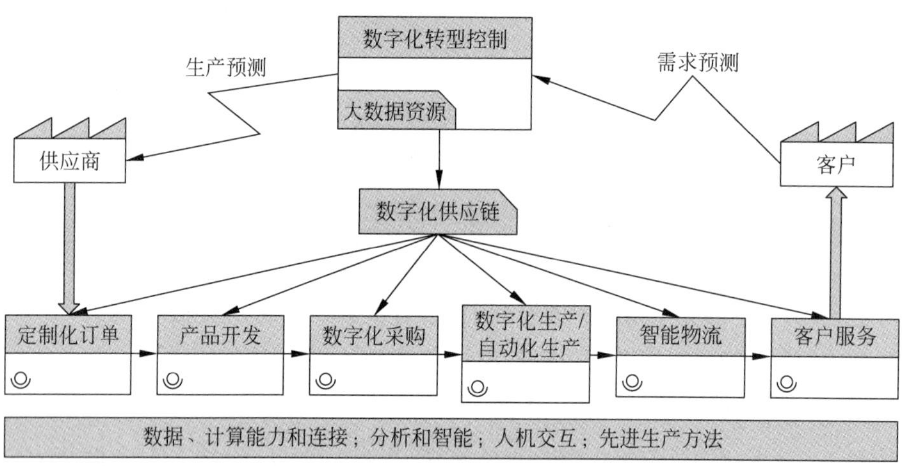

图 1.2　产业价值链数字化

② 新商业模式。

数字化带来更多元化的商业模式，数字技术与实体经济深度融合，颠覆与重塑了传统实体行业的价值创造模式。

数字化发展使得企业价值创造方式转化为以消费端为导向的生产模式。智慧化生产不仅提高了市场内流通的产品质量，促进市场环境良性循环，还能够更大限度地利用各生产要素来实现价值创造。规模化定制、服务化延伸是智慧生产的表现，需求数字化使得企业供应变得更加精准，企业可以敏锐地捕捉市场动态，生产模式由大规模生产向大规模定制转变。用户需求导向型的创造促使企业不断升级产品和服务，最终促进产业结构整体创新能力的提升。在智慧化生产的背景下，企业不断重视用户需求，改善用户体验，强化构建以服务为核心的运行模式。

数字化转型为创新驱动提供了新方向，加速了智能创新发展。数字技术与信息技术的融合及深度应用，降低了创新成本和创新风险，明确了企业的创新方向。基于互联网的众筹、众包、众创、众智平台不断涌现，实现新型的跨地域、多元化、高效率的开放协同创业/创新模式。企业的数字化涵盖了从设计到使用的全过程，实时更新的数据在创新的每个阶段都会发挥驱动作用，最终使得企业可以调动所有生产要素并激发其累积效应来创造颠覆性创新产品。

(2) 新组织。

随着即时连接、高度智能、深度透明的数字化技术逐渐深入企业内外的各个产业链环节，外部合作伙伴与企业内部业务单元开始实现无缝数字化连接，内部各个层次和各个业务模块也开始实现信息对称。平台化、生态化将推动企业发展新经济模式。

① 平台化。

产业互联网平台打造人、机、物全面互联的新型网络基础设施，形成智能化发展的新型业态和应用模式，促使产业数据的采集交换、集成处理、建模分析和反馈执行，为大规模个性定制、网络协同制造、服务型制造、智能化生产等新型生产和服务方式的实现提供有力的基础支撑。平台成为数字经济时代协调和配置资源的基本经济组织，是价值创造和价值汇聚的核心。一方面，互联网平台新主体快速涌现，商贸、生活、交通、工业等垂直细分市场领域平台企业发展迅猛；另一方面，传统企业加快平台转型，企业生产和交易方式的改变，使得企业的服务边界越来越模糊。平台化的企业如同一个聚集了信息、知识的开源社区，吸纳更多企业加入合作网络，使得资源被充分利用，闲置资产被激活，创造出更多价值。

② 生态化。

随着各个专业化平台的互联互通，生态化将成为平台的未来发展趋势，形成企业合作生态圈。在企业合作生态圈网络中，产业链上下游实现信息共享，输出智能化的管理方案。在以价值网络为导向的合作生态圈中，兼顾了客户、供应商和多方利益相关者，通过搭建合作平台，各方资源充分共享、互动融合，实现合作生态圈中各方的利益共同增值。

借助生态系统，产品供给模式得到创新，从单一的产品属性向多元化、场景化和链条化延伸，实现体验式的服务。生态系统的兴起必然引起众多企业走向价值共生、网络协同关系。随着平台参与者和使用者数量的不断增多，交易节点越来越多，生态系统内各要素、各环节和各流程的运营成本降低，规模效应逐渐显现。平台型组织在本质上是共建共赢的生态系统，通过整合产品和服务供给者，促成组织间的交易协作，共同创造价值。

（3）新管理。

企业数字化发展的高级阶段，是具有“数字神经系统”的智慧企业。企业在移动互联网、信息技术、云计算等技术发展的基础上，实现了管理的数字化、智能化。数字经济给组织结构、管理模式、管理方式都带来了深刻的变化。

① 管理结构扁平化。

数字化转型在一定程度上颠覆了传统垂直型的管理结构，大量数字信息的快速流动推进了管理运行效率的提升，形成由数字驱动的扁平化管理结构。信息技术发展水平日益提升，企业内部各环节数据的共享程度提升，为部门间的协同发展创造了条件。数据的实时流动需要企业具备能够实时互动、多方参与、快速响应的扁平化协同组织管理模式。数字化转型要求企业对外部环境具有灵活高效的反应，扁平化的管理结构可以通过缩短管理层级、提升管理智能化、扩大管理幅度来提高企业运行效率。

② 管理模式自组织化。

数字化转型使企业边界变得模糊，企业开始重视员工赋权，偏向自组织形态的管理模式。大数据时代下，SaaS 将作为一种技术手段辅助人力资本管理的发展。这一过程中，提高了内部沟通、决策审批等业务的工作效率。由于生产方式、价值创造模式发生了改变，企业的管理模式更加智能化、敏捷化、柔性化、服务化，组织分工更加明确合理。通过打造敏捷的自主管理模式，建立快速反应、敏捷的组织结构，从而加速组织的决策及执行速度。

1.3 商业模式创新与数字经济发展

1.3.1 全球数字经济发展

由于数据和技术赋能，传统的贸易规则和贸易形态不再适应数字经济的发展。在全球范围内，合作、互惠、共赢的贸易格局是大趋势，数字经济为促进世界经济的联动发展将起到基础作用。

以云计算、大数据、物联网、人工智能、5G为代表的新一代信息技术不断发展创新，在催生新兴产业的同时，不断激发着传统产业的活力，使得数字经济呈现出持续快速增长的趋势，对经济增长的作用越发重要。

（1）全球数字经济高速增长，是应对经济下行风险的关键。

2019年，全球主要国家中，有30多个国家数字经济增速显著高于本国同期GDP增速，数字经济的持续高速增长，可以帮助各国缓解经济下行压力，为全球经济复苏做出巨大贡献。

（2）全球数字经济结构优化，传统产业数字化转型成为主导。

2019年，全球主要国家中，各国产业数字化占数字经济比重均超过50%，尤其是德国，这一数据更是超过90%，英、美、俄等国也超过80%。此外，在产业数字化方面，服务业成为产业数字化发展最快的领域，工业数字经济步伐加速，农业数字经济推进略缓。

（3）美国数字经济规模约为中国2.5倍，分列全球数字经济规模前两名。

目前，各国处于数字经济规模不断扩张、数字经济持续蓬勃发展的状态，如图1.3所示。全球经济增长动能减弱，不确定性因素增加，在此情况下，数字经济的发展依然取得了明显的成果，可谓是拉动全球经济复苏的重中之重。

1.3.2 我国数字经济发展

1. 重点区域数字经济发展

我国数字经济规模保持快速增长，占GDP比重持续上升。中国信息通信研究院测算数据显示，2018年我国数字经济总量达到31.3万亿元，占GDP比重超过三分之一，达到34.8%，同比提升1.9个百分点。

长三角地区正在着手打造数字经济产业集群，并努力将其培育成未来经济发展的新动能。长三角三省一市根据《长三角地区一体化发展三年行动计

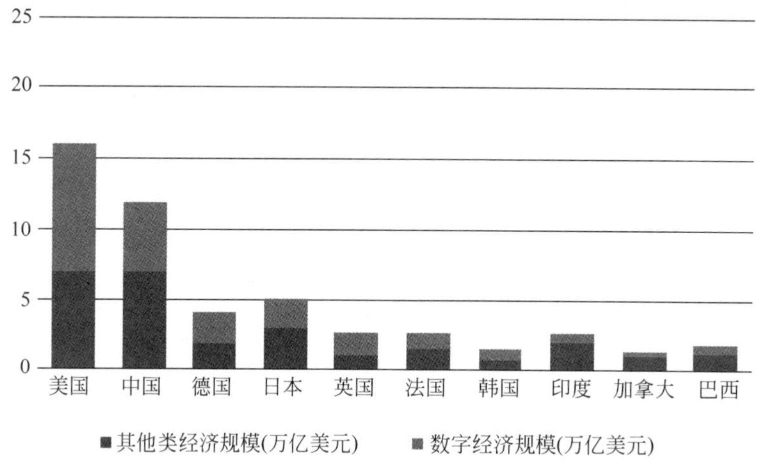

图 1.3 全球主要国家数字经济规模

划(2018—2020 年)》等指导性文件，聚力建设现代化经济体系，未来将大力发展物联网、大数据、人工智能、5G、集成电路等核心产业，以此打造覆盖长三角全境的数字经济产业集群，助推长三角地区高质量发展。在网络基础设施建设方面，重点布局 5G 网络建设，以新一代信息基础设施建设引领长三角数字经济发展。

从数字经济总量来看(图 1.4 所示)，2018 年，长三角地区数字经济规模最大，达到 8.63 万亿元，珠三角地区次之，数字经济规模达到 4.31 万亿元，京津冀地区数字经济规模为 3.46 万亿元，东北老工业基地和西北地区数字经济发展相对较慢，分别为 1.6 万亿元和 1.26 万亿元，数字经济规模与地区经济发展水平具有较强的相关性。

从数字经济增速来看(如图 1.5 所示)，2018 年，长三角地区和珠三角地区数字经济新模式、新业态创新活跃，数字经济增长最快，增速分别达到 18.3%和 17.6%，西北地区数字经济增速为 16.7%，超过京津冀地区的 14.2%和东北老工业基地的 11.3%，发展数字经济已成为西北地区实现经济振兴的重要选择。

2. 主要城市数字经济发展

2020 年 4 月 27 日，《2019—2020 中国城市数字经济发展报告》重磅发布了“2020 中国城市数字经济百强榜”。该报告通过国家统计局等官方数据来源、其他专业的数据合作单位支持，运用层次分析法确定了各项指标权重，以

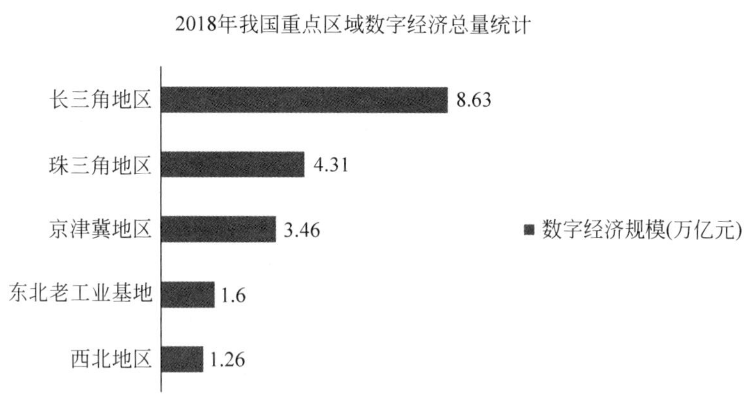

数据来源：中国信息通信研究院，中商产业研究院。

图 1.4 2018 年全国重点区域数字经济总量

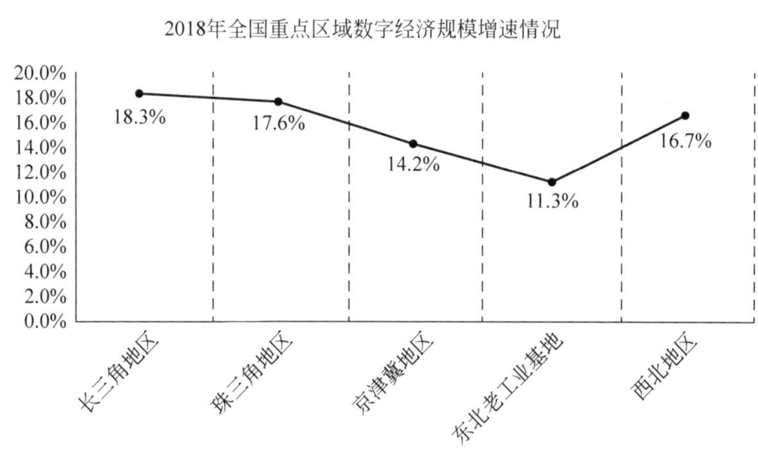

数据来源：中国信息通信研究院，中商产业研究院。

图 1.5 2018 年全国重点区域数字经济规模增速情况

五大维度和二十余个细分指标(如表 1.3)，对全国近 300 个直辖市、地级市的数字经济发展情况进行了综合评估，得出最终的中国城市数字经济百强榜名单。其中，排在前十位的城市分别是：上海(90.5)、深圳(90.2)、北京(89.4)、成都(89.2)、杭州(89.1)、广州(86.6)、无锡(80.6)、宁波(78.2)、重庆(77.3)、武汉(77)。

表 1.3　城市数字经济评估指标

维　　度	指　　标	内　　涵
数字化基础设施	信息基础设施	该维度主要反映支持城市数字化建设及发展的数字化基础设施发展水平，包括信息设施、数据设施等线下线上水平
	数字基础设施	
	设施运营	
城市治理	数字化城市支持/扶持政策及规划数据设施	该维度主要体现政府在数字化建设及发展中的作用，涉及政府数字化政务工作、支持政策等指标
	数字化政务建设	
	数字化政务应用	
城市服务	数字化教育服务	该维度是数字化城市社会民生工作成果的综合评价，包括日常生活中的教育、医疗、交通、移动支付等便民平台或服务
	数字化医疗服务	
	数字化公共交通	
	移动支付及生活缴费	
	其他人社民政服务	
数字产业化	城市整体 ICT 产业发展水平	电子信息产业、软件和信息服务业等 ICT 产业，通过新一轮科技革命和产业变革中形成的经济社会发展新动力、新技术、新产业、新业态、新模式等挖掘新的经济增长点
	特色 ICT 产业发展水平	
	新动能发展水平	
	资本及人才	
	重点企业	
产业数字化	整体城市传统产业发展状态	通过数字化应用、改造带动传统产业转型或实现旧动能转换等业态，通过新的科技革命和产业变革来转换掉传统的经济发展模式，实现新旧动能转换，持续推进供给侧改革
	特色/重点产业发展状态	
	旧动能转换水平	
	资本及人才	
	重点企业	

1.3.3　商业模式创新与数字经济发展的联系

商业模式创新与数字经济发展具有天然的联系，如图 1.6 所示。它们之间的联系一方面表现为，数字经济发展为商业模式创新提供了空间与基础。数字经济有两项内容——数字产业化与产业数字化。从数字产业化角度看，随着信息技术、数字技术的不断发展及其深化应用，近些年涌现的智能语音服务、电子商务服务、云计算服务、自动驾驶服务等，其本身即是一种新的商业模式，这些新的商业模式以数字经济的组成部分或构成内容等形式展现在世人面前。这些新颖的商业模式有一个共同的特征，就是以知识密集型、智力密集型和技术密集型的企业创新为主导创造内涵崭新的商业逻辑。由于数字化产业与生俱来的创新性，它颠覆了先前传统的商业模式，无论是在技术层、产品层，还是在产业层的影响都是深入而持久的，一旦被市场所接受就具有极强的市场竞争力，必然成为新的经济增长点。近些年，在我国经济增长中，数字化产业对整个国民经济增长的贡献率逐年增高便是极好的例证。从产业数字化角度来看，信息技术、数字技术的不断发展在赋能传统产业的同时，也为传统产业商业模式创新提供了基础与动力，出现了工业互联网、数字化工厂、个性化定制等新的商业模式。传统产业以信息技术、数字技术为驱动，并将之作为重要的生产要素嵌入它们的商业逻辑中，这样无论是在管理方式、组织模式、交易机制和业态表现形式上都发生了翻天覆地的变化，促进了新的商业模式落地，也为商业模式创新提供了不同于数字产业化的新场景。

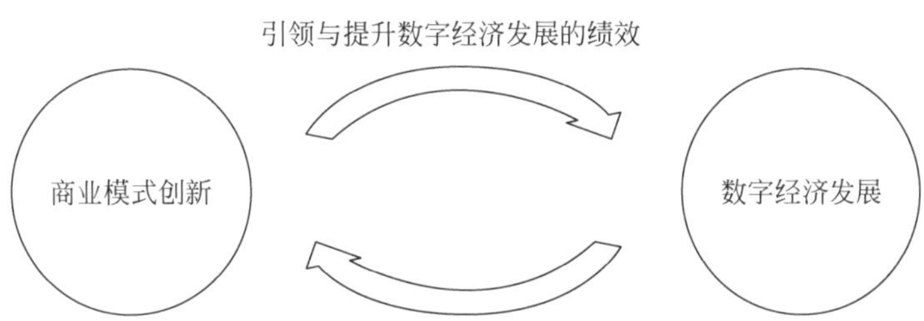

图 1.6　商业模式创新与数字经济发展的联系

商业模式创新与数字经济之间联系的另一方面表现为商业模式创新引领与提升了数字经济发展的绩效。首先，商业模式创新引领了数字经济的发展。一批企业，如国外的谷歌、亚马逊、微软、脸书，又如国内的阿里巴巴、百度、腾讯、抖音、拼多多，正是凭借商业模式创新而成为行业内的标杆企业，并引领数字经济的创新发展。可以这样说，这些领先型的商业模式创新企业，将新的商业逻辑、新的商业模式嵌入数字经济发展中。新的商业逻辑、新的商业模式一旦被市场所接受，极有可能在数字经济发展中形成网络效应，不断改变数字经济发展的形态、路径和运作模式，也为数字经济发展提供了强大的动力。正是商业模式创新赋予了这些企业强大的竞争力和持续的发展能力，而它们的发展也同时带动了整个数字经济不断地迭代、更新和增长。其次，商业模式创新提升了数字经济的绩效。对于数字经济发展而言，无论是数字产业化还是产业数字化，核心之一是信息技术、数字技术的落地与应用，即商业化。商业模式创新是信息技术、数字技术成功商业化不可或缺的行为。信息技术、数字技术本身不能自动保证甚至远远不能保证它们在商业或经济上的成功，如何从信息技术、数字技术中获取商业与经济价值是商业模式设计的关键任务。基于信息技术、数字技术的每个新产品、每项新服务开发努力都应伴随着商业模式设计行为，它定义了新产品、新服务如何进入市场和如何获取新产品、新服务价值的策略。一般来说，越是突破性的技术，越是需要变革传统的商业模式。然而，现实中的管理者在思考信息技术、数字技术应用与落地时往往忽略商业模式的分析和开发，而不能将技术上的成功转变为商业上的成功。事实上，好的商业模式的设计和实施以及商业模式与业务战略的耦合是信息技术、数字技术成功商业化的必需，否则的话，即便是具有创造性的企业也会深陷困境。对于同样的技术如果选择的商业模式不同，那么技术的回报也是不同的。在一些情况下，企业可以用自身熟悉的商业模式去商业化它们的信息技术、数字技术。但在另外一些情况下，企业必须寻找新的合适的商业模式去获取信息技术、数字技术的价值。总之，企业需要为信息技术、数字技术找到合适的商业模式。

问题思考

1. 数字经济发展的核心驱动力有哪些？
2. 数字产业化与产业数字化的关系是怎样的？
3. 企业如何把握数字经济发展的机会进行商业模式创新？

案例分析

杭州与阿里巴巴深化战略合作，努力打造全国数字经济第一城

杭州是国务院《长江三角洲地区区域规划》明确定位的全国电子商务中心，电子商务服务业在全国乃至全球都处于领先地位。目前，杭州正在努力打造“全国数字经济第一城”。杭州十多年的经济腾飞明显与数字经济发展密切相关，具有典型的数字产业化和产业数字化特征。杭州的经济发展与以阿里巴巴为代表的，以商业模式创新为引领助推的数字经济相互促进、相互依托，是典型的产城融合发展的典范。

2013 年 12 月，杭州市政府与阿里巴巴集团签署战略合作协议。根据战

略合作协议，双方将重点围绕阿里巴巴西溪园区（淘宝城）、西溪谷园区、滨江园区和国家跨境电子商务试点城市产业园区、“菜鸟网络”、阿里云和大数据业务、阿里巴巴集团网络信用体系和杭州公共信用体系等领域进行合作，共同打造电子商务服务业、现代智能物流、跨境电子商务、云计算和大数据等产业集聚区，推进“信用杭州”诚信体系建设。杭州市政府将大力支持阿里巴巴集团在杭州打造电子商务全球总部及相关产业带，对阿里巴巴集团在杭州投资布局重大项目予以重点支持。同时，支持阿里巴巴云计算、大数据等新兴产业的研发和应用，对跨境电子商务等新兴业务的发展给予支持；支持阿里无线和支付宝无线的推广应用，带动杭州相关产业发展，推进“智慧杭州”建设；完善企业周边交通等配套基础设施建设，对企业投资发展涉及的行政审批事项给予绿色通道服务；支持阿里巴巴集团研发中心发展，支持阿里巴巴与杭州师范大学共同提升阿里巴巴商学院办学水平。阿里巴巴集团将充分依托自身优势，持续提升集团在杭州市的全球、全国总部地位；加快建设各园区，吸引和培育电子商务相关服务业，将“菜鸟网络”在杭州的华东区域中心、三级体系应用建设成全国样板工程。阿里巴巴集团还将充分发挥业务集群优势和龙头带动作用，促进杭州市传统产业转型升级；通过电子商务促进产品销售，积极推动电子商务进政府采购、进企业、进农村、进专业市场等活动，扩大内需拉动；推进电子商务平台信用体系建设，完善网络信用管理的制度、模式和手段，推进“信用杭州”建设；积极承担促进充分就业、加强环境保护、构建和谐劳动关系、参与公益慈善等企业社会责任。

2014年5月，杭州市与阿里巴巴集团战略合作第二次联席会议召开，重点商讨了运用大数据云计算技术推进“智慧杭州”建设等。双方协商在中国（杭州）跨境电子商务综合试验区创建、大数据和云计算、互联网金融、智慧物流、农村电子商务、网络监管等方面的合作。

2016年1月，杭州市与阿里巴巴集团召开战略合作第三次联席会议，双方商议积极抢抓“G20峰会”“互联网＋”“一带一路”等重大机遇，全力打造名城名企合作“标杆”。要坚持把创新作为引领发展的第一动力，合力提升电子商务产业领先优势，合力厚植云计算大数据产业先发优势，合力打造互联网金融产业比较优势，合力培育“两化融合”新优势，积极抢占产业发展制高点、掌握话语权。

2016年12月，杭州市与阿里巴巴集团召开战略合作第四次联席会议，商议“后峰会”时期市企双方深化战略合作，合力推进创新创业、产业升级和城市国际化。

2019 年 9 月，杭州市与阿里巴巴集团举行全面深化战略合作协议签约。根据协议，杭州市与阿里巴巴将立足各自优势，深化移动办事之城、移动支付之城、新零售示范之城建设，合力共建基于飞天操作系统的全国云计算之城，为杭州建设“全国数字经济第一城”提供战略支撑。杭州市将支持阿里巴巴在云计算、大数据、人工智能等领域的技术研发，鼓励新技术与新模式在杭州先行先试。阿里巴巴将继续扎根杭州发展，发挥数字技术和商业基础设施优势，助力杭州打造“全国数字经济第一城”。双方未来聚焦合力构建新时代数字经济生态体系，全力打造政企命运共同体，共同朝着建设“全国数字经济第一城”的方向努力奋进。杭州将为阿里巴巴提供全方位服务保障，使杭州真正成为阿里巴巴新技术、新产品、新理念、新模式的“首试地”。阿里巴巴表示，杭州与阿里的合作也从电商拓展到金融、物流、云计算、大数据等领域，形成了全方位面对数字经济时代的商业和技术基础设施，将助力杭州建设“全国数字经济第一城”，促进产业发展、城市公共服务、城市综合治理等全领域，全面走向数字化、智能化。

自 2013 年 12 月签订战略合作协议以来，杭州市与阿里巴巴集团围绕电子商务产业集聚区、互联网金融产业集聚区、云计算和大数据产业集聚区、跨境电子商务产业集聚区、智能物流产业集聚区及“信用杭州”诚信体系“五区一体系”展开合作，推进了一大批战略合作项目建设，为杭州信息经济保持中高速发展提供了有力支撑。阿里巴巴充分发挥龙头企业的带动作用，与市级有关部门共同推动了云栖小镇、梦想小镇、西溪谷、杭州云谷等信息经济创新发展平台建设，特别是依靠创新平台吸引了众多创新要素。在阿里巴巴集团的带动下，云栖小镇吸引了富士康、英特尔等大企业，引进了一批科学家，集聚了 200 多家涉云企业，打造了云产业生态立体化、融合型的“双创”环境。

问题讨论：

1. 根据以上材料，分析阿里巴巴对杭州市经济社会发展的促进作用有哪些？杭州市对阿里巴巴企业快速发展有哪些促进作用？

2. 根据当前经济社会发展形势，尝试分析一下杭州市与阿里巴巴在哪些方面还有合作的空间？

第2章 商业模式创新概述

2.1 商业模式的定义与功能

2.1.1 商业模式的定义

当前有关商业模式的定义很多，这是由于人们在理解商业模式的过程中采用了不同的视角，进而对商业模式概念的含义提供了不同的解释。表2.1列举了一些常被引用和使用的商业模式定义。

表2.1 商业模式常用定义

定义来源	定义描述
Timmers，1998	商业模式是产品、服务和信息流的体系结构，包括各种业务参与者及其角色的描述、潜在利益的描述、收入来源的描述
Amit 和 Zott，2001	商业模式是指为利用商业机会创造价值而设计的交易的内容、结构和治理
Chesbrough 和 Rosenbloom，2002	商业模式是将技术潜力实现为经济价值的启发式逻辑
Magretta，2002	商业模式回答了德鲁克的古老问题：谁是顾客？顾客看重什么？它也回答了每个经理必须问的基本问题：我们如何在这个行业赚钱？我们以合适的成本为客户创造价值背后的经济逻辑是什么

续表

定义来源	定义描述
Morris，Schindehutte 和 Allen，2005	商业模式是一系列有关战略、结构与经济领域中的相关的决策变量如何被用于创造持续竞争优势的描述
Johnson，Christensen 和 Kagermann，2008	商业模式是由相互关联要素组成并被用于创造和传递价值
Casadesus-Masanell 和 Ricart，2010	商业模式是公司已实现的战略的一种反映
Teece，2010	商业模式的本质是定义企业向客户交付价值、促使客户为价值付费，并将这些支付转化为利润的方式
Zott 和 Amit，2010	商业模式是一个相互依赖的活动系统，它超越了焦点企业，跨越了其边界
Osterwalder 和 Pigneur，2010	商业模式描述了企业如何创造价值，传递价值和获取价值的基本原理

2.1.2 商业模式的功能

20 世纪 90 年代中期以来，随着互联网的大规模普及与应用，互联网经济取得了蓬勃发展。为了解释互联网经济与商业现象，无论是企业家、投资人，还是经营者、媒体、学者都纷纷使用“商业模式”这一术语，并将之快速发展。人们对商业模式的探索主要用于解决或解释三种现象：①电子商务和信息技术在组织中的使用；②战略问题——价值创造、竞争优势和企业绩效；③创新和技术管理。

1. 电子商务和信息技术在组织中的使用

迄今为止，对商业模式最为关注的领域是电子商务。电子商务是指“以电子方式开展业务”。它包括电子商业、电子市场和基于互联网的业务，是指公司通过互联网与其业务伙伴和买家进行商业交易。这里不包括那些仅仅利用网站展示产品或服务的信息业务。

通信和信息技术的最新进展，如因特网的出现和迅速扩展以及计算和通信成本的迅速下降，使人们能够开发创造和交付价值的新方法，它们提供了创建非传统交换机制和交易架构的空间，并强调了设计新的跨越边界的组织形式的可能性。事实上，这些发展为商业模式的设计开辟了新的视野，使企业能够从根本上改变其组织和从事经济交流的方式，无论是在企业内部还是跨行业。

互联网是人们对商业模式兴趣激增的主要驱动力，并随之出现了围绕这一主题的探索。电子商务商业模式的探讨主要集中于两个互补的方向：第一，描述一般的电子商务商业模式并提供模式原型；第二，侧重于电子商务商业模式的构成组件或模块。

2. 战略问题：价值创造、竞争优势和企业绩效

在解释企业的价值创造、绩效和竞争优势方面，商业模式越来越受到学者和商业实践者的关注。

数字经济为企业提供了试验新型价值创造机制的潜力，这种机制是网络化的，即价值是由企业和众多合作伙伴为多个用户协同创造的。这种对价值的重新定义引起了人们的注意，他们在试图解释网络市场中的价值创造时采用了商业模式的概念。然而，在解释价值创造时，商业模式的概念并不仅在数字经济的背景下使用。例如，Seelos 和 Mair(2007)研究了深度贫困背景下的价值创造机制。他们将商业模式概念化为"一组能力，其配置旨在实现与经济或社会战略目标一致的价值创造"。同样，Thompson 和 MacMillan(2010)提出了一个开发新商业模式的框架，可以导致社会财富的改善(例如减少贫困和人类痛苦)。因此，价值创造可以指不同形式的价值(如社会价值或经济价值)。

虽然一些关于商业模式的探讨往往集中在公司与其合作伙伴网络的活动上，但人们越来越认识到，公司并不在竞争真空中执行其商业模式，公司可以通过其商业模式进行竞争。因此，商业模式代表了不同于公司产品市场地位的潜在的竞争优势来源。满足相同客户需求并追求相似产品市场战略的公司可以采用非常不同的商业模式获取竞争优势，商业模式设计和产品市场战略是互补的，而不是替代的。此外，新的、有效的商业模式所带来的新颖性可以带来卓越的价值创造，并取代旧的做事方式，成为下一代企业的标准。

商业模式可以在解释公司绩效方面发挥核心作用。例如，Afuah(2004)关注的是企业的盈利能力，并引入了一个战略框架，在该框架中，通过一组与企业盈利能力的决定因素相对应的组成部分对商业模式进行概念化。也有很多人对商业模式与企业绩效之间的关系进行了定量的实证研究，例如 Zott 和 Amit(2007)，他们发现新颖的商业模式能带来显著的企业绩效的改进与提升。

3. 创新和技术管理

商业模式的概念也在创新和技术管理领域得到了阐述，并形成两个互补的观点。首先，公司通过其商业模式将创新理念和技术商业化。其次，商业模式代表了一个新的创新主题，它是对传统的过程、产品和组织创新主题的补充，涉及新的合作与协作形式。

2.2 商业模式与传统战略论的关系

什么是战略？"战略"一词原本为军事用语，是指在战争中以取胜为目的的一种长期性的、综合性的策略。也就是说，战略是取胜的一种手段。

在传统的战略论中，为了取胜可采取的手段有哪些呢？在迈克尔·波特论述的传统战略论中，战略是指市场以及在市场中如何进行定位。波特提出的"五力模型"和"三种竞争战略（成本领先、差异化、集中化）"就是市场定位的方法。企业期望存在这样的一种收益性高的市场：在竞争的数量和质量、有无替代品等方面竞争压力较小，并且供应商和顾客的要求较少。企业应该选择进入这样的市场，并且在这种市场中企业可以选择三种竞争战略中的一种以帮助自己在市场中占据有利地位。传统的战略论虽然考虑到行业这个广义的市场，也考虑到如何在广义的市场中占据有利地位，但对于在市场中的具体商业策略却完全没有提及。在波特的战略论中，考虑的重点仍在市场，而不是市场中具体的商业策略。这种传统战略论者被称作定位学派。

在传统战略中，与定位学派相对的，还有另一学派，即资源学派，该学派重视自身公司的特征。杰恩·巴尼是该学派的代表人物，他提出的 VRIO 理论模型是此学派思想的代表。VRIO 是针对企业内部资源与能力，分析企业竞争优势和弱势的工具。它由四个问题构成：价值问题（value）、稀缺性问题（rareness）、难以模仿性问题（inimitability）和组织问题（organization）。该理论同样认为战略的主要内容是市场。但是，与波特的理论不同的是，波特认为市场之所以重要在于市场本身，而 VRIO 理论认为其原因在于公司的资源和能力是否与市场匹配。

所以，传统战略论考虑的重点在于市场的选择。它们的主要观点是：只有这个市场具有盈利能力，自己公司才有获得利润的可能，如果自己公司的能力与市场不具有一致性，是无论如何不可能获利的。这种想法不无道理。但是只考虑市场，是无法在市场中取胜的。在军事领域，战场确定了之后，在战场内的作战策略同样十分重要。商业领域亦是如此，市场确定之后，在这个市场内的商业策略同样十分重要。但是，在传统的战略论中，谈到在市场中取胜的策略，除了考虑自己公司的资源、能力及其与市场的一致性之外，并没有提及商业策略。

与这些传统战略论相比，商业模式的内容有很大不同。商业模式所关注的主要问题，是在广义的市场即行业已经选好了的前提下，探讨在特定行业内的商业策略。更进一步，商业模式所探讨的，是如何构建一个机制去支撑已经选择的市场定位，用军事术语来说，就是特定战场内的作战策略。因此，要想获得成功，商业模式是必须考虑的问题，这是传统战略论没有涉及的内容。

传统战略论认为，商业模式并不是战略内容本身，而是指战略的实施，所以传统战略论不探讨商业模式的问题。但是，在当今社会，正是战略的实施决定了业务的成败。传统战略论认为战略就是市场，把市场定义为顾客和商品，只考虑“向谁”“卖什么”的问题。现在，仅仅考虑这两个问题是不够的，战略问题已经变成了“向谁”“卖什么”“怎么卖”的问题了。商业模式要解决的正是“怎么卖”。在军事领域，所谓战略，并不是指如何选择战场，而是指在战场内的作战策略。从这个意义上来看，商业模式虽然并不在传统战略论的讨论范围内，却是战略的一部分。

2.3 商业模式创新的定义

企业的商业模式不会是一成不变的。若企业想要在动荡的商业环境中取得一席之地，其商业模式必然不能停滞不前，企业需要不断地分析外部环境和自身资源能力对商业模式进行创新以获得长足的发展。通过商业模式创新，企业能够更好地适应和重新定义所面临的产业环境，从而获得高于机会成本的超额利润。表 2.2 列举了一些常被引用和使用的商业模式创新定义。

表 2.2 商业模式创新常用定义

定义来源	定义描述
Aspara 等，2013	商业模式创新是指公司创造价值的认知逻辑的改变
Markides，2006	商业模式创新是指在现有业务中发现根本不同的商业模式

续表

定义来源	定义描述
Aspara 等,2010	商业模式创新是指在某地理市场区域内,通过挑战现有行业特定的商业模式、角色和关系,来创造新价值
Khanagha 等, 2014	商业模式创新包括从商业模式的各个组成部分的增量变化、现有商业模式的扩展、并行商业模式的引入,一直到商业模式的颠覆破坏(这可能需要用不同的模式替换现有模式)
Esben 等, 2016	商业模式创新本质上是开发新的方式来获取、创造和交付价值

2.4　商业模式创新与持续竞争优势

互联网的出现改变了基本的商业竞争环境和经济规则,并使大量新的商业实践成为可能,一批基于它的新型企业应运而生。新涌现的一些企业,如美国的谷歌、亚马逊及我国的阿里巴巴、腾讯等,在较短的时间内取得巨大发展,并改变了行业格局。它们的盈利方式明显有别于传统企业。这些基于互联网的创新型企业的出现,对许多传统企业产生深远冲击和影响。如亚马逊仅用短短几年就发展为世界最大的图书零售商,给传统书店带来严峻挑战,新型商业模式显示出强大的生命力和竞争力。1998 年后,美国政府也因此甚至对一些商业模式创新授予专利,以给予这种行为积极的鼓励与保护。无论对准备创业的人,还是在位企业的人,这些都激励他们在这个经济变革时期重新思考企业赚钱的方式,思考自己企业的商业模式。商业模式创新因而受到重视。此外,2006 年就创新问题对 IBM 在全球 765 个公司和部门经理的一项调查也表明,有近 1/3 把商业模式创新放在最优先的地位;而且相对于那些更看重传统产品或工艺的创新者来说,重视商业模式创新的企业在过去 5 年中经营利润增长率表现比竞争对手更为出色。

未来的创新将不再局限于产品、体验和盈利模式,而是可以将有设计力的创新融入企业发展的基因中,从各个环节进行全面的创新,不断地以新的商业模式获取可持续的竞争优势。美国 Doblin 创新咨询公司通过大量研究总结出全面商业模式创新的十大环节,如图 2.1 所示。从最左边接近企业内部的创新到最右边与客户接触的创新。十个环节的商业模式创新构建起了企业价值和用户价值融合的桥梁。

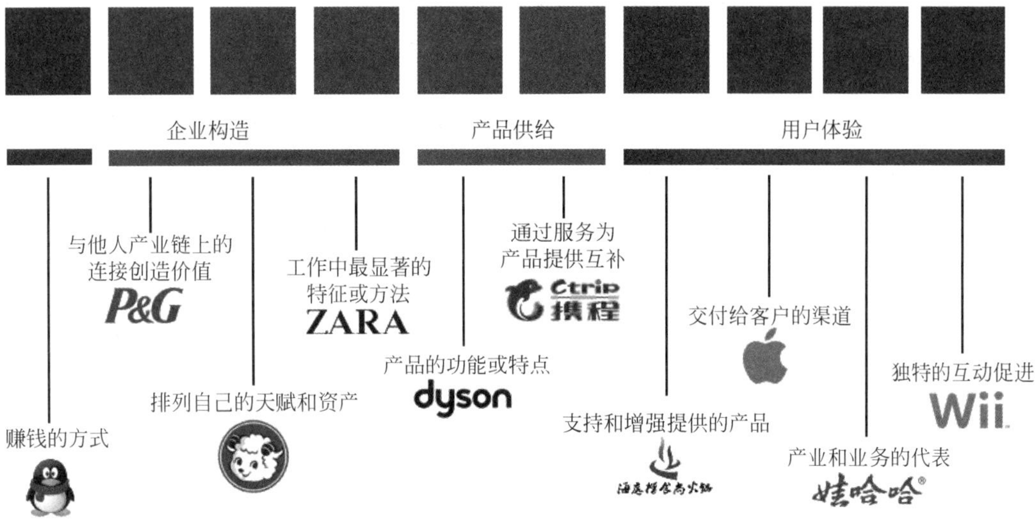

图 2.1 全面商业模式创新的十大环节

1. 盈利模式创新

盈利模式创新指的是公司寻找全新的方式，将产品和其他有价值的资源转变为资金。这种创新常常会挑战一个行业关于生产什么产品、确定怎样的价格、如何实现收入等问题的传统观念。溢价和竞拍是盈利模式创新的典型例子。例如，QQ、Skype 的免费增值模式为企业带来增值服务收益。

2. 网络创新

在当今高度互联的世界里，没有哪家公司能够独自完成所有事情。网络创新让公司可以充分利用其他公司的流程、技术、产品、渠道和品牌。悬赏或众包等开放式创新方式是网络创新的典型例子。比如，Nike＋系列与 iPod 的结合、绿盛与大唐风云游戏的结合、宝洁研发与在线众包社区的融合，这些都实现了优势资源的互补，实现了双赢。

3. 结构创新

结构创新是通过采用独特的方式组织公司的资产（包括硬件、人力或无形资产）来创造价值。它可能涉及从人才管理系统到重新配置固定设备等方方面面。结构创新的例子包括：建立激励机制，鼓励员工朝某个特定目标努力，实现资产标准化从而降低运营成本和复杂性，甚至创建企业大学以提供持续的高端培训。比如，小肥羊 2004 年曾名列全国餐饮企业第二位，它的成功建立在自己完整的供应链上，除了给自己品牌的火锅店供应肉制品之外，还给其他渠道供应，这条供应链就是其优势和资产。

4. 过程创新

过程创新涉及公司主要产品或服务的各项生产活动和运营。这类创新需要彻底改变以往的业务经营方式，使得公司具备独特的能力，高效运转，迅速适应新环境，并获得领先市场的利润率。过程创新常常构成一个企业的核心竞争力，比如，ZARA 的快速时尚供应链，从设计草图到产品上架只用 15 天时间，以及丰田汽车广为人知的精益生产方式等。

5. 产品性能创新

产品性能创新指的是公司在产品或服务的价值、特性和质量方面进行的创新。这类创新既涉及全新的产品，也包括能带来巨大增值的产品升级和产品线延伸。产品性能创新常常是竞争对手最容易效仿的一类。如戴森的吸尘器、无叶风扇，属于较为成功的产品性能创新的典范。

6. 产品系统创新

产品系统创新是将单个产品和服务联系或捆绑起来创造出一个可扩展的强大系统。产品系统创新可以帮助企业建立一个能够吸引并取悦顾客的生态环境，并且抵御竞争者的侵袭。例如，携程网通过网络服务为传统的酒店和机票预订提供新的渠道。

7. 服务创新

服务创新保证并提高了产品的功用、性能和价值。它能使一个产品更容易被试用和享用，为顾客展现他们可能会忽视的产品特性和功用，能够解决顾客遇到的问题并弥补产品体验中的不愉快。例如，海底捞、支付宝、Zappos 以优质的服务为顾客创造惊喜。

8. 渠道创新

渠道创新包含了将产品与顾客和用户联系在一起的所有手段。虽然电子商务在近年来成为主导力量，诸如实体店等传统渠道还是很重要的，特别是在创造身临其境的体验方面。这方面的创新老手常常能发掘出多种互补方式，将他们的产品和服务呈现给顾客。例如，苹果应用程序商店（APP Store）为“果粉”提供一个体验产品的场所；奈斯派索（Nespresso）咖啡为客户提供内部的成员俱乐部。

9. 品牌创新

品牌创新有助于保证顾客和用户能够识别、记住你的产品，并在面对你和竞争对手的产品或替代品时选择你的产品。好的品牌创新能够提炼一种“承诺”，吸引买主并传递一种与众不同的身份感。娃哈哈从饮料到奶粉再到童装，优秀的品牌可以将自己的产业进行拓展。

10. 客户体验创新

客户体验创新是要理解顾客和用户的深层愿望，并利用这些信息来发展顾客与公司之间富有意义的联系。顾客体验创新开辟了广阔的探索空间，帮助人们找到合适的方式把自己生活的一部分变得更加难忘、富有成效并充满喜悦。例如，星巴克为顾客创造一个家和公司以外的第三空间。

在创新十大环节当中，如果能在十大环节当中的多个环节建立优势，则会建立起比单一环节创新更加有保障的竞争壁垒，设计出新的商业模式。

如图 2.2 显示了苹果公司的多个商业模式创新环节。2001 年，苹果公司推出第一款 iPod 音乐播放器。当时全美每年仅售出 72.4 万台数码音乐播放器，似乎看不出什么市场前景。但苹果随即推出网上音乐商店 iTunes，每首歌曲只需付费 99 美分即可下载，并且只有使用 iPod 才可以播放从 iTunes 下载的音乐。iTunes 下载业务一度占据了北美合法音乐下载市场的 82%。iPod 从音乐播放器变成了一种文化符号或身份的象征。

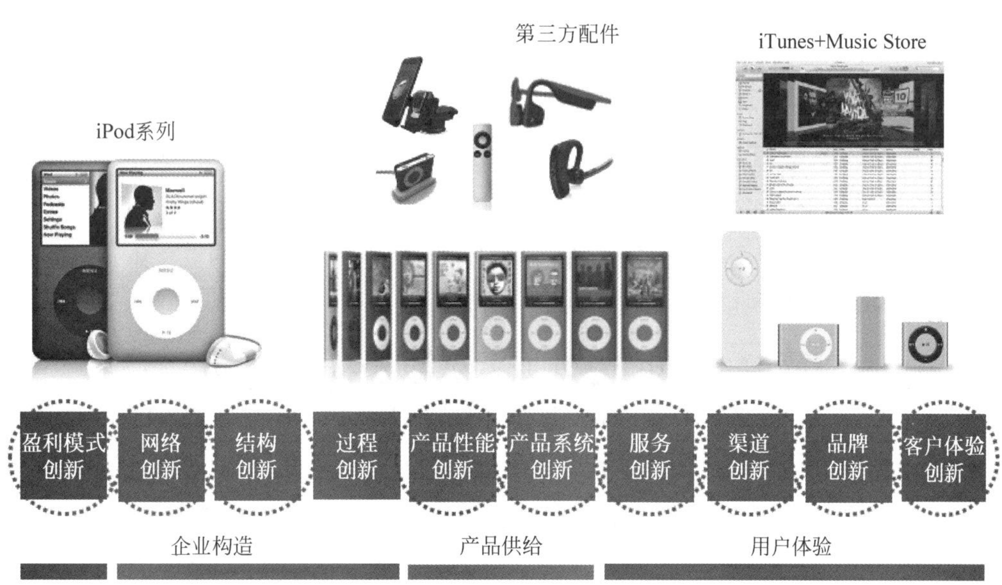

图 2.2 苹果公司商业模式创新环节

2003年前后，创新并设计出好的商业模式，成了商业界关注的新焦点。商业模式创新被认为能给企业带来战略性的竞争优势，是新时期企业应该具备的关键能力。2008年后，以苹果公司为代表的一批企业通过商业创新设计，在全球经济陷入负增长的情况下实现了高速的企业增长。然而，作为曾经全球最大的手机设备制造商的诺基亚，已被苹果、三星等公司所取代。作为日本家电三巨头的松下、索尼和夏普先后公布了截至2012年9月30日的财年第二财季业绩报告，近年来缺乏创新性和竞争力的三家巨头已经连续多个季度亏损严重，其中松下仅在2012年4～9月半个财年之内就亏损3875.84亿日元(约合48.4亿美元)。更多的人认识到，在全球化浪潮冲击、技术变革加快及商业环境变得更加不确定的时代，决定企业成败最重要的因素，不是技术，而是它的商业模式。

苹果公司的创新不仅仅是硬件层面的，而是让数字音乐下载变得更加简单易行，成功利用“iPod＋iTunes”组合开创了一个全新的商业模式——将硬件、软件和服务融为一体。并且，苹果公司看到了基于终端内容服务市场的巨大潜力。在其整体战略上，它也已经开始了从纯粹的消费电子产品生产商向以终端为基础的综合性内容服务提供商的转变。随后，iPhone＋APP Store、iPad又改变了手机和平板市场，建立了市场的新秩序，苹果公司也因为成功地找准了盈利点，开创了硬件、软件和服务的新型产业链，通过不断地商业模式创新建立了可持续的竞争优势。

2.5 商业模式创新的挑战

在商业模式创新者看来，商业模式能打败竞争对手。但是商业模式创新并非易事，通常并非企业不愿意进行创新，确切地说，是因为企业对商业模式缺乏了解，从而阻碍了它们的创新。对于商业模式创新者而言，在进行商业模式创新时经常遇到以下三方面的核心挑战。

2.5.1 挑战1：跳出本行业的主导逻辑进行思考

一家企业对过往辉煌的记忆很容易阻碍其新想法的产生。即使是思想非常开明的领导者在突破自己行业的主导逻辑时，也有可能会困难重重。如今的现金牛产品和竞争对手仍然对公司管理层的心态具有很大影响。没有人生活在真空里，每家公司都属于一个行业分支，都需要遵循现有价值链和在竞争对手相互作用下形成的组织结构。无论公司是否明确重构这种结构，都会深受它们的影响，以至于公司的商业模式创新不可避免地被限制在一定的范围之内。

主导的行业逻辑频频受到行业新手的挑战，这些行业新手们思维活跃，他们所提出的问题也只有他们自己才能想到。经验丰富的行业权威会颇为耐心而宽容地解释说："我们的行业是不行的，客户不会接受其他任何逻辑。"公司的信条被赋予了"正统"的标签，于是这些信条就变成了铁的定律。

少数公司系统地分析了这些来自其他行业的新手们所提的问题，并把它们当作新创意的源泉。引进公司以外的创意是经营者突破其思维定式最具前途的方式。不幸的是，这些想法经常会受到"非我所创症候群"的挑战，并且在它们对企业发挥真正影响之前就被扼杀。这一症候群的实质是一种既定团队或机构拒绝接受任何外来观念的心理现象。因此，任何商业模式的创新方法，必须在综合外来观念的必要性和允许公司内部管理层开发自己的创意之间找到平衡。

企业领导者经常无法理解为何他们应该冒险走出企业的舒适区，毕竟现行的商业模式仍在持续盈利。但是，收益一旦缩减，就应该认定引进新型商业模式的时机已经成熟。如果起步太晚，公司即将濒临破产，这意味着董事会除了降低成本和重组之外没有别的选择了。

柯达公司因未能及时突破行业主导逻辑，于 2012 年申请破产。早在 1975 年，柯达公司就已经开发出了世界上第一台数码相机，但却从未将其推向市场，因为它担心数码相机的推广会削弱公司的主导业务——胶片摄影。当时，柯达的大部分收入都来自销售和冲洗胶卷，而相机制造业则在柯达的商业模式中发挥相对次要的作用。柯达坚信胶片摄影不会受到数码相机影响。1999 年，当数码相机的新技术席卷市场时，柯达公司曾公开预测，10 年内数字摄影绝不会超过整体摄影市场份额的 5%。这一错误判断被证明对柯达的影响是毁灭性的：结果反倒是到 2009 年，胶片摄影仅占到市场份额的 5%，而剩余的 95%全部被数字摄影占据。

所以，要为不断创新的商业模式提供创意，就一定要克服存在于一个行业或公司内部的主导逻辑。只有突破现有观点的限制，才能萌发新的创意。

2.5.2 挑战 2：从商业模式而非技术和产品的角度进行思考

商业模式创新的挑战之二在于，商业模式创新往往会受到迷人新技术的谬见阻碍。诸如互联网、自动识别技术（如无线射频识别）、云计算等新技术都已广为人知且对外开放。这一创造性的飞跃在于它们被使用或应用于自己的企业,并因这些技术的应用使企业得到彻底改变。真正的革命在于发现新技术潜在的经济可行性,换句话说,就是发现正确的商业模式。

保险行业的按里程付费原则就是一个很恰当的例子。多年来,许多汽车保险公司都纷纷推出汽车保险政策,提议有针对性地使用多种先进技术。远程信息处理汽车保险的基本原则是直接检测驾驶人并把信息反馈给保险公司。为了实现这一目的,保险公司通常会在车辆上安装一个盒子,用以监测并传送各项数据,例如制动力、时间、旅程的距离等。保险公司根据这些数据估算出不同驾驶人的事故风险,并因此对他们的保险费做出相应调整。此外,还通过 GPS 功能、快速定位事故现场功能以及其他诱人特性完善这一系统。

尽管按里程付费系统所涉及的技术很先进,但它远没有人们想象的那么成功,因为只有将这一系统应用到恰当的商业模式框架内才是至关重要的。2004 年,由于顾客人数不足,诺威奇联合保险公司(Norwich Union)和其他一些保险公司终止了它们的按里程付费计划。诺威奇联合保险公司的按里程付费提议所存在的问题在于其复杂性。保险公司就像是一个检测机构,知晓投保人在何时、何地、以何种方式在开车。总而言之,这种模式尚未经过深思熟虑,很难吸引到新顾客,正因为如此,这一方案注定不能成功。

随后而来的智能汽车保险市场的服务供应商从前人的错误中吸取经验,以引进服务热线和新功能作为开端,大幅降低了保险政策的复杂性。如瑞士的安联保险集团(Allianz),推出了服务热线和 3 项简单的功能：应急按钮、碰撞传感器、汽车搜索。这一技术以简单的网络电话、传感器和 GPS 为基础,一旦汽车出现紧急状况,发生交通事故或被盗,系统就会在事故现场提供快速帮助。这一商业模式比之前的商业模式更为智能,体现在服务条款更加容易理解,投保人所缴纳的保险费用显著减少,过程更透明,而且保险公司承诺在正常情况下,不会对车辆实施监控,也就是说在没有收到急救电话的情况下不会监控车辆。此外,收费模式更加合理,车载监控盒子由保险公司负责免费安装,服务费按月支付。

按里程付费项目证明了成功并非总是由技术带来的,也可以是将技术创造性地应用于一个创新型商业模式的结果。

2.5.3　挑战3：系统工具的缺乏

系统工具能够促进创造力、发散思维，并且对开发新型商业模式至关重要。美国科学家乔治·兰德致力于研究年龄和发散思维之间的关系，为此，他研究了1600名不同年龄段的儿童在创造力测试中的表现。这一测试是由美国国家航空航天局所开发，旨在招募富有创新精神的工程师和科学家。测试问题根据儿童的年龄做出修改，那些获得10分满分的孩子被归为创新天才组。测试结果令人震惊，测试结果中天才的比例如下：

- 3到5岁年龄段：98%；
- 8到10岁年龄段：32%；
- 13到15岁年龄段：10%；
- 成人：2%。

兰德在1993年曾写道："我们所得出的结论是，非创造性行为是后天学来的。"换句话说，就是成人的创造力相对较弱，需要创新技术的支持。但是，目前仍没有一套系统工具适用于商业模式领域。

所以，商业模式创新仍然是一项充满神秘的任务，使许多管理者闻之却步。表2.3列举了存在于管理者中的相当普遍的商业模式创新"谬见"。

表2.3　商业模式创新常见谬见

谬　见	内　容
"一步登天"谬见	认为"商业成功始于前所未有的创意"。事实上，新的商业模式往往从其他行业借鉴而来
"敢想"谬见	认为"商业模式创新总是激进和新颖的"。大多数人会把新的商业模式和互联网公司的巨大飞跃联系在一起。事实上，与产品创新的方式相同，商业模式创新也可以是渐进式的
"技术"谬见	认为"每一个商业模式创新都是靠卓越的技术催生新产品的"。事实上，当新技术确实可以推动商业模式创新时，它们具有了通用的本质。创造力产生于运用新技术对商业进行彻底的变革当中。纯粹地为技术，而技术却是创新项目失败的首要因素。真正变革的举措是挖掘新技术的经济潜力
"运气"谬见	认为"商业模式创新只关乎运气，不能系统地进行"。事实上，想要创新商业模式，需要付出和开发新产品、新技术、售后流程及物流设计一样多的努力。商业模式创新需要毅力和动力。就像对未知领域的探险一样，必须提前计划，并为它做好准备。虽然系统化进行并不能保证什么，但它显著增加成功的可能性

续表

谬　见	内　容
“爱因斯坦”谬见	认为“只有创新天才才能想出具有创新意义的点子”。今天，成功越来越少地依赖于个人策划，跨领域团队已经延伸到各职能部门和公司，取代了过去像爱迪生和怀特一样的象牙塔里的发明家。创新不再是个人行为，而是团体性的活动。商业模式创新尤其如此。对商业模式创新来说，缺少合作意味着再好的创意也只是一个创意而已
“规模”谬见	认为“大突破需要大量资源的投入”。事实上，小型初创企业负责最重要的商业模式革命。绝大多数成功的互联网公司起步时都是微小而智能的。恰当的创意和适量的勇气有时比资源要重要许多
“研发”谬见	认为“研发部门是重要创新的源头”。事实上，商业模式创新本质上是跨学科的。虽然研发部门通常负责新产品的研发，但创新不仅仅源于研发部门。其他部门（包括战略部、市场部、售后服务部、信息技术部、生产部、物流和采购部等）的创新都日益重要

问题思考

1. 商业模式与企业战略的联系与区别是什么？
2. 商业模式创新促进持续竞争优势的机理是什么？
3. 如何应对商业模式模仿带来的竞争优势危机？
4. 有哪些思维方式会阻碍企业的商业模式创新？

案例分析

“老字号做新零售”——同仁堂的知嘛健康

随着社会变迁和人们消费形态的改变，在新的消费环境下老字号企业在经营和发展过程中遇到了巨大挑战。老字号企业因存在“小富即安”的传统盈利观念、产品组合不合理、经营机制陈旧、服务水平不高、市场定位过于狭窄等问题，导致企业创新动力和能力不足，进而蚕食了企业竞争优势。但是也有些老字号企业在互联网和数字经济的浪潮下借助新技术和平台，在盈利模式、产品、营销、渠道、组织架构上不断创新，以新零售为路途，焕发新活力，开辟新市场。

北京同仁堂(集团)有限公司是中药行业的老字号企业,始创于1669年,距今已超350年的历史。公司目前已经形成了在集团整体框架下发展的现代制药工业、零售医药商业和医疗服务三大板块,并以生产和销售传统中成药为主业,产品剂型丰富,拥有以安宫牛黄丸、同仁大活络丸为代表的十大王牌产品及众多家喻户晓的经典药品,可较好地满足不同年龄层次、不同类别中药消费群体的多样化需求。

北京同仁堂这家老字号企业在发展过程中也遇到了重重危机。比如2013年,健康行业的高端市场下滑严重。同仁堂以消费者所熟悉的虫草、燕窝、海参等高档滋补产品销售出现了下降,而新的明星产品却迟迟没有出现,一直快速增长的销售受到了冲击。再如近几年,在科技推动下,单一的线下零售终端消费场景,已经不能满足消费者多样化的需求,公司的线下零售终端门店的出货量增长趋势也变得缓慢。

为了克服经营和发展中的危机,公司基于用户思维和开放式的互联网思维,采取了一系列的变革措施。2019年,公司推出的"知嘛健康"就是基于用户思维和开放式的互联网思维,在新零售业务上尝试。如果说同仁堂作为传统的老字号品牌主要对标中老年群体,从新零售店的产品品类和店面布局来看,"知嘛健康"是一家为年轻人打造的"同仁堂大药店"。"知嘛健康"的定位是通过在线下设立超级体验店,为现代年轻人提供亚健康一体化解决方案的平台。

目前,"知嘛健康"在北京共有两家门店,一家是位于北京同仁堂健康药业大兴生产基地的"零号体验店",另一家则是北京双井富力城附近的"社区店"。以后者为例,位于北京双井富力城附近的"社区店"上下共两层,面积近五百平方米,一楼是咖啡、饮品、零售综合的体验区,一侧用一整面墙壁的展示柜陈列同仁堂特色的商品,以蜂蜜、枸杞、燕窝、西洋参为主,天花板的装饰以药盒为主要元素,其中透明药盒的中药材也传递着店铺属性,吸引年轻群体打卡拍照,并在社交网络走红。一楼设置了吧台售卖专区,提供具有同仁堂特色的饮品。比如,在咖啡产品里融入草本元素,推出了甘草拿铁、罗汉果美式、肉桂卡布奇诺等。除咖啡外,门店也提供润肺茶、黑枸杞葡萄柚等非咖啡类的饮品。在知嘛健康的门店,还会针对二十四节气推出特定的节气饮品。一时间,类似"同仁堂居然开了间养生咖啡店""同仁堂里喝咖啡""原来你是这样的同仁堂"的帖子和微博在小红书、大众点评、微博、微信等社交平台上吸引了一大批年轻群体的眼球。

如果说门店的一楼售卖咖啡主要作用是引流，那么零号店的二楼、三楼和社区店的二楼则与北京同仁堂的主业密切相关。以零号店为例，二楼根据当前中国人亚健康状态，设有体重管理、小儿推拿、睡眠调理、疼痛专科、经络调理、脊柱专科、量子降脂、心理调理、美体养颜、整合检测等9大科室，开发出了12套健康解决方案，可以为不同用户提供针对性健康服务。零号店三楼则将现代科技和老字号中医诊疗充分融合，不仅设置了古色古香的中医调剂台、中医诊室和煎药室，还有颇具现代感的无人售药机、新视觉药房和健康TED直播。由阿里云技术团队为知嘛健康的商品和用户全数字化运营提供基础支撑。

同仁堂知嘛健康，是基于公司在中医药行业积累的丰厚底蕴和与时俱进的用户导向的思维，致力于构建全新的多元化、智能化、精准化、一体化的消费者服务场景，开拓企业的新市场，使传统老字号企业发挥作用的空间逐渐增大，服务更多的消费人群。同仁堂知嘛健康负责人认为，这种尝试“是一种突破，更是一种颠覆，整个过程非常虐心。同仁堂作为百年老品牌，前有古人打下的根基，后又面临竞争者的不断挑战。在保留传统特色的基础上，要不断接纳新的东西”。

未来，知嘛健康将以36个裂变小微场景作为标准模型，为满足消费者不同的消费场景，在全国一线城市布局50家城市旗舰店，提供精准健康综合解决方案，形成社区店、写字楼店和商场店三种业态。并通过线上构建大健康入口级流量平台及社交新零售平台，线下以零号店验证商业模式，构建线下新零售终端形象超级IP，实现全面裂变。

问题讨论：

1. 结合资料，分析同仁堂为何推出知嘛健康？

2. 同仁堂在推出知嘛健康时，在“创新十环”(盈利模式创新、网络创新、结构创新、过程创新、产品性能创新、产品系统创新、服务创新、渠道创新、品牌创新、客户体验创新)的哪些环节上做了哪些有益探索？

3. 同仁堂知嘛健康对提升企业持续竞争优势的意义是什么？

第3章 商业模式创新工具

3.1 商业模式解构与商业模式创新工具

商业模式创新是一个复杂的系统工程,需要一定的工具支持。目前,企业界和学术界多从商业模式构成要素解构的视角来探讨商业模式创新,为商业模式创新的理解、系统规划和具体活动执行提供工具。表3.1列举了一些商业模式构成要素的解构划分,其中应用较为广泛的是 Amit 和 Zott 的三要素模型、Chesbrough 的六要素模型、Johnson 的四要素模型、Osterwalder 和 Pigneur 的商业模式画布。人们可以基于这些模型从构成要素的角度认知、理解、评价、优化、改变和创新商业模式。

表3.1 商业模式构成要素

来源	构成要素	数量
Horowitz(1996)	价格、产品、分销、组织特征、技术	5
Viscio 等(1996)	全球核心、治理、业务单元、服务、连接	5
Timmers(1998)	产品/服务/信息流结构、行动者利益、收入来源	3
Markides(1999)	产品创新、顾客关系、基础设施管理、财务因素	4

续表

来　源	构成要素	数量
Donath(1999)	顾客理解、营销策略、公司治理、内部网络能力、外部网络能力	5
Chesbrough 等(2000)	价值主张、目标市场、内部价值链结构、成本结构和利润模式、价值网络、竞争战略	6
Gordijn 等(2001)	行动者、价值目标、价值端口、价值提供、价值界面、价值交换、目标客户	7
Linder 等(2001)	定价模式、收入模式、渠道模式、商业流程模式、以互联网为基础的商业关系、组织形式、价值主张	7
Hamel(2001)	核心战略、战略资源、价值网络、顾客界面	4
Petrovic 等(2001)	价值模式、资源模式、生产模式、顾客关系模式、收入模式、资本模式、市场模式	7
Dubosson-Torbay 等(2001)	产品、顾客关系、基础设施和伙伴网络、财务因素	4
Afuah 等(2001)	顾客价值、范围、价格、收入、连接行为、实施、能力、持续力	8
Weill 等(2001)	战略目标、价值主张、收入来源、成功因素、渠道、核心能力、目标顾客、IT 基础设施	8
Applegate(2001)	概念、能力、价值	3
Amit 和 Zott(2001)	交易内容、交易结构、交易治理	3
Alt 等(2001)	使命、结构、流程、收入、合法性、技术	6
Rayport 等(2001)	价值集群、市场空间提供物、资源系统、财务模式	4
Betz(2002)	资源、销售、利润、资本	4
Stähler(2002)	价值主张、产品/服务、价值体系、收入模式	4
Forzi 等(2003)	生产设计、收入模式、产出模式、市场模式、财务模式、网络和信息模式	6
Gartner(2003)	市场提供物、能力、核心技术、损益底线	4
翁君奕(2004)	价值主张、价值支撑、价值保持	3
Osterwalder(2004)	价值主张、目标市场、分销渠道、顾客关系、价值配置、能力、伙伴、成本结构、收入模式	9
Shafer 等(2005)	战略选择、价值创造、价值获取、价值网络	4
Morris 等(2005)	供应、市场、内部能力、竞争战略、财务、人员/投资者	7
Westerlund 等(2008)	收入、行动者、定位、网络	4
Janssen 等(2008)	商业逻辑、价值主张、顾客、当前和未来的业务	4
Johnson(2008)	顾客价值主张、核心资源、关键流程、盈利模式	4

续表

来　　源	构成要素	数量
Doganova 等(2009)	价值主张、价值建构体系、收入模式	3
Mason 等(2009)	技术、网络建构体系、市场提供物	3
Mutaz. Al-Debei(2010)	价值主张、价值建构体系、价值网络、价值财务	4
Osterwalder 和 Pigneur (2010)	价值主张、目标顾客、分销渠道、顾客关系、关键业务、核心能力、伙伴网络、成本结构、收入模式	9
Ming-Hone Tasi 等(2011)	基础架构层、价值网络层、服务层	3
吕鸿江等(2012)	交易主体、交易关系、交易规则	3

在以上商业模式构成要素框架中，既有相似的地方也有不同的地方。从商业模式构成要素数量上看，最少为 3 个，最多为 9 个。构成要素数量多少的差异主要在于人们归纳方法的不同，以及对商业模式考察的深度和广度不同。从商业模式构成要素本身看，提起较多的是价值提供/主张、价值网络、顾客界面/关系、伙伴网络/角色、内部结构/关联行为，以及目标市场。同时，通过进一步分析不同视角商业模式构成要素之间的关系，原磊(2017)提出可以将人们对商业模式构成要素的探讨划分为 3 个阶段，如图 3.1 所示。需要说明一点，这 3 个阶段在时间上并不严格遵从首先出现简单罗列阶段、然后进入细节描述阶段、最后实现网络建模阶段的次序，而是在时间上相互交叉，甚至同时出现。

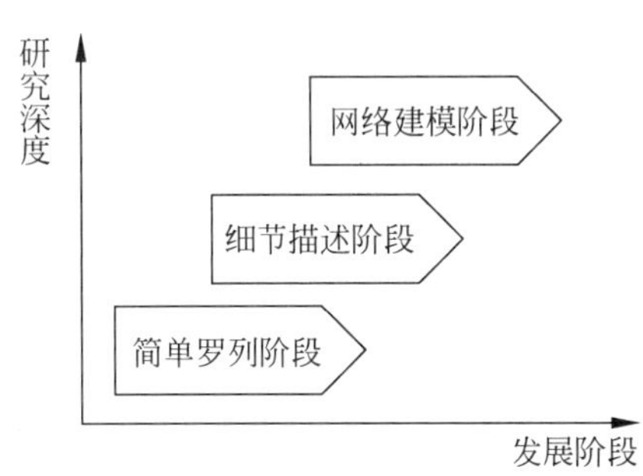

图 3.1　商业模式构成要素探讨的 3 个不同阶段

一是简单罗列阶段。人们为了更好地理解商业模式概念本质，将自己所认为的商业模式应涉及的几方面内容简单地罗列出来。这种罗列类似于一种“购买清单”，各要素之间是横向列举关系，对不同要素的重要性也不进一步区分。从商业模式探索深度看，尚处于较低阶段。在表 3-1 中，Horowitz（1996）、Viscio 等（1996）、Timmers（1998）、Markides（1999）、Donath（1999）、Chesbrough 等（2000）、Linder 等（2001）、Petrovic 等（2001）、Betz（2002）、Forzi 等（2003）的探讨可以归为这个阶段。国外早期对商业模式的探讨基本都处于这一阶段。例如，Timmers 是国外最早对商业模式进行研究的学者之一，对后来的研究者产生了较大的影响。他的最大贡献是采取简单罗列的方式对商业模式体系构成进行研究，并且通过这种罗列指出商业模式是一个复杂的、包含多方面内容的复合概念。他认为商业模式包含 3 个方面内容：①关于产品、服务和信息流的体系结构，包括对各种商业活动参与者和他们所扮演角色的描述；②各种商业活动参与者潜在利益的描述；③收入来源的描述。

二是细节描述阶段。通过对商业模式应涉及的要素进行细节上的描述，使企业在了解商业模式应当包括几方面内容的同时，也明确这些要素的详细含义和进行这些要素设计时应当注意的问题。这一阶段的研究相比于简单罗列阶段更加深入，也更加能指导企业实践。Hamel（2001）、Afuah 等（2001）、Weill 等（2001）、Applegate（2001）、Stähler（2002）、Gartner（2003）、Shafer 等（2005）、Janssen 等（2008）、Doganova 等（2009）、Mason 等（2009）、Ming-Hone Tsai 等（2011）的研究可以归为这个阶段。例如，Hamel（2001）认为，商业模式包括 4 个主要的组成部分，而每个组成部分又由几个小的子部分组成，这些部分共同构成一个简单但却完整的商业模式体系。他在分析每个主要部分和子部分构成因素时，均采取了案例和问答的形式进行说明。这样使人们能够清楚地了解商业模式应当由哪些部分组成，帮助人们更深入和熟练地思考应当如何在进行商业模式设计的时候实现经营理念创新。又如 Ming-Hone Tsai 等（2011）使用“扎根理论”对谷歌的商业模式进行分析，指出谷歌的商业模式可以分为 3 个层次：①基础架构层，认为谷歌商业模式的基础架构层为强大的计算技术和信息处理技术能力；②价值网络平台层，认为谷歌商业模式的价值网络平台层包括补充性的价值网络、网络平台战略和合作竞争价值网络；③服务层，认为谷歌商业模式的服务层包括搜索服务和广告服务。

三是网络建模阶段。在该阶段，探讨商业模式构成要素时，不仅要指出商业模式应包括哪些构成要素，而且还要研究这些构成要素的地位，以及它们之间的关系。在这一阶段，商业模式的研究已经超越了简单、孤立的描述，而是试图打开企业这“黑匣子”，通过考察企业内部因素和外部因素之间的关系，研究商业模式不同要素与企业绩效之间，以及商业模式不同要素之间的逻辑关系。此阶段的研究中人们对商业模式概念本质的理解也超越了经济类、运营类和战略类概念，而是上升到整合类概念的高度。采用的分析工具除了包括经济学和管理学以外，还包括系统论、进化论等其他学科分析工具。Gordijn 等(2001)、Dubosson-Torbay 等(2001)、Amit 和 Zott(2001)、Alt 等(2001)、Rayport 等(2001)、Johnson(2008)、Osterwalder 和 Pigneur(2010)、Westerlund 等(2008)、Mutaz. Al-Debei(2010)的研究可以归为这个阶段。例如，Gordijn 等(2001)提出 e^3-value，用于指导商业伙伴合作的价值网络建模，以及判断一个价值网络是否具有可持续性的盈利能力。e^3-value 的根本贡献在于提供了一种以价值为主线的研究方法，用于分析商业模式构成体系，并对体系中的价值交易活动建模，说明参与者“为谁”，提供了何种“经济价值”，以及获得何种“收益”。进入网络建模阶段后，商业模式的研究已经变得更抽象和复杂了，但同时也使商业模式更加容易与信息技术结合，并且使得通过计量方法对商业模式进行评价和检验变为可能。

3.2　常见的商业模式解构与创新工具

3.2.1　三要素模型

Amit 和 Zott(2001)将商业模式定义为“为利用商业机会创造价值而设计的交易内容、交易结构和交易治理”，因而将商业模式划分为 3 个要素。

1. 交易内容

交易内容指的是正在交换的商品或信息，以及促成交换所需的资源和能力。例如，作为一家商业银行，除了常见的服务活动外，哥伦比亚银行还采取了旨在向 60%以上无法获得银行服务的哥伦比亚人提供小额信贷的活动。为执行这些新的交易内容，银行需要培训其最高管理层，招聘和培训新员工，开发新能力，并将新交易内容与现有系统(平台、应用程序和渠道)相联系。

2. 交易结构

交易结构是指参与交换的各方以及连接各方的方式。交易结构还包括交易发生的顺序(即交易的顺序)，以及为促成交易而采用的交易机制。交易结构的选择影响到实际交易的灵活性、适应性和可伸缩性。以 IBM 为例，在 20 世纪 90 年代早期的一场严重的金融危机中，公司改变了核心和外围业务，将重心从硬件供应商(旧核心)转变为服务供应商(新核心)。凭借几十年来积累的专业知识，IBM 在咨询、IT 维护和其他服务领域推出了一系列新业务；到 2006 年，IBM 900 亿美元收入的一半以上来自这些业务，而这些业务在 15 年前几乎不存在。

3. 交易治理

交易治理是指相关方控制信息、资源和商品流动的方式。它还涉及组织的法律或法定形式，以及对交易参与者的激励。例如，特许经营是交易治理的一种可能的方法。这可能是释放价值的关键，正如日本零售业企业家铃木俊美在 20 世纪 70 年代初意识到，美国开发的特许经营制度是对政府严格规定的理想回应，这些法规限制了日本零售店的规模和开放时间。在日本的 711 家专卖店的特许经营中，铃木采用了一种新颖的交易治理方式，并通过专业管理和本土适应来进行价值创造。

3.2.2 四要素模型

马克·约翰逊(Johnson Mark)提出的四要素模型是一个很好的分析商业模式的框架。所谓四要素模型是指如图 3.2 中的 4 个要素，即为顾客提供的价值、盈利模式、经营资源、业务流程。这个模型可以看作是为了更好地发挥商业模式效用的工具，但是它的一个缺点是基本上只能在公司内部使用，使用范围较为狭窄，也无法用来获取客户；另一个缺点是它无法用于企业之间合作。

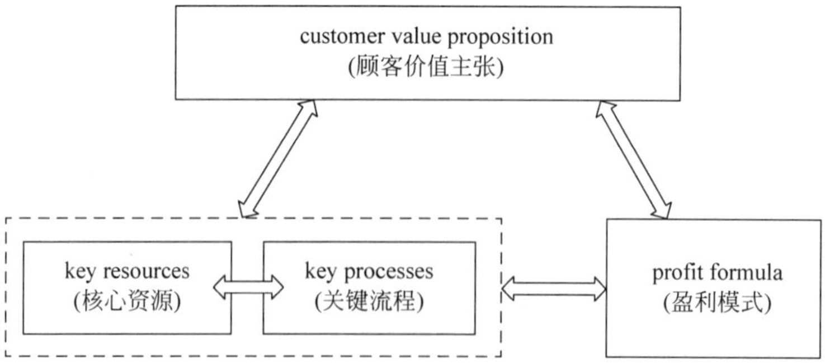

图 3.2　四要素模型

1. 为顾客提供的价值主张

为解决顾客的重要问题和难题提出的方案。除了产品或服务外，该产品或服务的销售方式也是为顾客提供价值的关键。

2. 盈利模式

能够确保企业及股东利润的体系，如收益模型、成本结构等。

3. 核心资源

为了实现为顾客提供价值所需要的人才、技术、产品、场所及设备、交货供应商、流通渠道、资金和品牌等。

4. 关键流程

制造及开发、销售、服务、员工培训、制定预算、商业发展计划等所有需要重复进行的业务。

以支付宝为例，用四要素模型解构其商业模式，如图 3.3 所示。

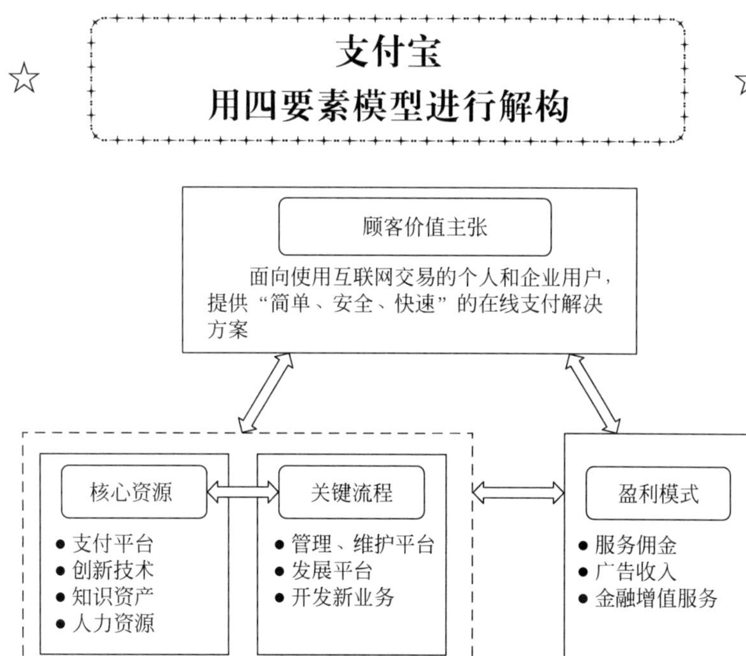

图 3.3 支付宝商业模式四要素模型解构

3.2.3 六要素模型

Chesbrough 将商业模式划分为 6 个基本要素：价值主张、目标市场、内部价值链结构、成本结构和利润模式、价值网络、竞争战略。

1. 价值主张

提供产品或服务为顾客创造价值。例如，通用电气飞机引擎部门从向航空公司出售喷气发动机转变为向航空公司出售飞行时数时，创造了一种创新的价值主张。这将停机的风险从航空公司客户转移到通用电气，并使通用电气建立了一个非常有利可图的服务运营。

2. 目标市场

确定一个细分市场，即产品对哪些用户是有用的，其用途是什么。例如，不断壮大的欧洲折扣航空公司瑞安航空创新了一个不同的目标市场，它瞄准的是休闲旅行者，而不是通常的商务旅行者。

3. 内部价值链结构

定义企业创造和提供产品所需的价值链结构，并确定支持企业在这条链中的地位所需的互补资产。这包括公司的供应商和客户，并且应该从原材料延伸到最终客户。例如，沃尔玛以其供应链管理而闻名。

4. 成本结构和利润模式

明确公司的创收机制，根据所选的价值主张和价值链结构，估算出产品的成本结构和利润潜力。例如，施乐通过租赁复印机而不是出售复印机，开始了复印机租赁业务。

5. 价值网络

描述公司在连接供应商和客户的价值网络（也称为生态系统）中的位置，包括确定潜在的互补和竞争对手。例如，瑞安航空在这方面再次创新，对未得到充分利用的地区机场进行了创新性安排。瑞安航空从这些机场的优惠销售中抽取一定比例的佣金，在某些情况下，甚至可以从为顾客提供在这些机场降落的服务中获取报酬。

6. 竞争战略

制定竞争战略，使创新企业获得并保持对竞争对手的优势。商业模式的一个有趣之处在于，别人很难模仿。许多航空公司都试图效仿西南航空的低成本策略，大多尝试都没有成功。照搬西南航空的模式显然会与该公司现有的商业模式产生太多冲突。

3.2.4 商业模式画布

在描述商业模式的框架中，另外一个被人们广泛使用的是 Osterwalder 和 Pigneur(2010)提出的“商业模式画布”。商业模式画布包括 9 个模块，如图 3.4 所示。

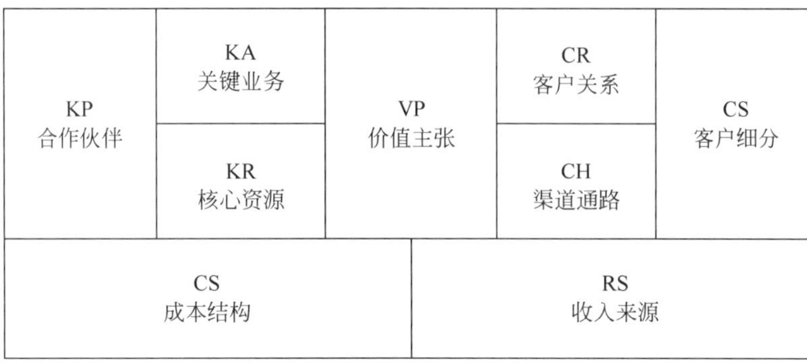

图 3.4 商业模式画布

商业模式画布从顾客细分和价值主张这两个目标市场的要素出发，网罗了获取这两个要素的机制，同时也关注了财务和公司间合作的情况，是一个网罗性很强的框架，受到较高评价。但是，从每个要素的命名方式来看，商业模式画布记录的只是静态的东西，很难想象这个模式具体是怎么运作的。例如，在客户关系模块，商业模式画布只记载了与顾客构建关系的种类，没有记录如何建立客户关系。又如，在核心资源模块，商业模式画布只记录了所用到的资源种类，而没有记录获取这些资源的机制。

1. 客户细分

客户细分(customer segment, CS)模块描述了给什么样的顾客(群体、市场)提供价值。

客户构成了任何商业模式的核心，没有可获益的客户，任何企业都无法长期存活。企业可以把客户分成不同的细分区隔，每个区隔具有共同的需求、共同的行为和其他共同的属性。

商业模式可以定义一个或多个可大可小的细分群体，并明确应该服务哪些客户细分群体，应该忽略哪些客户细分群体。

判断一个客户群体是否可以成为一个独立的客户群体，主要参照以下判断标准：是否需要提供明显不同的产品或服务来满足需求；是否需要不同的分销渠道来接触它；是否需要和它建立不同类型的关系；这个群体的盈利能力(收益性)是否存在本质区别；这个群体是否愿意为产品或服务的不同方面付费。

通常的客户群体主要体现为以下几种类型：大众市场、利基市场、区隔化市场、多元化市场、多边平台或多边市场，如表 3.2 所示。在明确企业的“客户细分”时，通常要思考以下几个问题：我们正在为谁创造价值？谁是我们最重要的客户？

表 3.2　常见的客户群体类型

类　型	含　义
大众市场	聚焦于大众市场的商业模式在不同客户细分之间没有多大区别。价值主张、渠道通路、客户关系聚焦于一个大范围的客户群组。在这个群组中，客户具有大致相同的需求和问题。这类商业模式经常在消费类电子行业中找到
利基市场	以利基市场为目标的商业模式迎合特定的客户细分群体。价值主张、渠道通路和客户关系都针对某一利基市场的特定需求定制(专业化)。这类商业模式可以在供应商—采购商之间的关系中找到
区隔化市场	有些商业模式在略有不同的客户需求及困扰的市场细分群体间会有所不同。不同细分群体间有相似，但又有不同的需求和困扰，这就会影响到商业模式的其他构造块
多元化市场	具有多元化商业模式的企业可以同时服务多个具有不同需求的不相关的客户细分群体
多边平台或多边市场	有些企业服务于两个或更多的相互依存的客户细分群体。需要这些相互依存的群体共存才能让商业模式运转起来

2. 价值主张

价值主张(value proposition，VP)模块描述了企业能够为顾客提供什么样的价值(产品或服务)。

价值主张是客户之所以选择一家企业而非另一家企业的原因，它解决了客户的困扰或者满足了客户的需求。每个价值主张都包含系列的产品和服务，以迎合特定客户细分群体的需求。从这个意义上讲，价值主张是公司提供给客户的受益的集合或者系列。

有些价值主张可能是全新的产品或服务，而另一些价值主张可能与市场上现有的产品或服务类似，只是增加了功能或特性。在明确企业的“价值主张”时，通常要思考以下几个问题：该向客户传递什么样的价值？在帮助客户解决哪一类难题？正在满足客户的哪些需求？正在给客户细分群体提供哪些系列的产品和服务？

通常，企业可以在以下几个方面进行完善和创新，以更有效地为客户创造价值，如表3.3所示。这几方面包括新颖、性能、定制化、把事情做好、设计、品牌/身份地位、价格、成本削减、风险抑制、可达性、便利性/可用性。

表3.3 价值主张创新要素

要素	含义
新颖	满足客户从未感受过的和体验过的全新需求
性能	改善产品和服务性能是传统意义上创造价值的普遍方法
定制化	定制产品和服务以满足个别客户或客户细分群体特定需求来创造价值
把事情做好	通过帮助客户把某些事情做好而比较简单或容易地创造价值
设计	设计是一个重要但又很难衡量的要素，产品可以因为优秀的设计而脱颖而出
品牌/身份地位	客户可以通过使用和显示某一特定的品牌而发现价值
价格	以更低的价格提供同质化的价值是满足价格敏感客户细分群体的普遍的方法
成本削减	通过帮助客户削减成本为其创造价值
风险抑制	通过帮助客户抑制风险为客户创造价值
可达性	把产品和服务提供给以前接触不到的客户也是一种创造价值的方法
便利性/可用性	帮助客户实现更便利地和更容易地使用某种产品和服务

3. 顾客关系

顾客关系(customer relationship, CR)模块描述了需要与顾客建立什么样的关系，如专用个人助理、社区等。

通常，客户关系可以被以下几个动机所驱动：客户获取、客户维系、提升销售额(追加销售)。企业要弄清楚希望和客户建立的关系类型。不同的客户关系类型会对客户产生不同的体验效果。表3.4中列举了6种客户关系。

在明确建立“客户关系”前，要重点思考如下问题：每个客户细分群体希望与我们建立和保持何种客户关系？哪些关系已经建立了？这些关系的成本如何？如何把它们与商业模式的其他部分相整合？

表 3.4　常见的客户关系类型

类　　型	含　　义
个人助理	这种关系类型基于人与人之间的互动。在销售过程中或者是售后阶段,客户可以与客户代表交流并获取帮助
专用个人助理	这种关系类型包含了为单一客户安排的专门的客户代表。它是层次最深、最亲密的关系类型,通常需要较长的时间建立
自助服务	在这种关系类型中,一家公司与客户之间不存在直接的关系,而是为客户提供自助服务所需的所有条件
自动化服务	这种关系类型整合了更加精细的自动化过程,用于实现客户的自助服务。自动化服务可以识别不同客户及其特点,并提供与客户订单或交易相关的信息。最佳情况下,良好的自动化服务可以模拟个人助理服务的体验
社区	越来越多的企业通过建立社区与客户建立更深联系。建立在线社区与客户或潜在客户建立更加深入的联系,让其用户交流知识和经验,解决彼此的问题,促进社区成员之间的互动。同时,社区还可以帮助公司更好地理解客户需求
共同创作	超越传统的客户—供应商关系,与客户共同创造价值

4. 渠道通路

渠道通路(channels, CH)模块描述了如何沟通、接触顾客,并将价值提供给顾客,如店铺或线上商店等。

沟通、分销和销售这些渠道构成了公司与客户的接口界面。渠道通路是客户的接触点,它在价值传递与客户体验中扮演着重要的角色。

渠道通路一般具有以下功能：提升产品或服务在客户中的认知；帮助客户评估公司价值主张；协助客户购买产品和服务；向客户传递价值主张；提供售后客户支持。

在明确企业的“渠道通路”时,通常要思考以下几个问题：通过哪些渠道可以接触到客户细分群体？现在如何接触他们？渠道如何整合？哪些渠道最有效？哪些渠道成本效益最好？如何把渠道与客户的例行程序整合？

企业组织可以选择通过其自有渠道、合作伙伴渠道或两者混合来接触客户。自有渠道可以是直接的,如内部销售团队或网站；自有渠道也可以是间接的,如组织拥有或运营的零售渠道。合作伙伴渠道是间接的,并在很大范围内可供选择,如分销批发、零售或者合作伙伴的网站。虽然合作伙伴渠道导致更低的利润，但允许企业凭借合作伙伴的强项，扩大企业接触客户的范围和收益。自有渠道和部分直销渠道有更高的利润，但是其建立和运营成本都很高。渠道管理的诀窍是在不同类型渠道之间找到适当的平衡，并整合它们来创造令人满意的客户体验，同时使收入最大化。

5. 收入来源

收入来源(revenue stream，RS)模块描述了用什么样的方式获取收入，如销售产品、使用费等。

如果客户是商业模式的心脏，那么收入来源就是动脉。企业必须问自己，什么样的价值能够让客户细分群体真正愿意付款？只有回答了这个问题，企业才能在各客户细分群体上挖掘一个或多个收入来源。表3.5给出了一些常见的获取收入的方式。

表3.5 常见的收入来源

方　式	含　　义
销售资产	销售实体资产的所有权。例如，亚马逊在线出售图书
使用收费	通过特定的服务收费。例如，旅馆按照客户入住的天数计费
订阅收费	通过销售重复使用的服务获得收入。例如，健身房按照月或者是年以会员制订阅的方式来销售健身设备的使用权
租赁收费	这种收入来源于针对某个特定资产在固定的时间暂时性排他使用权的授权。对于出借方来说，租赁收费可以带来经常性收入的优势。对于租用方来说，他无须承担购买所有权的全部费用。例如，音像店租碟服务
授权收费	这种收入来自将受保护的知识产权授权给客户使用，并换取授权费用。授权方式可以让版权持有者不必将产品制造出来或服务商业化，仅依赖知识产权本身即可获得收入。例如，在技术行业，专利持有人授权其他公司使用专利技术，并收授权费作为回报
经纪收费	这种收入来自为了双方或多方之间的利益所提供的中介服务而收取的佣金。例如，房屋中介和股票经纪人通过成功匹配买家和卖家来赚取佣金
广告收费	这种收入来源于为特定的产品、服务或者品牌提供广告服务宣传服务。例如，媒体行业和会展行业均以此作为主要的收入来源

每个收入来源的定价机制可能不同。定价机制类型的选择就产生收入而言会有很大的差异，表3.6给出了多种不同的定价机制。

表 3.6　不同的定价机制

固定定价 （根据静态变量而预设价格的定价）		动态定价 （根据市场情况变化而调整的定价）	
标价	单一产品、服务或其他价值主张的固定价格	协商或谈判定价	双方或多方商定价格，最终的价格取决于谈判能力或谈判技巧
基于产品特性的定价	基于价值主张特性的数量或质量的定价	收益管理定价	基于库存量和购买时间的定价（通常用于易损资源，例如旅馆的房间或飞机的座位）
基于客户细分的定价	基于客户细分群体的类型和特点定价	实时市场定价	价格基于市场供求的动态关系决定
数量定价	基于客户购买的数量定价	拍卖定价	价格根据竞拍结果决定

在制定企业的“收入来源”时，我们通常要思考以下几个问题：什么样的价值让客户愿意为之付费？他们付费买什么？他们是如何支付费用的？他们更愿意如何支付费用？每个收入来源占总收入的比例是多少？

6. 关键业务

关键业务（key activity，KA）模块描述了将价值提供给顾客所需要的行动、活动。

任何商业模式都需要多种关键业务活动。这些业务活动是企业得以成功运营所必须实施的最终的动作，是企业创造和提供价值主张、接触市场、维系客户关系并获取收入的基础。关键业务会因为商业模式的不同而有所差别。例如，对于微软等软件制造商而言，其关键业务主要是软件开发。对于戴尔等电脑制造商来说，其关键业务主要是供应链管理。对于麦肯锡咨询公司而言，其关键业务主要是问题求解。

通常，关键业务有三类：制造产品、问题解决、平台/网络，如表 3.7 所示。

在明确建立的“关键业务”前，要重点思考如下问题：价值主张需要哪些关键业务？渠道通路需要哪些关键业务？客户关系需要哪些关键业务？收入来源需要哪些关键业务？

表 3.7 三类关键业务

类　型	含　义
制造产品	这类业务活动涉及生产一定数量、一定质量的产品，与设计、制造及发送产品有关。制造产品这一业务活动是企业商业模式的核心
问题解决	这类业务指的是为个别客户问题提供新的解决方案。例如，咨询公司、医院和其他服务机构的关键业务是问题解决。它们的商业模式需要知识管理和持续培训等业务
平台/网络	以平台为核心资源的商业模式，其关键业务也都是与平台或网络有关的。网络服务、交易平台、软件甚至品牌都可以看成是平台。例如，淘宝的商业模式决定了公司需要持续地发展和维护其平台 taobao.com 网站

7. 核心资源

核心资源(key resource, KR)模块描述了执行商业模式所需要的核心资产，如人力、物力、财力等资产。

每个商业模式都需要核心资源，这些资源使得企业组织能够创造和提供价值主张、接触市场、与客户细分群体建立关系并赚取收入。

不同的商业模式所需要的核心资源有所不同。核心资源可以是实体资产、金融资产、知识资产或人力资源。核心资源既可以是自有的，也可以是公司租借的或从重要伙伴那里获得的。

明确企业的“核心资源”时，通常要思考以下几个问题：价值主张需要什么样的核心资源？渠道通路需要什么样的核心资源？客户关系需要什么样的核心资源？收入来源需要什么样的核心资源？

8. 合作伙伴

合作伙伴(key partnership, KP)模块描述了商业模式中所需要的合作伙伴或供应商。

企业会基于多种原因打造合作关系，合作关系正日益成为许多商业模式的基石。很多企业创建联盟来优化其商业模式、降低风险或获取资源。

通常，合作关系大致包括以下 4 种类型：在非竞争者之间的战略联盟关系、在竞争者之间的战略联盟关系、为开发新业务而建立的合资关系、为确保可靠供应的购买方—供应商关系。以下 3 种动机有助于创建合作关系。

1）商业模式的优化和规模经济的运用

伙伴关系或购买方—供应商关系的最基本的价值，是设计用来优化资源和业务的配置。公司拥有资源或自己执行每项业务活动有时是不合逻辑的。优化的伙伴关系和规模经济的伙伴关系通常会降低成本，而且往往涉及外包或基础设施共享。

2）风险和不确定性的降低

伙伴关系可以帮助减少以不确定性为特征的竞争环境的风险。竞争对手在某一领域形成了战略联盟而在另一领域展开竞争的现象很常见。例如，蓝光，一种光盘格式，由一个世界领先的消费类电子、PC和媒体生产商构成的团体联合开发，目的在于降低新产品开发的风险和不确定性。该团体合作把蓝光技术推向市场，但个体成员之间又在竞争销售自己的蓝光产品。

3）特定资源和业务的获取

很少有企业拥有所有的资源或执行所有其商业模式所要求的业务活动。相反，它们依靠其他企业提供特定资源或执行某些业务活动来扩展自身能力。这种伙伴关系可以根据需要，主动地获取知识、许可或接触客户。例如，移动手机制造商可以为它的手机获得一套操作系统授权而不用自己开发。

9. 成本结构

成本结构（cost structure，CS）模块描述了商业模式运营过程中所发生的所有成本。

创建价值、提供价值、维系客户关系以及产生收入都会引发成本。这些成本在确定关键资源、关键业务与重要合作后可以相对容易地计算出来。

通常，商业模式成本结构有两种极端类型：成本驱动和价值驱动。有些商业模式是由成本驱动的，有些商业模式是由价值驱动的，有些商业模式的成本结构介于这两种极端类型之间。

成本驱动的商业模式侧重于每个地方尽可能地降低成本。这种做法的目的是创造和维持最经济的成本结构，采用低价的价值主张、最大程度自动化和广泛外包。廉价航空公司，如西南航空公司、易捷航空公司和瑞安航空公司就是以成本驱动商业模式为特征的。

价值驱动的商业模式不太关注特定商业模式设计对成本的影响，而是专注于创造价值。增值型的价值主张和高度个性化服务通常是以价值驱动型商业模式为特征的。豪华酒店的设施及其独到的服务，都属于这一类。

关于“成本结构”，企业要重点思考：什么是我们商业模式中最重要的固定成本？哪些核心资源花费最多？哪些关键业务花费最多？

以拼多多为例，用画布对其商业模式进行了解构，如图 3.5 所示。

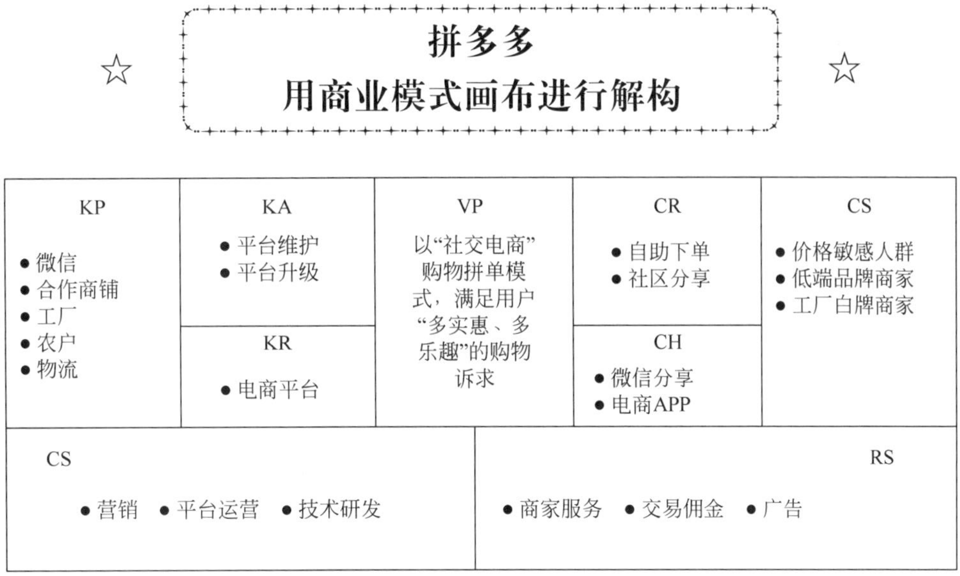

图 3.5　拼多多的商业模式画布解构

问题思考

1. 为什么说商业模式构成要素框架可作为商业模式创新的工具？

2. 比较 Amit 和 Zott 的三要素模型、Johnson 的四要素模型、Chesbrough 的六要素模型、商业模式画布四种商业模式创新解构工具的优点和缺点。

3. 请用商业模式画布来描绘你熟悉的一家企业的商业模式。

案例分析

京东商业模式的优势

京东集团，以线下起家，“非典”之后转战电商平台设立了京东商城，一跃成为电商企业的领军者之一。2014 年 5 月 22 日，京东集团顺利在美国 NASDAQ 证券市场挂牌上市，是中国首家在美国申请 IPO 成功的自营电商企业。截至 2019 年 5 月的数据，京东的市值已高达 386.49 亿美元。在这辉煌业绩的背后，是京东集团在多年迭代过程中对自己商业模式的不断调整与创新。目前京东集团已经从“自营模式”转向以“自营为主，以平台为辅”的商业模式，在占据自营式网络零售领域国内领先地位的同时凭借平台逐步扩大自己的业务范围，以为网络大众消费者及第三方平台商家提供多、快、好、省的服务、产品为目标，逐渐建构出了其商业模式中诸多方面的核心优势。

1. 渠道商业化

京东集团早期并不能直接跟厂商、供应商进行直接的资金往来，而是通过中间的经销商。主要原因是供应商不愿直接向京东集团提供赊销而承担坏账风险，而是更愿意将风险转移给经销商。随着京东市场影响力逐步提高，京东选择放弃经销商合作模式，打通供应商渠道，使得进货成本降低，形成了京东价格方面的核心优势。在供应商选择方面，京东为了最大限度满足顾客需求，提高现货率，选择了多样化、多地化的供应商模式，即保证多个供货商，多地有供货商，并强调要一次性大规模、大批量从供应商处采购，然后运到库房，最后到消费者的手中。商品只实现一次搬运，以求物流成本降到最低。

2. 最大的自建物流和仓储系统

支撑京东的商业模式能完全掌握其物流成本的背后，是其自建的物流与仓储系统。京东集团的物流集成设施是全国电商领域中规模最大的，具有中小件、大件、冷藏冷冻仓配一体化服务电商物流仓储系统，在全球也处于领先地位。截至 2020 年年初，京东集团已在全国建立了 7 大物流中心、仓库数量超过了 750 个，仓储总面积达到了约 1800 万平方米。除了物流的独立，下沉与国际化也是京东物流的战略。渠道下沉是京东 2019 年很重要的一个战略，下沉对物流来说就是要以更快的速度把货物送到消费者手里面，所以京东物流推出“千县万镇 24 小时达”时效提升计划，内部称为“4624”，即四到六线城市，24 小时内送达，以提高京东在小城市的知名度，以“星星之火，可以燎原”的效应帮助京东物流呈现新的发展局面。不仅如此，京东还表示下沉的供应链建设将会打破原有的模式，通过开放共生的体系，利用产地的资源，把当地的车、当地的仓、当地的农户能力结合起来。此举得到了政府部门的大力支持，这体现了京东物流在助力脱贫攻坚、创新解决就业、发展绿色物流、参加公益事业等方面承担的社会责任。尤其在 2020 年的抗击新型冠状肺炎疫情中，京东坚持运营不停摆，开辟免费运输通道，成为国家邮政局重点推荐的快递物流企业之一，累计承运医疗应急物资超7000万件、3万吨，无人配送车等“五件套”更是被国家博物馆永久收藏。而另一方面，国际业务也被京东物流定为主战场之一。首先跨境业务，中国到全球的双通路线的生意就非常大，无论是跨境小包还是其他形式，都有很大的机会。同时，京东物流在泰国、印尼等一些国家通过技术出海提升当地物流效率，已经验证成功。另外，京东物流的技术，也可以通过共生的手段，在国外持续发挥很大的潜力。

3. 打造完美的用户体验

物流的建设体现出的是京东商业模式对顾客体验的重视，这一点在京东产品端、服务端、价格设定方面也得到了呈现。第一，坚守正品行货，不卖假货的底线。京东集团早期在品类选择上很严格，在京东集团成立的前7年，京东集团只做了5个品类，主要原因就是选择容易保证产品质量的品类，防止品类过多导致假货泛滥，从而影响用户体验。伴随着京东商城的出现，产品的品类逐渐丰富化，与之而来的问题是用户搜索难度的增加，于是京东以精准营销为目的建立了用户的大数据系统，通过手机用户购买行为和搜索记录等为基础，向顾客精准推荐迎合其喜好的特色产品与服务，大大提升了用户的平台体验感。第二，打造无缝的完整服务链条。从用户下单到最后交易真正完成，包括退换货完成，京东集团大概有34个大的节点，100多个具体流程动作，只有所有流程保证不出问题，才能满足用户体验。为此，京东集团采取了很多措施以保证配送人员的服务质量，其不仅为配送员提供五险一金，还为他们准备了高于市场平均水平的工资。除了金钱方面的回馈，也为员工准备了极大的职位上升空间。第三，实行低价销售。京东集团的销售毛利率很低，因为其一直保持低价策略，京东集团一直努力节约成本提高效率，将利润让利给消费者和供应商。京东还规定：不打长时间的价格战。从整个行业角度来讲，长时间进行价格战会让整个行业受到伤害或者损毁，整个业态是不健康的。京东始终秉持与竞争对手共存的理念，短时间解决，不让自己陷入危险的状态。产品、服务、价格，这3个决定用户体验的因素，京东集团依靠自身物流系统、信息系统、财务系统的支撑，将三者有效地进行了融合，打造了完美的用户体验。

4. 自主研发的信息系统

信息系统作为京东集团的软实力，可能用户并不能直接接触到它，但却是保证用户体验的重要基础设施，帮助京东提高了运营效率，也是京东的核心优势之一。自成立以来，京东的信息系统主要包括了管人、管钱、管物的功能。管人是公司人力资源系统的管理，管钱是指公司的财务信息系统，管物是指库存管理、物流管理等信息系统。并且京东的信息系统是根据业务发展需要适时更新和升级，这得益于京东有自身的技术研发团队。京东集团的信息系统非常强大，它把下单、支付、发货流程细分至 34 个环节，这个系统小到可以监督配送员用了多少胶带和纸箱，大到可以直接在线向供应商下订单。京东集团把控流程中尽可能多的环节以提升供应链的效率和服务品质。自 2008 年该系统就能满足订单查询和跟踪功能，用户可以直接查询物流信息，解决物流矛盾。京东集团所有的工作人员都是基于信息系统开展工作，京东集团的信息系统真正连接了业务和运营环节的线上与线下的每个环节，是京东集团商业模式中非常重要的核心优势。

5. 业务的多方面拓展

随着京东近几年的快速发展，京东也在积极扩展自己的业务范围以降低运营的风险扩大市场影响力。京东白条的推出意味着京东在金融方面的探索，旨在利用统一为供应商付款的时间差过程中产生的资金沉淀去做投资等商业活动产生盈利。目前京东白条已经打通了京东体系内的大部分产品线，像全球购、众筹等，如今在租房、旅游、装修、教育、婚庆等领域都实现了覆盖，整个涉及范围非常广。另外，京东白条在自身的产业扩展上也不断优化，从一开始的消费先行支付分期偿还，到如今提供信用消费贷款，在自身发展的同时也为各个来源的消费者们提供了更加便利的服务，以满足用户各方面消费需求为目标进一步优化。

京东深谙商业模式的搭建是一件持续性的工作，核心优势的铺垫不仅仅是为了确保京东市场地位的稳固，也是为了使京东在面临风险危机时仍可以展现强劲的生命力。最近的新型冠状肺炎疫情证实了京东商业模式布局的巨大优势基础。于 2020 年 5 月 15 日晚发布的京东一季度财报显示，京东在面对新型冠状肺炎疫情所导致的经济萧条局面时当季净收入仍达到了 1462 亿元，同比增长 20.7%；活跃用户也大幅增长 2500 万。拿净收入来说，不少主流电商平台对一季度这一指标的预期是负增长，京东此前曾表示预计增长 10%以上，表现非常亮眼。在疫情影响下，京东取得这样的业绩，再次印证了其商业模式的后劲和威力。

问题讨论：

1．使用画布描绘京东电商商业模式。

2．京东电商商业模式的优势有哪些？

3．京东电商商业模式在新型冠状肺炎疫情下仍有亮眼表现的原因有哪些？

4．京东电商商业模式可以为其他企业带来哪些启示？

第4章 商业模式创新类型

4.1 基于画布式样的商业模式创新类型

Osterwalder 和 Pigneur(2010)用商业模式画布构造块的相似布局或者相似行为来描述商业模式,并将类似的商业模式称为商业模式式样,包括长尾、多边平台、免费、诱钓等商业模式式样。以改进或构建这些商业模式式样为目标,则形成长尾式、多边平台式、免费式、诱钓式等商业模式创新类型。

4.1.1 长尾式商业模式创新

长尾商业模式的核心是多样少量,关注于为利基市场提供多样商品,每种商品相对而言卖得较少。利基产品的销售总额可以与传统商业模式中凭借少量畅销产品产生的大量销售额相媲美。长尾模式需要低库存成本和强大的平台,并使得利基产品对于兴趣卖家来说容易获得。

“长尾”概念是美国杂志《连线》(*Wired*)总编辑克里斯·安德森(Chris Anderson)提出的,这个概念描述了媒体行业从面向大量用户销售少数拳头产品,到销售庞大数量的利基产品的转变。安德森描述了很多非经常或非频繁的销售所产生的销售总额等于甚至超过拳头产品所产生的收入。正所谓“聚沙可以成塔,聚水可以成河”。

“长尾式”商业模式创新的成立，基本仅限于互联网行业。众所周知，传统的小商品店基本上只会销售一小部分的人气商品，因为有店铺面积及库存成本等物理因素的限制。如果把那些一年都未能卖出去一个的商品摆放在店铺，不仅会成占地方的赔钱商品，也将没有空间摆放其他畅销商品。

如今，顾客兴趣越来越多样化，而能满足其兴趣的畅销商品很难产生。如果通过互联网进行长尾销售，以往无法满足顾客需求的难题也就可以解决了。除了物品售卖网站，通过互联网提供库存较低的音乐、动漫、电子书籍等服务的商家都属于长尾型商业模式应用的代表。

然而，并不是把商品放到网络上销售，就可以理所当然地被理解为长尾型商业模式了，有两个条件是必不可少的。

第一个条件是想要利基产品的顾客在传播该类商品信息时存在的“相互匹配”。虽然畅销品也能卖，但是如果不能将信息精准地传递给对利基产品有需求的顾客，利基产品就永远是利基产品。

第二个条件是“高效”。就算是线上商铺，只要是实物销售企业就会产生库存管理成本和物流成本，因此，以长尾式商业模式而取得成功的网络购物网站大多引入平台模式，即招募第三方商家到自己的网站上开店，以此扩大产品类别的数量。库存管理及配送是由第三方自行解决的，故可以有效地控制成本。

所以，匹配和高效是长尾式商业模式创新成功的两个关键条件。长尾式商业模式式样如图 4.1 所示。

<table>
<tr><td rowspan="2">利基产品/内容提供商(专业的或者是用户自生成的)是这个模式的重要伙伴</td><td>关键业务包括平台开发和维护，利基产品/内容的获取和生产</td><td rowspan="2">长尾模式的价值主张是提供宽泛非拳头产品，这些产品可以和拳头产品共存。长尾模式也可以促进用户自生成和构建在用户自生成内容基础上</td><td>长尾模式基于互联网作为客户关系</td><td rowspan="2">长尾商业模式专注于利基客户(细分全体)</td></tr>
<tr><td>平台</td><td>长尾模式基于互联网作为渠道通路</td></tr>
<tr><td colspan="3">主要成本是平台的开发和维护</td><td colspan="2">长尾模式基于大量产品带来的小额收入的集合，收入来源多样，可能来源于广告、销售或订阅</td></tr>
</table>

图 4.1　长尾式商业模式式样

☆ 亚马逊的长尾式商业模式创新 ☆

以亚马逊为首的大型商店，其绝大部分营业额来自实体店难以销售的小众商品。例如亚马逊上，小众商品的营业额就占到了总营业额的 57％。

当然，并不是摆放了利基产品就一定可以卖出去，所以亚马逊全力提升精准推荐功能。基于用户的购买记录或搜索记录等数据向用户推送推荐商品，可以为用户推送其本人都没有想到的喜欢的书或服饰等。利用独家的运算体系对数据进行分析，因为有压倒性数量的货品类别和用户，其计算的准确性得到了外界的肯定。

通过这样的方式促进用户与这些利基产品相遇，让亚马逊实现了长尾型的商业模式创新应用。

关于亚马逊 230 万种图书的销路，大致遵循以下两大规律：

【幂律分布】热门商品销售佳，冷门商品数量大。

【28 ∶ 72】虽然营业额大都源自热门商品，但二八定律并不符合实际，冷门商品（长尾部分）对销售额也有巨大贡献（如图 4.2 所示）。

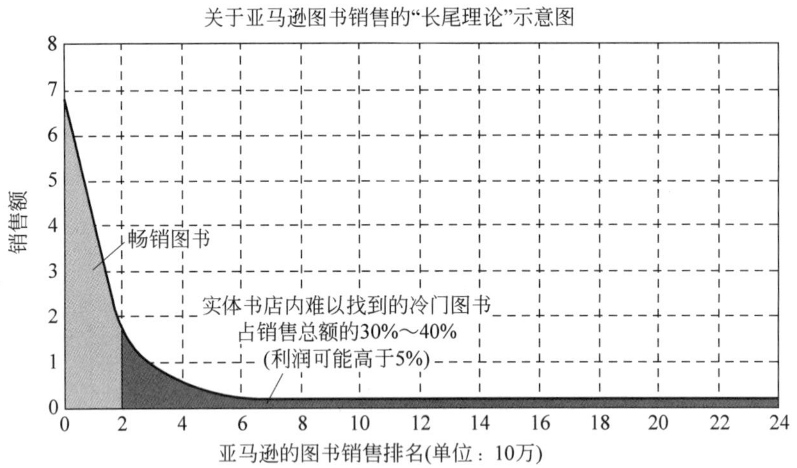

图 4.2　亚马逊的图书销售长尾模式

关于亚马逊长尾式商业模式创新的要点：

【可提供的价值】图书、CD、家电、服饰、鞋、文具、食品等 5000 万种的各色商品，顾客可以一键购买。

【盈利模式】自己的仓库可以控制流通成本，以实现高利润率。同时第三方商家并存可以减少库存成本。

【经营资源/业务流程】自己的仓库、平台、精准度非常高的搜索工具和推荐功能等。

4.1.2 多边平台商业模式创新

"多边平台"由安德烈·哈吉(Andei Hagiu)于2006年提出后被广泛关注。简单来讲,"多边平台"指的就是提供场所(平台)的商业模式,创建以买卖或信息交换等为目的的场所,将买方和卖方等持有各种需求的人或企业聚集在一起,而人或企业通过在平台中的活动来获取价值和利润。

作为场所,最容易理解的例子就是购物中心。将那些想在客流量大的场所做生意的小店聚集起来,然后吸引那些想在一个综合的场所熟悉购物的人群。作为资方的商场运营方,可通过店铺的场所使用费或销售佣金提成获取利润。

随着互联网技术的发展,应用互联网的多边平台在不断增多,其中最典型的案例就是淘宝等互联网购物平台。除此以外,还有谷歌等搜索引擎、华为的应用市场等都属于这一类。

越来越多的企业纷纷开始使用多边平台是因为只要能够引起网络效应(网络外部性),就可以获取巨额收入。

简单来说,网络效应就是聚集的人或企业越多,平台的价值就越高,就能够再聚集更多的人和企业的效应。例如购物中心,其优良店铺越多,购物中心的魅力值就越高,就会有更多的人聚集在这里。这样,店铺的生意越旺,购物中心运营方就可以坐收店铺租金、销售佣金提成等收益。而且集客越多,更多的人气店铺也都想加入该平台开店。只要进入这样的良性循环,那么平台的收入就会像滚雪球一样源源不断地增长。随着平台上聚集的人越来越多,新的商机也会随之出现。如果是购物中心,其业务就会扩展到餐饮和停车场等。

当然,建成这样的平台并非易事,企业需要不断地提升平台自身的魅力、价值,必须让用户感受到使用这个平台能够有对其有利的事情发生。然而,当一个大平台失去了魅力,而其他平台将该平台用户全部带走的情况也时有发生。因此,通过不断努力,让平台持续拥有吸引客户的魅力是必不可少的。

所以,企业在进行多边平台商业模式创新时,要重点思考:我们能否为平台各边吸引到足够数量的客户;哪边对价格更加敏感;能够通过补贴吸引价格敏感一边的用户吗；平台另一边是否可以产生足够的收入来支付这些补贴。多边平台商业模式式样如图 4.3 所示。

<table>
<tr><td rowspan="2" colspan="2"></td><td colspan="2">平台管理
服务提供
平台推广</td><td rowspan="2" colspan="2">该模式的价值主张通常在三个方面创造价值：吸引用户群组；作为客户细分群体的媒介；通过渠道化的交易降低成本</td><td colspan="2"></td><td rowspan="2" colspan="2">该模式有一个清晰的结构：它们拥有两个或多个客户细分群体，每个客户细分群体都有其自己的价值主张和收入来源。而且，每个客户细分群体之间是相互依存的</td></tr>
<tr><td colspan="2">平台</td><td colspan="2"></td></tr>
<tr><td colspan="5">平台的开发和维护</td><td colspan="5">每个细分群体都产生不同的收入来源。一个或多个群体享受免费提供物或者通过来自其他客户细分群体的收入补贴来降低价格。选择一边来补贴是关键的定价策略</td></tr>
</table>

图 4.3　多边平台商业模式式样

☆ 苹果的多边平台商业模式创新 ☆

iPod、iPhone 和 iPad 是苹果接连发售的畅销产品，其操控简单却有着精练的外观设计。乔布斯本人的非凡个人魅力等成功因素有很多，但最重要的可以说是其构建了用户及合作伙伴都想用到的多边平台，如图 4.4 所示。

苹果最开始构建的平台是 2003 年开始的 iTunes Store。该平台最大的魅力是可通过网络下载 EMI、华纳、索尼及环球影视等大型唱片公司歌手的作品。这在当时已经是属于划时代意义的商业模式了。

这种商业模式不仅对用户，对唱片公司来说也是值得庆幸的事情。因为当时，盗版歌曲下载横行，致使唱片公司陷入苦于如何摆脱销售业绩低迷的状态。

因为能够下载人气歌曲，用户量在不断增加，于是其他的唱片公司也主动加入进来，iTunes Store 从中获取一定的销售提成。由于这样的网络效应作用，iPod 成功地与其他的音乐播放机形成了显著的差别化，成了稳固的人气商品。

苹果公司将 iPod 的商业模式直接沿用至 iPhone。建立售卖 APP 的 APP Store，并为 APP 开发公司免费提供所需要的配套元件。这种商业模式

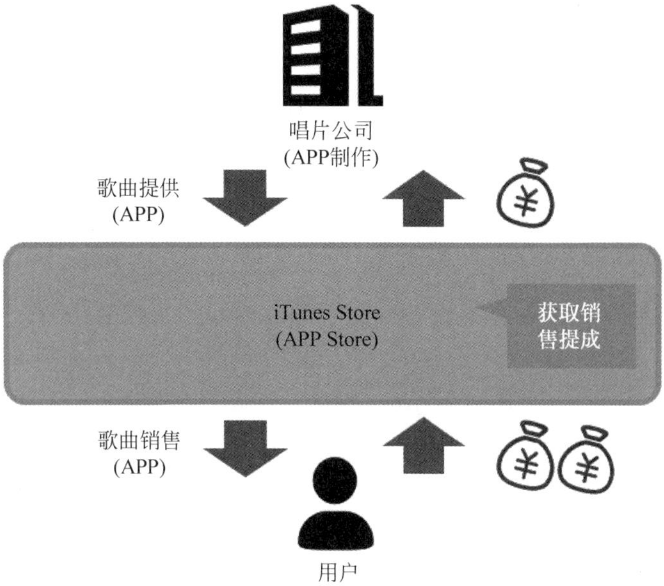

图 4.4　苹果公司的"多边平台"商业模式

类似于开放式商业模式，制作公司利用苹果公司提供的这套开发配套元件可以开发出各种各样的 APP，也让 iPhone 的魅力大大增加，苹果公司在 APP 的销售中获取一定的销售佣金。iPod 里的音乐可以从一般市面销售的 CD 中读取，但 iPhone 中的 APP 只能从 APP Store 下载，因此建立了通过售卖 APP 来获取利润的"围剿式"商业模式。

关于苹果多边平台商业模式创新的要点：

【可提供的价值】各式各样的 APP；无论到哪里都可以听到各式各样的歌曲。

【盈利模式】使用 iTunes 的歌曲以及 APP 的销售提成；APP 属于独家销售状态。

【经营资源/业务流程】史蒂夫·乔布斯的创意想法和产品的设计感；生产通过电子代工服务。

4.1.3　"免费＋收费"商业模式创新

美国杂志《连线》总编辑克里斯·安德森在发表了《长尾理论》之后，又出版了另一本书，名为《免费：商业的未来》。这本书中，安德森对免费给人带来的冲击力，以及在免费的基础上如何实现盈利等问题进行了深刻剖析。在免费式商业模式创新中，至少有一个庞大的客户细分群体可以享受持续的免费服务，通过该商业模式的其他部分或其他客户细分群体，给非付费客户细分群体提供财务支持。

免费大致可分为以下几种类型。①内部补贴型，例如（多数商店）为了使顾客来店购买产品或服务，赠送某些体验品或小礼品；（京东、淘宝、亚马逊）免费配送，通过销售盈利。②第三方补贴型，例如（360 杀毒、谷歌等搜索引擎、电台、免费报纸）节目和服务免费，通过广告收费。③“免费＋收费”型，例如（信用卡、淘宝）买方免费，向卖方收取手续费；（征途、武林外传、跑跑卡丁车等游戏软件）游戏免费，道具收费；（WPS、百度文库、QQ、迅雷）基础服务免费，高级用户付费。④自愿分享型，例如（大众点评）用户分享评价、心得，通过广告和客户输送量实现盈利。

其中，上述③“免费＋收费”模式，英文名是 freemium，由 free 和 premium 两个英文单词缩写而成。“免费＋收费”模式之所以成功，主要是基于提供数字化的内容和服务，故免费部分的成本可以控制在非常低的范围内。可以说，无论免费用户增加多少，仅一小部分的付费用户就可以撑起公司整体的利润。安德森本人也曾尝试过“免费＋收费”模式。《免费：商业的未来》一书完成后，允许读者在一定时期内利用互联网免费下载。这一期间该书被下载了 30 万次，却因此聚集了人气，最终他的书成功登上热销榜。

但是，“免费＋收费”模式不等于成功，它需要时间和资本来支撑。在“免费＋收费”模式下，为了获取付费会员，需要相当长的时间。所以采取这种模式之前就必须有所认识，那就是忍得了入不敷出。另外，如果免费部分不吸引人，就无法发挥其“口口传，满论坛”的优势，基础会员的人数也会停滞不前。但如果免费功能过于完善，就不会有人花钱成为付费会员。

所以，“免费＋收费”模式成功的关键在于让免费用户的成本降到最低。而且为了促进更多的免费用户向付费用户转化，设置好免费与付费两者之间最有吸引力的差别化和既合理又容易执行的转换条件也是必不可少的。“免费＋收费”商业模式式样如图 4.5 所示。

☆ 印象笔记“免费＋收费”商业模式创新 ☆

印象笔记是可以免费使用的网络剪贴簿的软件，其商业模式是典型的“免费＋收费”模式，如图 4.6 所示。用户只要将文本、照片、名片、语音、视频以及网页等剪辑下载到自己的印象笔记账号（网络版剪贴簿），便可以通过云

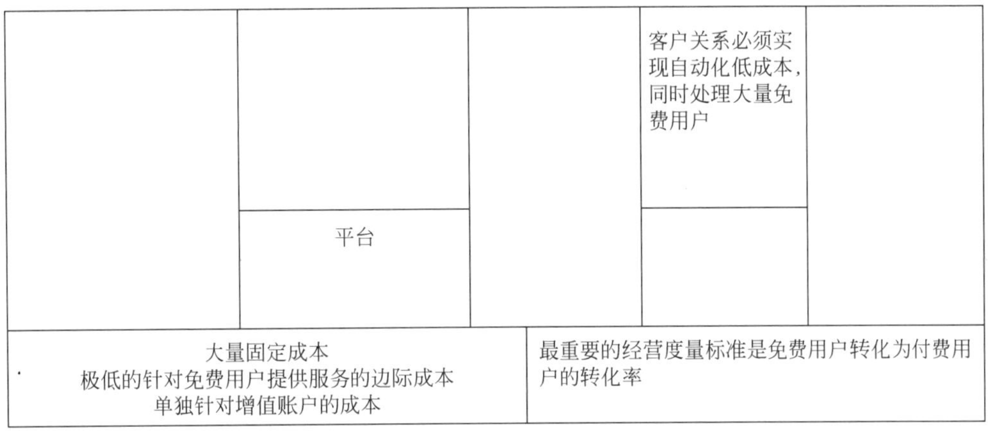

图 4.5 “免费＋收费”商业模式式样

技术，随时通过计算机或智能手机访问使用、编辑及共享。这些功能可以免费使用，只是每个月可以上传的数据大小被限制在 60MB，并且无法使用 PDF 版文件的文字搜索、图片识别及笔记共享功能。

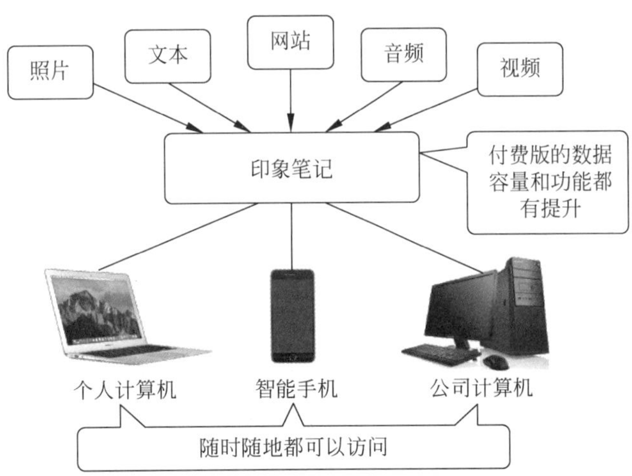

图 4.6 印象笔记“免费＋收费”模式

现在，印象笔记的免费版和付费高端版的用户比例是 96∶4，免费用户是压倒性地多。尽管这样，其依然能够盈利的主要原因是有效应用了可以最低控制运营成本的云技术。印象笔记靠“免费＋收费”模式取得成功的关键因素有两个。

一是免费版和付费版的功能差异非常巧妙。免费版虽有数据容量限制，但每个月依然可以上传 60MB，这样已经在印象笔记的免费版有一定数据存储的用户来说，随着日益存储数据的增加，若切换至其他服务软件，其成本和麻烦程度也是日益增加的，也就是说，很容易形成没有印象笔记就没有办法工作的状态。

另一个不能忽视的因素是，创始人兼首席执行官 Phil Lion 明确对外宣称的以“100 年企业为目标”的概念，这是在硅谷诞生的风险企业中很少有的理念。但是对于一家提供保管用户所有数据的服务公司说，这样持久性的理念大大地加强了用户的信赖。与其首席执行官在媒体上的曝光相呼应，这种信赖感也是用户数量增加的重要原因之一。

4.1.4　诱钓式商业模式创新

诱钓式商业模式指的是产品的主体部分以低价格或免费形式提供，然后依靠附属品或消耗品的持续售卖来赚取利润的模式。因为该模式由剃须刀品牌吉列公司使用才被大众广泛认知，所以该模式又被称为“吉列”模式和“刀片＋刀架”模式。这些术语被经常用来描述使用最初产品或服务引诱客户而从后续销售中赚取收入的普遍做法。

吉列公司是将男士用的剃须刀刀架和刀片分开售卖的，公司不是靠刀架获取利润的，而是靠顾客持续购买替换刀片来获取利润的。

以前，只有刀架和刀片一体化的男士剃须刀商品。而吉列公司采取了刀架和刀片分开售卖的方式。顾客只要在第一次购买时买好刀架，之后只需要购买替换刀片即可，整体算下来其价格要比刀架和刀片一体的剃须刀的价格低廉。而吉列公司又采取了刀架低价售卖的方式，顾客自然而然地选择了吉列模型的产品。

同时，吉列模型对于剃须刀的厂商来说，也是有百利而无一害的。因为从顾客的角度来看，其只购买替换刀片也比购买刀架和刀片一体式的剃须刀便宜很多，厂商便可以利用顾客对价格认识的这种错觉，提升自己的产品利润。

另外，企业都是采取自己品牌的刀架只适用于自己企业的刀片的方式进行售卖的，这样就可以让顾客一直购买自己的品牌，通过专利限制保证了竞争对手无法为吉列刀架提供更便宜的刀片。也就是说吉列模型的应用不仅可以持续吸引更多的顾客，还可以长期不断地获取营业收入。

无论刀架以多么低的价格售卖，只要替换刀片可以一直销售下去，其目标的利润就是完全可以达到的。

吉列模型看似对于买方和卖方都是有利的，但实际上买方对其持不满态度的情况也存在，例如消耗品的价格很高的情况。比如喷墨打印机的墨盒，就不乏很多顾客在购买更换的墨盒时，因为价格太高而感到烦恼。

还有就是附属品和已有的商品本体部分无法兼容的情况。例如男士的剃须刀，经常会出现新型刀片不适用于旧刀架的情况。从顾客角度看，其特意买了新型刀片，却发现跟原有的刀架无法匹配，可以想象出其不愉快和无奈的心情。

吉列模型本来应该是长期、循序渐进地获取利润的模式，但以上两种情况都属于以短期获利为目标的行为。因此，在采取短期获利的形式时，需要评估使用该模式是否会对品牌形象造成不良的影响。诱钓式商业模式式样如图4.7所示。

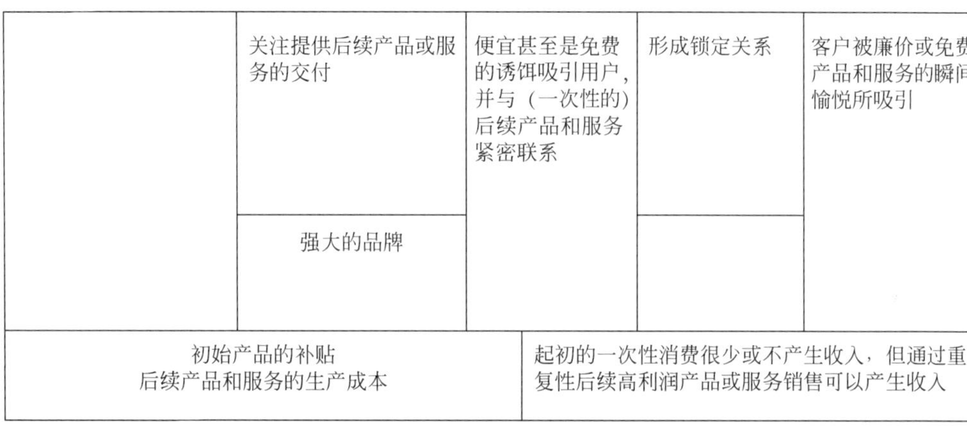

图4.7　诱钓式商业模式式样

4.2　基于设计主题的商业模式创新类型

商业模式的总体目标是通过利用商业机会来为相关方创造价值，即满足客户需求并创造客户盈余，同时为焦点企业及其合作伙伴创造利润。因而，商业模式又被视为活动组成的系统，或活动系统。商业模式活动系统是一组以焦点企业为中心的相互依赖的组织活动，包括焦点企业、其合作伙伴、供应商或客户等进行的活动。焦点企业的商业模式活动系统可能跨越其自身边界，但仍将以自身为中心，以使焦点企业不仅能够与合作伙伴合作创造价值，而且能够从合作创造的价值中分得一部分。

Zott 和 Amit(2010)提出了设计商业模式活动系统时的两个重要参数：设计要素和设计主题。其中，设计要素包括内容(企业应该展开哪些活动)、结构(这些活动应该如何被连接、排序)、治理(这些活动应该由谁进行管理，在哪个过程中进行管理)。设计主题主要包括新颖、锁定、互补、效率。基于不同设计主题的商业模式创新，它的商业模设计要素的配置和编排不同；或者说，不同设计主题(如效率、新颖)通过不同的配置和编排商业模式设计要素而形成不同的商业模式式样。根据 Zott 和 Amit(2010)对商业模式设计主题的划分，商业模式创新可以划分为新颖型、锁定型、互补型与效率型四种类型。

4.2.1 新颖型商业模式创新

新颖型商业模式创新的本质是采纳新的活动(即内容)，并且/或者采纳新的连接活动的方式(即结构)，以及/或者采纳新的活动管理方式(即治理)。新颖型商业模式创新并不要求对三种设计要素均进行革新，只要对一种或一种以上要素进行革新即可。

一个突出的例子是苹果公司，它过去专注于生产 PC 等创新型硬件。但通过开发 iPod 和相关的音乐下载业务 iTunes，苹果公司成为一家将音乐发行作为一项活动(内容新颖性)的公司。它将音乐发行与 iPod 硬件和软件的开发联系起来(结构新颖性)，并将其数字化从而将合法音乐下载的许多子活动推向其客户(治理新颖性)。

4.2.2 锁定型商业模式创新

商业模式创新可以将商业模式活动系统设计为锁定型，目的是有利于第三方作为商业模式参与者。锁定可以表现为转换成本，也可以表现为由活动系统中的结构、内容与治理产生的网络外部性。网络外部性是新经济中的重要概念，是指连接到一个网络的价值取决于已经连接到该网络的其他参与方的数量。通俗地说，就是每个用户从使用某产品中得到的效用与用户的总数量正相关。用户人数越多，每个用户得到的效用就越高，网络中每个人的价值与网络中其他人的数量成正比。

比如在阿里巴巴旗下的二手平台“闲鱼”的活动系统中，每件商品的营销、对商品的拍摄或展示都是由顾客(买方)自行解决的。那么，是什么吸引了这些顾客来到闲鱼，并激励他们执行这些活动，阻止他们转向其他服务提供商？非常重要的一个因素是闲鱼的活动系统中固有的强有力的正向网络外部性,也就是闲鱼系统中大量的潜在顾客基数,吸引着顾客在这个平台上发布产品:因为大量的潜在顾客使得产品曝光率更强、更容易出售。所以,顾客们自然而然地被“锁定”在了这种商业模式中。微博、抖音等社交媒体也是如此,用户除了享受基于友谊的网络外部效应外,通常在个性化方面投入了大量时间和精力,比如在媒体上发布精美的视频、图片、推文等,这些无形投资形成了强大的障碍,使得用户难以更换成其他类似的社交媒体 APP。

4.2.3 互补型商业模式创新

当一个系统内的活动捆绑运行比单独运行更有价值时,就会出现互补性。

例如,在商业银行中,吸引到的客户存款是银行进行贷款活动的重要资金来源,银行无法吸收存款时就会出现严重的流动危机。其中,吸收顾客存款活动与贷款活动就出现了互补性。再比如医药行业,创新生物科技公司通常只对医药产品进行研究与开发活动,而市场推广与销售活动则由大型的医药企业承担。在这个活动系统中,研究开发活动与推广销售活动也出现了互补性。

4.2.4 效率型商业模式创新

以“效率”为设计主题的商业模式创新是指企业如何利用其活动系统设计,通过降低交易成本来实现更高的效率。其本质是降低交易成本,而交易成本的降低通常来自降低不确定性、复杂性、协作成本、交易风险等事项。

比如,因企业的交易伙伴可能会利用它们之间相互依赖的关系,所以企业决定进行纵向整合,以避免被其交易伙伴“劫持”,进而降低交易成本。又或者是,企业设法使其商业模式活动系统中的活动之间的接口标准化,通过将某些活动外包给第三方来降低交易成本,进而提升活动的效率。

典型的例子是美国第一资讯集团,它是美国著名的金融行业资讯服务公司。它雇用了超过 3 万名外包雇员,为全球数十个国家、超过 1400 家金融机构和商户处理重要活动,包括申请、批准信贷额度和处理数亿个信用卡账户的交易。在我国,外包最为常见的是在客服行业。比如中国移动,它每天需要接听上百万个客户来电咨询。面对每天庞大的电话咨询量,中国移动利用自有客服系统来满足顾客需求显然是不现实的。因此,它将大部分的常规业务的电话分流到各个外包公司的客服人员中,而对于客户等级较高或较为复杂业务的来电则由企业内专业的客服接听,这样大大提高了企业效率。实际上,这些效率型的企业商业模式中隐含了对活动系统的治理。此外,企业还可以通过改变其活动系统的内容和结构来实现效率。一些廉价航空公司在出售机票时，不提供普通航空公司一些标准的活动，如为顾客提供免费餐饮、座位分配等；或者也可以改变活动的执行方式和连接方式，比如提供在网上订购机票、选座订餐等服务。

4.3 基于破坏性的商业模式创新类型

人们经常发现市场在位企业经常不敌依靠破坏性创新上位的企业。尽管在位企业在战略、技术等方面已经发展得非常成熟，但当面对破坏性的对手时，这些成熟的部分反而会阻碍在位企业有效地应对对手。面对如此窘境，Christensen(1997)在《创新者的窘境》一书中提出了破坏性创新理论，进而从创新引起的组织结构和市场变化程度将创新划分为破坏性创新和延续性创新，如图 4.8 所示。延续性创新致力于在主流市场用户重视的功能属性及价值维度上对现有产品进行改进，向现有市场提供更好的产品；而破坏性创新则或者创造新市场，或者提出一种新的价值主张(低成本、更好用、更方便、更简单等)来重新塑造现有市场。

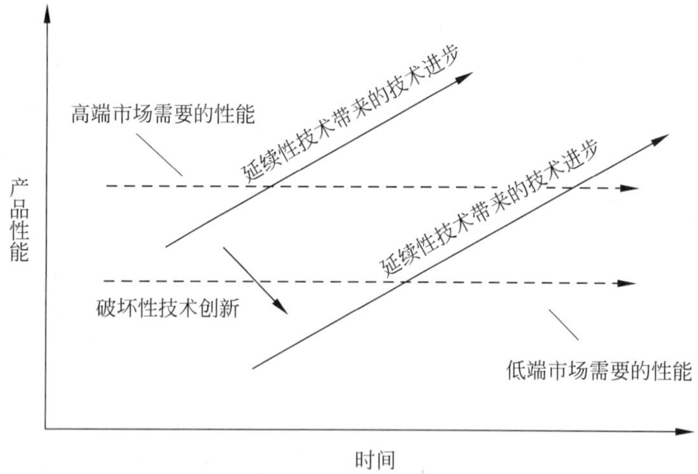

图 4.8 延续性创新与破坏性创新

“破坏者”总是寻找行业的边缘或低端市场作为切入点，将技术和企业经营方面的创新(很多源自在位企业而非它们的原创)首先应用于边缘或者低端消费群体，建立“农村根据地”；站稳脚跟后通过更好的产品和服务向更高一级市场推进。而在位企业尽管在研发、市场、管理和资源方面占有优势，然而由于投资者要求更大的投资回报率、过往的成功容易使企业产生路径依赖等原因，它们屡屡将创新应用于现有市场的主流和高端消费群体，寻求更高的投资回报率，对于"破坏者"不会及时有效地反击，甚至主动让出低端市场、"成全"破坏者，从而陷入了"创新者的窘境"。当市场中原先的主流客户也开始大量接受"破坏者"的产品和服务时，颠覆也就产生了。

"破坏性创新"一个重要的实践意义就是提供了分析在位企业/先发企业为什么会失败的框架，与此同时，也提供了分析新加入者/追赶企业如何成功的框架。在 Christensen 看来，在位企业/先发企业之所以经常遭遇失败，是因为推动它们发展成为行业龙头企业的管理方法，同时也严重阻碍了它们实施破坏性创新，而破坏性创新则最终吞噬了它们的市场。在位企业/先发企业善于实施延续性创新，而新加入者/追赶企业较易实施破坏性创新。破坏性创新改变了市场的价值主张。就主流客户所关心的产品属性来说，当破坏性创新刚开始出现时，它几乎总是提供更低的产品性能，但与此同时拥有某些边缘客户（通常也是新客户）所看重的其他属性。因此，破坏性创新打开了新市场。此外，由于积累了相关经验并得到了足够的投资，破坏性创新的实施者总是能够提高其产品的性能，并最终能够占领原来的市场。这是因为，它们不但能够在原有属性的基础上提供完善的性能，还能增加一些新的性能。

破坏性创新理论从改变市场结构的着力点来区分，将破坏性创新划分为新市场破坏（New-market Disruption）、低端市场破坏（Low-end Disruption）、混合市场破坏（Mix Disruption）。Christensen（2003）对破坏性创新的分类进行了补充，认为除了基于技术的破坏性创新之外，还存在商业模式的破坏性创新。Markides（2006）将破坏性创新分为三类，即商业模式的破坏性创新、技术的破坏性创新、全新产品的破坏性创新。所以，按照破坏性创新导致破坏的市场切入点、产生破坏的途径和方法，将破坏性商业模式创新划分为低端市场破坏性商业模式创新、新市场破坏性商业模式创新、混合破坏性商业模式创新。

4.3.1 低端市场破坏性商业模式创新

低端市场破坏性商业模式创新是指围绕企业如何从外部合作网络中获取低成本运营要素，如何采取低成本战略协同企业内部核心资源与关键业务，怎样面向原有市场最低端的、服务要求最低的、价格敏感型的市场客户，如何有效传递低价可用的价值主张，从而扩大原有市场容量，实现财务收入的价值创造逻辑。

沃尔玛就是典型的低端市场破坏性商业模式创新例子，其商业口号是天天低价，商业模式的核心就是低毛利率、高周转率。传统的西尔斯百货毛利率是40%，存货一年周转3次，而沃尔玛毛利率降为25%，存货周转一年5次。就这样，沃尔玛通过“农村包围城市”的策略，凭借运营模式上的低成本优势，战胜之前的连锁巨头西尔斯。

再以航空运输产业为例，随着航空公司品类内部的竞争，分化出现了低成本航空公司的兴起与发展。如美国西南航空公司——于1971年设立的全球第一家低成本航空公司，其成功引发了航空运输业的低成本革命，欧洲和亚太地区也相继出现了以瑞安航空、亚洲航空为代表的区域性低成本航空公司。同样，作为中国首批民营航空公司之一的春秋航空，借鉴美国西南航空公司等航空公司模式，聚焦单一舱位客运，定位于低成本航空业务模式，以点对点、中程航线为主，航线设置在以基地、枢纽为中心向外飞行时间5小时以内的航段内，主要以客运为主。区别于全服务航空公司的商业模式，低成本航空公司可有效降低单位成本，使其在以低票价吸引乘客的同时获得较好的收益，并在经济周期性低谷中体现出较强的抗风险能力。

4.3.2 新市场破坏性商业模式创新

新市场破坏性商业模式创新是指围绕企业如何从外部合作网络中获取价值，如何采取差异化战略协同企业内部核心资源和关键业务，怎样面向边缘的新市场创造全新的客户价值主张，如何有效传递这些价值主张，从而将原来不存在的或潜在的消费群体变为实际的市场容量，通过开辟新市场实现财务收入的价值创造逻辑。

如分众传媒，它聚焦高档写字楼这一新市场，突破了传统的广告市场，进行了破坏性商业模式创新。根据央视市场研究股份有限公司报告：看到广告立刻转身的人占到49%以上，看到广告会看但是不能忍受两分钟的占10%左右，最后真正看广告的只占17.76%。因此，普通广告很难达到投放者的目的。

但分众传媒的创始人发现，当一个人处在一个比广告更无聊的空间里面时，广告就有人看了。站在电梯口大家的感觉是什么？他观察到，尽管等电梯只是一两分钟，但是因为这是一个短暂的滞留时间，不是大家的目的地，此时大家的情绪是无奈、无趣，这个时候有一点信息就会激发人们的关注。回家看电视也是一样，电视有遥控器，在节目和广告之间选择，一定是节目。在电梯口的时候，不是在广告和节目之间选择，而是在广告和无聊之间选择。这个时候大家就会看广告，广告就很精彩了。分众传媒正是捕捉到了这个市场的机会，2003 年 5 月，分众传媒(中国)控股有限公司成立。

当分众传媒通过私募获得充足的资本之后，充分利用了其先行者的优势，以迅雷不及掩耳之势在全国各大城市掀起了圈地攻势，在短短两年多的时间里，在全国 45 个城市中占领了 2 万多栋极具商业价值的楼宇。据当时的统计数据显示，分众当时就已在全国拥有 3.75 万块液晶屏。

4.3.3 混合破坏性商业模式创新

混合破坏性商业模式创新是低端市场破坏和新市场破坏的综合体，混合破坏性商业模式创新在应用中常常会进行一种“聪明的”改进，在降低产品价格、简化功能的同时，引入一些新的价值功效。因此，混合破坏性商业模式创新主要围绕如何有效整合内外部资源，怎样有效提供并传递质优价廉、物美价廉的价值主张，在吸引低端用户同时，把那些原来非消费群体吸引过来，从而通过扩大原有市场容量或开辟新市场实现财务收入。

问题思考

1. 长尾商业模式创新、多边平台商业模式创新成功的关键分别是什么？
2. 企业如何实现效率型商业模式创新与新颖型商业模式创新的协同？
3. 成熟在位企业如何应对市场新加入企业破坏性商业模式创新的威胁？

案例分析

拼多多的“破坏性”商业模式创新

电子商务在中国发展已经有二十多年的时间，被很多人认为是一片红海“厮杀”，逐渐形成了寡头和垄断，其他企业已经没有机会可以在这个行业有所作为。但拼多多的崛起让原本冷清的电商市场再次热闹了起来，只用了不到五年的时间，便和阿里、京东形成了三足鼎立之势。拼多多成立于 2015 年，经过 3 年的发展，于 2018 年在纳斯达克上市。到 2019 年底，拼多多平台交易额突破万亿大关。同样成就，阿里用了 9 年，京东用了 13 年，而拼多多只用了不到5年。可以说在过去的5年里，拼多多已经成为发展最快的电商企业。目前，拼多多平台已汇聚6.281亿年度活跃买家和510万活跃商户，平台年交易额达人民币11572亿元，发展成为中国第二大电商平台。

拼多多以独创的社交拼团为核心模式，主打百亿补贴、农货上行、产地好货等，致力于服务中国最广大的普通消费者。创立至今，拼多多始终将消费者需求放在首位，通过C2M模式对传统供应链成本进行极致压缩，为消费者提供公平且最具性价比的选择。通过去中心化的流量分发机制，拼多多大幅降低传统电商的流量成本，并让利于供需两端。基于平台大数据，拼多多根据消费者喜好与需求，帮助工厂实现定制化生产，持续降低采购、生产、物流成本，让“低价高质”商品成为平台主流。

拼多多成立并发展的初期正是电商领域开始倡导“消费升级”的2015年、2016年。淘宝以衣物服饰等非标品起家，用了几年时间摆脱了“质量差”“骗子多”等骂名，其后一直致力于追求服务升级，通过支付宝、物流体系、天猫一系列手段力争在高端市场占据市场地位。以3C商品起家、自建物流的京东更是含着金钥匙出生，直接站在了“鄙视链”的上游，并不断优化自己的配送、仓储、物流体系，力争为用户提供更好的服务。淘宝、京东的行为很容易理解，随着时间的推移，代表着“更好的性能”“更高价值的用户”“更大的利润率”的市场，似乎有某种磁力，吸引着各行各业的企业推陈出新服务升级。国际巨头苹果、IBM、微软莫不如是，在追求更大的市场份额、更高的利润率驱动下，会投入更多研发费用，为客户（用户）提供更好的服务，推动服务与需求的升级，从而获得更高的利润，并为投资者赢得收益。

这场消费升级的运动对中小型商家的触动相当之大。天猫与京东对尾部小商家的扶持有限，这些尾部商家的生存空间与利益也越发得到侵占。这些在消费不断升级中被“排挤”“清除”出来的中小型商家，正是拼多多初期商家端的资源。拼多多何以能让这群商家心甘情愿地让利呢？首先，这些商家多数是自产自销的小厂商或与小厂商合作的低端卖家，所售商品多为“白牌货”，即非品牌货，中间流通环节少则中间成本低，非品牌货又无品牌溢价，相比市面上的品牌商品，价格本就低了不少。其次，这是一个新的平台，新的竞争机会，许多原来的腰部、尾部商家有机会在这个平台成为头部商家，而平台的低价战略势必让其流量资源向低价商品倾斜，因此商家主动让利是新环境下最有效的竞争手段。而拼多多又能给这些商家带来什么？上面所说的新的平台和新的机会是一个方面，还有一点也至关重要：拼多多通过对消费者侧需求的集聚，可以向上游供应链做到一定程度的批量定制。中小厂商生存的一大困难在于生产的不确定性：对市场信息的了解不足使它们难以确定到底需要生产怎样的商品，生产多少商品。生产量波动大，也导致了生产成本高（例如，生产线忽多忽少，忽停忽启，厂商的生产资源有效利用率极低）。拼多多汇聚消费者侧的需求，给中小厂商提供了足够的需求信息，据此，厂商可以进行一定时间段的生产资源合理规划；反过来，生产成本的降低又能进一步压缩价格，从而形成一个正循环。

商家找到了，接下来要解决的是如何找到用户。黄峥对拼多多的用户的理解是"价格敏感型用户"。首先是低消费能力的群体，典型的就是三、四线及以下的用户群体。同样是从2015年开始，智能手机迅速向三、四线城市以下普及，大量被裹挟进入移动互联网的下沉用户带来了一波巨大的还未被充分利用的流量福利。这类群体的人均可支配收入较低，对价格更为敏感，追求性价比。随着拼多多的进一步发展，用户群体不再局限于"北京五环外"了，一、二线城市的用户占比逐渐提升。其原因在于，多数人群对高品质商品的追求不会覆盖到所有方面，在某些场景下低价商品具有极大的吸引力（例如男性可能在数码产品上表现奢侈，但买快消品就追求低价）。低价商品的用户场景需求的规模事实上是极大的。若能以低价买到质量可靠的商品，一、二线城市用户也能成为产品的忠实用户。

问题讨论：

1. 拼多多何以与阿里、京东形成了三足鼎立之势？
2. 拼多多的"破坏性"商业模式创新的成功原因有哪些？
3. 拼多多的"破坏性"商业模式创新的未来走向是什么？

第5章 商业模式创新战略

5.1 商业模式创新战略的制定

5.1.1 商业模式创新的外部环境分析

商业模式创新是在特定的环境中执行的，通过对商业环境的深度分析，可以帮助企业找到未来的机会与威胁，以更好地制定商业模式创新战略。企业对自身所处的商业环境越是深入理解，越有助于构建更强大、更具竞争力的商业模式。

随着商业环境易变性、不确定性、复杂性、模糊性的日益加剧，持续地进行环境审视变得比以往更加重要。所以，理解商业环境的变化趋势能帮助企业在商业模式创新过程中更有效地适应不断变化的外部环境。

我们可以把商业环境视为一个可以构思和创新商业模式的背景，分析一系列的设计驱动因素（如新客户的需求、新技术的问世）和设计约束因素（如监管法律的变化趋势、强势的竞争对手等）。这些背景环境不会限制我们对商业模式创新的创造性，而是帮我们预设新的商业模式，做出更合理的创新决策。在一个突破性创新的商业模式帮助下，你甚至可能成为这个行业环境的塑造者和改革者，进而为所在行业制定新的游戏准则。

商业模式创新的外部环境大体分为四个主要部分：市场影响

因素、行业影响因素、重要趋势、宏观经济影响因素。

1. 市场影响因素分析

商业模式创新环境的市场影响因素分析主要包括以下几个方面内容：市场问题、市场细分、需要和需求、转换成本、收益吸引力等。

1）市场问题

从客户和提供给客户的产品或服务的视角发现驱动和改变市场的关键因素。这方面主要探寻如下问题。

（1）影响客户环境的关键因素是什么？

（2）现在正在发生什么转变？

（3）市场在朝什么方向发展？

2）市场细分

发现主要的细分市场，寻找新的细分市场，描述它们的吸引力。这方面主要探寻如下问题。

（1）哪块细分市场最为重要？

（2）最大的增长潜力在哪里？

（3）哪个细分市场在萎缩？

（4）哪个边缘细分市场值得关注？

3）需要和需求

罗列出市场需求，分析市场需求目前的服务水平。这方面主要探寻如下问题。

（1）客户需要什么？

（2）在客户需求中，哪些没有得到满足？最大的缝隙在哪里？

（3）客户最渴望满足的需求是什么？

（4）哪些需求在增长？

（5）哪些需求在降低？

4）转换成本

描述与客户转向竞争对手行为相关的因素，主要探寻如下问题。

（1）联系客户和公司及其产品或服务的纽带是什么？

（2）阻止客户转向竞争对手的转移成本是什么？

（3）客户找到和购买相似产品或服务的难度大吗？

（4）品牌的作用大吗？

5）收益吸引力

寻找出与收益吸引力和定价能力相关的因素，主要探寻如下问题。

（1）让客户真正愿意掏腰包的是什么产品或服务？

（2）什么产品或服务能获得最大的收益率？

（3）客户能轻而易举地发现和购买更为便宜的产品和服务吗？

2. 行业影响因素分析

1）竞争对手（目前的）

发现当前竞争对手和竞争对手的相对优势，主要探寻如下问题。

（1）谁是我们的竞争对手？

（2）在我们所处的行业里，主导游戏规则的公司是哪一个？

（3）竞争对手的竞争优势和劣势分别是什么？

（4）描绘出竞争对手的主要产品和服务。

（5）竞争对手关注重点在哪一个客户细分群体？

（6）竞争对手的成本结构怎么样？

（7）竞争对手对我们的客户细分群体、收入来源和利润率能产生多大的影响？

2）行业新进入者（搅局者）

发现新的、崛起的行业对手，判断竞争对手是否利用不同于你的商业模式与你竞争，主要探寻如下问题。

（1）谁是你所在市场的新进入者？

（2）竞争对手有什么不同？

（3）竞争对手分别有什么竞争优势和劣势？

（4）竞争对手必须克服哪些市场准入壁垒？

（5）竞争对手的价值主张是什么？

（6）竞争对手专注于哪一块客户细分市场？

（7）竞争对手的成本结构是怎么样？

（8）竞争对手对我们的客户细分群体、收入来源和利润率能产生多大的影响。

3）替代性产品和服务

描述你公司的产品和服务的潜在替代品——包括其他市场和行业的产品和服务，主要探寻如下问题。

(1) 哪些产品和服务可以替代我们的?

(2) 和我们的产品和服务的成本相比,竞争对手的成本怎么样?

(3) 客户转移到这些替代品有多容易?

(4) 这些替代产品和服务来源于什么样的商业模式?

4) 供应商和其他价值链参与者

在你公司所在的市场中,描述出目前关键的价值链参与者,并发现新崛起的参与者,主要探寻如下问题。

(1) 在你所在行业的价值链上,谁是关键参与者?

(2) 在多大程度上,你的商业模式依存于其他的参与者?

(3) 行业中的边缘参与者有可能崛起吗?

(4) 哪些参与者的收益最高?

5) 利益相关者

确认哪些利益相关者可能会影响你的公司和商业模式,主要探寻如下问题。

(1) 哪些利益相关者可能会影响你的商业模式?

(2) 利益相关者的影响力有多大?

(3) 它们是员工、政府还是其他游说机构?

3. 重要趋势分析

1) 技术趋势

发现能威胁、改变或改良你的公司的商业模式的技术趋势,主要探寻如下问题。

(1) 在你的行业市场内外,主要的技术趋势是什么?

(2) 哪种技术代表着重要市场机会或扰乱市场的危险?

(3) 市场的客户正在采用哪种新显现的技术?

2) 监管法规趋势

描述影响你的商业模式的法规及其变化趋势,主要探寻如下问题。

(1) 哪种监管法规趋势影响着你的商业模式?

(2) 什么规划可能会影响你公司的商业模式?

(3) 哪种法规和税收制度会影响客户端的需求?

3) 社会和文化趋势

发现可能会影响你的商业模式的主要社会趋势,主要探寻如下问题。

（1）描述关键的社会趋势。

（2）在文化和社会价值观中，哪种转变影响着你的商业模式？

（3）哪种趋势可能会影响消费者行为？

4）社会经济趋势

概括与你的商业模式相关的主要社会经济趋势，主要探寻如下问题。

（1）重要的人口趋势是什么？

（2）你会如何描述你市场里的收入和财富分配？

（3）可支配收入有多高？

（4）描绘出你所在市场的消费形式（如房产、医疗、娱乐等）。

（5）城市人口和农村人口的数量比例？

4. 宏观经济影响因素

1）全球市场状况

从宏观的经济视角总结全球市场目前的整体状况，主要探寻如下问题。

（1）经济发展处在蓬勃发展期还是萧条衰败期？

（2）描绘出市场的整体气氛，GDP 的增速是多少？

（3）失业率有多高？

2）资本市场

描绘出与你的资本需求密切相关的资本市场情况，主要探寻如下问题。

（1）资本市场的情况怎么样？

（2）你所处的行业融资容易吗？

（3）原始资本、风险投资、公开募集、市场资本或是借贷在你的行业一应俱全吗？

（4）获取融资的成本高吗？

3）商品和其他资源

重点关注你的商业模式中所需资源的目前价格及其未来趋势，主要探寻如下问题。

（1）描述对你的业务至关重要的商品和其他资源市场的当前情况（例如油价和人力成本）？

（2）获取你的商业模式运作所需要的相关资源容易吗（如吸引核心人才）？

（3）它们的成本高吗？

（4）价格的变化趋势是怎样的？

4）经济基础

描绘你的业务运营环境中的经济基础，主要探寻如下问题。

(1) 你所在的市场公共基础设施怎么样？

(2) 你会如何描述交通、贸易、教育质量、供应渠道、客户的状况？

(3) 个人和公司的所得税有多高？

(4) 针对企业的公共服务怎样？

(5) 你会如何评价你的生活质量？

☆ **在变化无常的商业环境中，你该如何创新商业模式？** ☆

在今天的商业环境中具有竞争力的一种商业模式，如果放到将来的商业环境中，就可能变得过时而没有可行性。我们必须提高对于商业模式环境及其演变趋势的理解。当然我们无法对未来了然于胸，因为变化无常的商业环境暗含着众多扰乱市场的复杂而不确定的因素。然而，我们可以建立一些关于未来的假设，引导我们创新出着眼于未来的商业模式。通过假设市场力量、行业因素、重要趋势和宏观经济影响力的发展轨迹，就可以获得创新未来商业模式的"设计空间"。

5.1.2 商业模式创新的内部环境评估

对商业模式的外部环境分析很重要，但对企业商业模式的内部环境分析也是必不可少的。通过对 Osterwalder 和 Pigneur(2010)的商业模式画布的9个模块进行详细与具体的分析，进而能够找到企业商业模式的优势和劣势，为商业模式创新战略的制定提供进一步的决策基础。当然，也可以按其他商业模式要素框架进行商业模式创新的内部环境评估。表5.1列出了部分问题清单及其评价(打分)来帮助分析商业模式画布每个构造块的优势和劣势。

表5.1 商业模式内部环境评估

	优势(5,4,3,2,1)	劣势(−1,−2,−3,−4,−5)
价值主张	我们的价值主张与客户需求一致	我们的价值主张与客户需求不一致
	我们的价值主张具有很强的网络效应	我们的价值主张没有网络效应
	在我们的产品和服务之间有很强的协同效应	在我们的产品和服务之间不存在协同效应
	我们的客户非常满意	我们经常遭到客户的投诉

续表

	优势(5,4,3,2,1)	劣势(−1,−2,−3,−4,−5)
收入来源	我们受益于强劲的利润率	我们的利润率很低
	我们的收益是可以预测的	我们的收益无法预测
	我们有重复增加的营收和频繁的重复销售	我们都是一锤子买卖,没有回头客
	我们的收入来源是多样化的	我们的收入来源是单一的
	我们的收入来源是可持续的	我们的收入来源可持续性有问题
	我们先收账款再付各种支出费用	我们先支付各项支出再收账款
	我们卖的都是客户愿意支付的产品和服务	我们没能提供给客户愿意支付的产品和服务
	客户完全接受我们的定价机制	我们的定价机制不尽合理,利润没有最大化
成本结构	我们的成本是可以预测的	我们的成本无法预测
	我们的成本结构和商业模式是完全匹配的	我们的成本结构和商业模式并不匹配
	我们的运营低成本,高效率	我们的运营高成本,低效率
	我们受益于规模效应	我们的运营没有取得规模效益
核心资源	竞争对手很难复制我们的核心资源	我们的核心资源很容易被复制
	我们的资源需求是可以预测的	我们的资源需求没法预测
	我们在恰当的时间合理地调配核心资源	我们在如何恰当地调配资源上遇到了问题
关键业务	我们高效地执行关键业务	关键业务的开展效率不高
	我们的关键业务很难被复制	我们的关键业务很容易遭到复制
	我们的执行质量很高	我们的执行质量不高
	很好地平衡了内部自主开展的业务和外部承包的业务	我们内部处理的业务太多或太少
重要合作	我们专心致志,必要的时候会与合作伙伴合作	我们专注度不够,没能与合作伙伴充分合作
	我们与重要合作伙伴的工作关系十分融洽	我们与重要合作伙伴的工作关系不融洽
客户细分	客户流失率低	客户流失率高
	客户细分群体的细分很合理	客户细分群体没有合理地细分
	我们在持续不断地赢得新的客户	我们没能赢得新的客户

续表

	优势(5,4,3,2,1)	劣势(-1,-2,-3,-4,-5)
渠道通路	我们的渠道通路运作非常高效	我们的渠道通路运作效率不高
	我们的渠道通路设置十分合理	我们的渠道通路设置不甚合理
	渠道通路与客户群是强接触	渠道通路与潜在的客户群是弱接触
	客户很容易就能看到我们的渠道通路	潜在的客户未能注意到我们的渠道通路
	我们的渠道通路整合得很好	我们的渠道通路没有很好地整合
	渠道通路创造出了范围效应	渠道通路设施没能创造出范围效应
	渠道通路与客户细分群体完全匹配	渠道通路没能与客户细分群体匹配起来
客户关系	良好的客户关系	我们的客户关系薄弱
	客户关系品质与客户细分群体相匹配	客户关系品质没能与客户细分群体相匹配
	高昂的转移成本把公司与客户紧紧地拴在了一起	客户的转移成本很低
	我们的品牌很强	我们的品牌实力不强

5.1.3 基于SWOT组合的商业模式创新战略

通过企业外部商业环境分析和内部环境分析,可以找到企业商业模式创新的优势(strengths,S)和劣势(weakness,W)、机会(opportunity,O)和威胁(threats,T),进而组合它们,形成四种不同类型的商业模式创新战略:优势—机会(SO)战略、劣势—机会(WO)战略、优势—威胁(ST)战略和劣势—威胁(WT)战略,如图5.1所示。

优势—机会(SO)战略是一种发展企业内部优势与利用外部机会的战略,是一种理想的商业模式创新战略模式。当企业具有特定方面的优势,而外部环境又为发挥这种优势提供有利机会时,可以采取该战略。

劣势—机会(WO)战略是利用外部机会来弥补内部弱点,使企业改变劣势而获得优势的商业模式创新战略。存在外部机会,与此同时企业也存在一些内部弱点,可采取措施通过利用外部机会克服这些弱点。

优势—威胁(ST)战略是指企业通过利用自身优势,回避或减轻外部威胁所造成的不利影响的商业模式创新战略。与SO、WO战略一样,ST战略也是众多企业经常使用的商业模式创新战略。

内部分析 / 外部分析	优势S 1. 2. 列出优势 3.	劣势W 1. 2. 列出劣势 3.
机会O 1. 2. 列出机会 3.	SO战略 发挥优势 利用机会	WO战略 克服劣势 利用机会
威胁T 1. 2. 列出威胁 3.	ST战略 利用优势 回避威胁	WT战略 减少劣势 回避威胁

图 5.1　四种不同组合类型的商业模式创新战略

劣势—威胁(WT)战略是一种旨在减少内部弱点，同时回避外部环境威胁的防御性的商业模式创新战略。这是一种对企业要求极高、风险也极高的战略，因为它要求企业能够同时处理劣势与威胁两项具有挑战性的任务。

5.2　商业模式创新战略的执行

不同的商业模式创新战略有着不同的执行目标，但综合来讲，可以将商业模式创新战略的目标归纳为以下四种：①满足被忽视的市场需求；②把新技术、产品和服务推向市场；③通过一个更好的商业模式来改进、颠覆或变革现有的市场；④创造一个全新的市场。

为了实现商业模式创新战略的执行目标，企业可以借鉴 Kim 和 Mauborgne(2005)在探索蓝海战略过程中采取的四项行动框架，这四项行动框架分别是剔除、减少、增加和创造，如图 5.2 所示。

剔除	增加
你的行业里哪种长期受到竞争的因素可以被淘汰掉?	哪种因素应该被提升到行业的标准以上?
减少	**创造**
哪种因素应该被降低到行业的标准以下?	哪种行业中没有的因素应该被创造出来?

图 5.2　四项行动框架

具体来说，针对商业模式画布的客户、价值主张、成本这三个方面的内容，分别通过“四项行动框架”来不断地反复地质疑与评估商业模式创新构想，从而帮助人们找到实现商业模式创新战略的最佳行动方案。

5.2.1 客户方面的“四项行动框架”

在商业模式画布的客户侧上，分析如果渠道通路、客户关系和收入来源等模块采取剔除、减少、增加或创造的行动，将会对成本侧产生什么影响，如图5.3所示。

- 你应该专注哪个新的客户细分群体，应该减少或剔除对哪个客户细分群体的关注？
- 新的客户细分群体需要你帮他们解决什么样的问题？
- 这些客户希望我们如何接触他们，和他们建立什么样的关系？
- 服务这些新的客户细分群体将对成本产生什么影响？

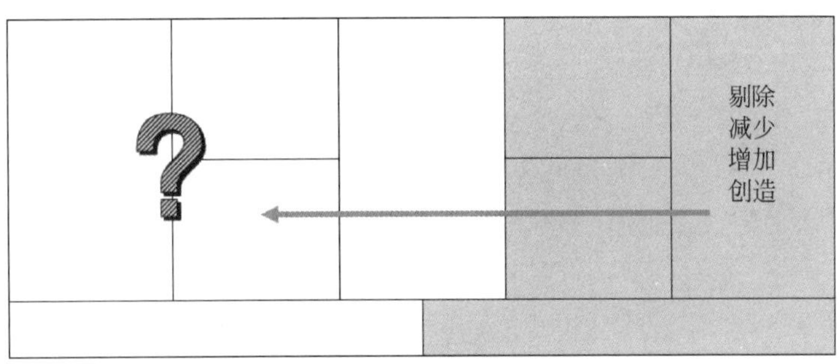

图5.3 客户方面的“四项行动框架”

5.2.2 价值主张方面的“四项行动框架”

要考虑改变价值主张对成本侧带来的影响，并评估企业需要哪些元素来改变客户侧，比如渠道通路、客户关系、收入来源、客户细分群体，如图5.4所示。

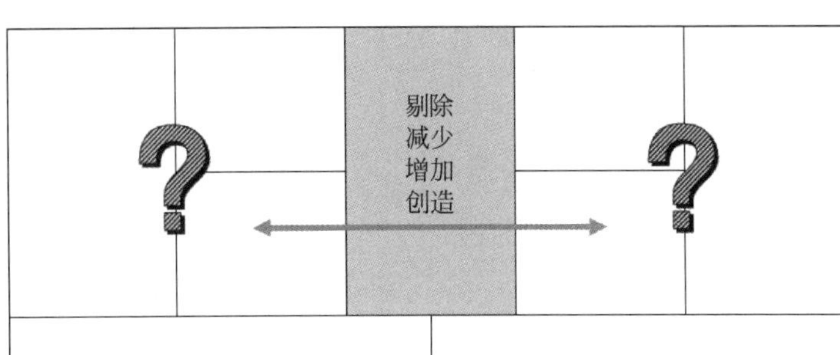

图5.4 价值主张方面的“四项行动框架”

- 哪些相对价值较低的功能或服务可以剔除或减少？
- 增强或重新再造哪些功能或服务可以产生一种有价值的新体验？
- 在价值主张上的变化将对成本产生什么样的影响？
- 价值主张的变化将如何影响商业模式的客户侧？

5.2.3 成本方面的“四项行动框架”

找出成本最高的基础设施元素，评估把它剔除会产生什么影响，如图5.5所示。

- 哪些业务、资源和合作伙伴关系的成本最高？
- 如果减少或剔除某些成本因素，将会产生什么影响？
- 在减少或剔除高成本的资源、活动或合作伙伴后，你会如何用成本更低的元素来弥补它们的缺失导致的价值损失？
- 新计划的投资将创造出什么价值？

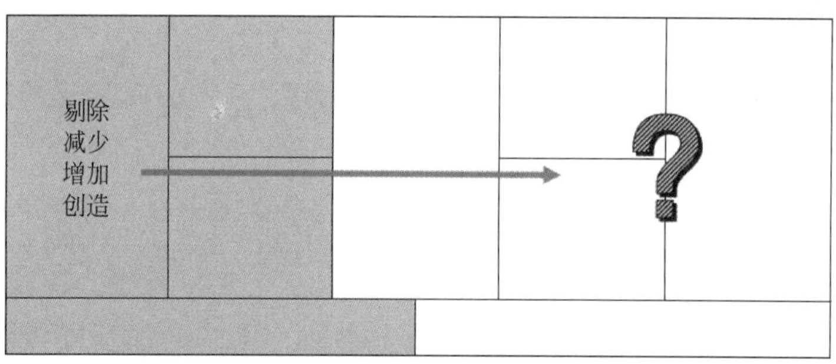

图5.5 成本方面的“四项行动框架”

5.3 商业模式创新战略的常见问题

5.3.1 商业模式创新战略的双元管理

组织双元性是管理领域的一个新兴主题，它强调企业探索冲突活动的功能效用，协调和整合冲突活动，进一步实现动态环境下的持续发展。在日益动态复杂的经营环境中，组织通常面临各式各样的管理悖论，如效率和柔性、探索与开发、渐进式变革与激进式变革、知识交流与知识保护、竞争与合作、全球整合与本地响应等。成功的组织往往都是双元型的，能够有效地追逐同时并存却又彼此相异甚至矛盾的目标。

Duncan 于 1976 年基于开发（exploitation）与探索（exploration）之间的冲

突矛盾，提出了“双元”这个概念。开发侧重于“改进、选择、生产、效率、实施、执行”，而探索侧重于“搜索、变化、冒险、实验、灵活、发现、创新”。所以，开发与探索的目的不同，存在相互冲突之处，导致两者之间的取舍变得不可避免。但是，March(1991)认为，企业应同时利用开发与探索战略，因为这两项活动都可以提高企业绩效。过分强调开发而排斥探索的公司将发现自己陷入“次优稳定平衡”，过分探索而排斥开发的公司则会表现出“太多未开发的新思想和太少的独特能力”。

在企业商业模式创新战略的制定和执行过程中，通常也面临着冲突与矛盾问题，例如效率型商业模式创新战略和新颖型商业模式创新战略的协调管理问题。效率型商业模式创新战略强调提高交易效率的重要性，同时降低所有商业模式参与者的交易成本，这可以通过减少交易不确定性、信息不对称、交易复杂性、协调成本、参与者之间的交易风险来实现。新颖型商业模式创新战略强调了采纳经济交易的新方式的重要性，即通过连接以前未连接的各经济主体，以新的方式连接交易参与者或设计新的交易机制来实现经济交易。

效率型商业模式创新战略属于开发范畴，因为它强调通过集中于提炼和扩展现有知识和能力来改进和优化现有的交易内容、结构和治理来提高效率。新颖型商业模式创新战略属于探索范畴，因为它强调采用新的交易手段，注重发现和追求新的知识和能力，以支持开发新的交易内容、结构和治理。

由于效率型商业模式创新战略和新颖型商业模式创新战略的逻辑不同，所以造成紧张的冲突局面。一方面，对效率战略的适应可能导致组织惯性，减少组织资源采用新颖战略来适应新的商业机会；另一方面，鉴于公司可利用的资源有限，尝试新颖战略可能将带来效率战略改进的速度降低。此外，同时追求效率和新颖战略可能会导致绩效不佳。其背后的原因可能是因为缺乏聚焦而使参与者不知所措，创建了不同且不兼容的价值链活动，从而导致更高的成本。

然而，两者之间也存在协同效应，因此企业又需要同时追求两种战略。换句话说，一个成功的企业应该是对效率型商业模式创新战略和新颖型商业模式创新战略进行双管齐下。例如，效率战略可以使新颖战略对商业模式参与者更有吸引力，新颖战略可以提高议价能力，同时进一步允许企业通过效率战略创造价值。此外，新的理论和经验证据表明，同时涉及效率和新颖主题的双元型商业模式创新战略挑战了传统的价值创造和获取应建立在一个商业模式主题上的思维，并产生了许多优势，如最大限度地利用组织资产，减少其他公司进入的威胁，以及收入和利润的多样化。

根据组织双元理论，管理两个相互冲突的商业模式创新战略可以采取两种策略：空间分离和情境双元。空间分离，是指将两种冲突的商业模式创新战略设计及其价值活动分成两个不同的组织或单位。情境双元，是指创造一个合适的组织环境（即文化、价值观、战略目的、结构和程序）来同时操作两种相互冲突的商业模式创新战略。

尽管困难重重，企业还是有可能建立双元型的商业模式创新战略。换句话说，企业在制定商业模式创新战略时可以同时兼顾效率性和新颖性。比如，企业可以通过建立一个支持性的环境来实现商业模式创新战略的双元性，这种环境兼具"拉伸、纪律、支持和信任"相结合的特点。再如，企业也可以通过高管团队行为来实现商业模式创新战略的双元性，例如在高管成员之间发展共同的愿景并对高管团队的行为进行整合（如协作行为、信息交流和联合决策）。此外，企业可以制定一定的资源投入计划，以确保对效率和新颖的同等重视。当资源稀缺时，企业可以通过联盟获得资源，以保持对效率和新颖的平衡关注。

5.3.2 动态能力应对商业模式的模仿

随着商业竞争的日益激烈化，越来越多的企业加入商业模式创新的行列中来，以求获取潜在利润，脱离竞争的红海。然而，衡量商业模式创新战略成功与否的一个重要标准就是如何应对模仿，因为当一个商业模式表现出较好的绩效时通常会被很多企业模仿。一旦企业的商业模式被竞争对手模仿复制，公司的利润空间将缩减，达不到预期的效果。所以，面对商业模式被模仿的风险，企业需要通过一些途径来应对商业模式模仿。

企业可以大力培育自己的动态能力，对现有的资源、技能和能力进行构建、调整、整合和重构以应对全球化、技术进步、创新速度加快以及竞争模仿对企业发展带来的挑战。Teece 等学者提出并对动态能力进行了系统阐述，并明确提出企业动态能力由整合能力、构建能力和重构能力等构成。"动态"一词强调为了与不断变化的商业环境保持一致而更新能力的重要性；当进入市场的时间和时机至关重要、技术变革的速度迅速、未来竞争和市场的性质难以确定时，就需要做出某些能力更新的反应。"能力"一词则强调了战略管理在适当调整、整合和重新配置内部和外部组织技能、资源和专业能力以适应不断变化的环境方面的能力的关键作用。

Teece 等人从可复制性和可模仿性方面对动态能力的属性进行了探讨，认为动态能力包含隐性知识，因而其内部结构具有模糊性，多种动态能力之间互相牵动；同时，由于动态能力的形成具有历史特殊性，所以动态能力是难以复制的；此外，其他一些因素如知识产权保护、商业秘密、商标和企业风格等，也会阻止竞争对手的模仿。所以，企业的动态能力可以帮助企业应对来自竞争对手的商业模式模仿。

在多数情况下，开创一种全新的商业模式由于竞争模仿的存在并非一直能够保持竞争优势。例如集装箱运输是在 20 世纪 50 年代末由美国承运人海陆联运公司开创的，但如今这一业务已由他人主导。在集装箱运输模式采用前二十几年里，马士基海运公司一直是海陆联运公司的竞争者之一。虽然马士基海运是该领域最晚实现集装箱化的企业，但在其 1999 年收购了海陆联运公司后成为目前世界上最大的集装箱海运公司。总结马士基的成功策略是：在标准和技术都成熟之后果断采取行动，通过建造大型船舶和配备港口设施来使其集装箱化高效而协调地运行。可见，商业模式创新战略的开拓者需要具有动态能力，进而做到最快速度的反应和响应，能够迅速整合资源以扩大规模，从而有效应对商业模式模仿和获取长久的竞争优势。

5.3.3 商业模式的国际化战略

近年来，我国在大力吸引外资的同时，越来越多的企业开始“走出去”到海外投资，拓展国际化市场。其中的主要原因是，一方面我国社会主义现代化建设单靠自身的力量，不足以适应国民经济快速发展的需要，需要引进国外的资金、技术、人才和管理经验等；另一方面，随着国家和企业的国际竞争力的增强，越来越迫切要求充分利用国内国际两个市场、两种资源，优化资源配置，拓展发展空间，促进我国经济的发展。

企业国际化是一个过程，即企业发挥自身优势，积极参与国际竞争与协作，不断涉足国际经营，走向世界的过程。一般说来，企业可以选择的进入国际市场的主要方式有十多种，因企业所处的环境、本身的战略目标和能力的不同而不同。按照投资风险及国外运营的所有权和控制权由低到高程度，大致可以分为三类：贸易出口模式、非股权模式（含国际经济技术合作、国际工程承包等）和股权模式（国际投资），如图 5.6 所示。

很多情况下，企业选择某种进入模式为主导进行国际化推进，主要会考

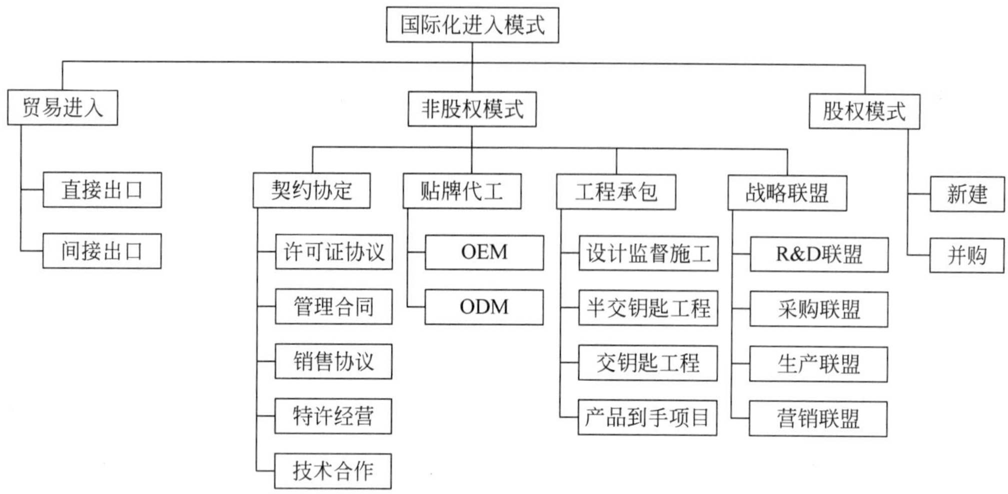

图 5.6　国际化进入模式

虑其是否最大限度地发挥企业的比较优势，更符合企业的战略要求，增强企业竞争地位，同时，也会考虑到环境不确定性带来的风险因素。由于企业的有限理性与环境的不确定性对企业产生制约，决定了大多数企业（尤其是制造业企业）的国际化进程是一个渐进的过程：由贸易出口模式到非股权模式，再到股权模式的逐渐提升。

随着国际化进程的不断深化，企业走出去的不仅包括产品、服务、技术、资本等传统要素，也包括商业模式。在国际化进程中，商业模式对企业国际化战略目标实现的重要驱动作用日益凸显。国际化与商业模式的结合将使国际化更具有系统性和逻辑性，也使商业模式设计与创新更具有针对性和现实性，并产生协同效应。近年来，我国企业特别是互联网企业日益融入全球市场，开启了商业模式国际化进程并取得了切实成效。互联网巨头企业如阿里巴巴、腾讯、百度，新兴互联网企业如抖音，中小互联网企业如猎豹，纷纷开启国际化进程，与此同时，它们的商业模式也在不断走出去，受到国际顾客的青睐。

问题思考

1. 如何制定商业模式创新战略？
2. 如何实施商业模式创新战略？
3. 企业如何推进商业模式双元创新战略？

4. 企业如何应对商业模式模仿威胁?
5. 商业模式创新国际化战略成功的关键因素有哪些?

案例分析

抖音商业模式的国际化战略

抖音国际版 TikTok 作为迈向国际化最成功的中国 APP 已经成为了众多国家的"眼中钉""肉中刺"。美国、印度等国家纷纷宣布对抖音的"封杀令",其中的原因之一便是抖音的风靡使得诸如脸书、Instagram 等国外老牌社交企业的利益受到了严重损失。脸书与 Instagram 等曾为抢占市场也相继推出了 TikTok 的克隆版,但产品的热度却远远不能与 TikTok 相较,所以各国际巨头已经俨然把 TikTok 当作死敌,采取各项措施围追堵截。凭借着抖音在各国所引发的"腥风血雨",抖音商业模式的国际化发展之路也吸引了众人的注意。

1. TikTok 的诞生

随着短视频行业的火爆,抖音自上架以来就迅速占领各大应用商店排行榜的前列。在获得了国内市场的认可以后,2017 年 8 月,抖音宣布出海。

提到抖音在海外的最初发展,不得不提到 Musical. ly。在抖音出现的两年前,一款名为 Musical. ly 的应用在美国青少年之间流行开来。几个年轻人在上海的写字楼里开发的 Musical. ly 是一款主打音乐元素的 15 秒短视频软件,大部分用户会以口型、动作等配合音乐,做出音乐影片。2017 年,Musical. ly 轻松登顶美国 APP Store 下载排行榜,获得了 2.4 亿的全球用户。同年,抖音母公司今日头条宣布以 10 亿美元的价格收购 Musical. ly。因为抖音与 Musical. ly 的目标用户群体都是年轻人、青少年,这意味着抖音可以直接借助 Musical. ly 的优势基础顺势发展。

2018 年 8 月,在收购不到一年之时,公司决定将 TikTok 与 Musical. ly 两个软件的功能、内容合二为一。基本上就是 Musical. ly 直接更新成 TikTok,变相把所有 Musical. ly 的原有用户全都拉到 TikTok 底下。这一动作,不仅借由 Musical. ly 本有的名气替 TikTok 做了一波宣传,也顺带继承了 2.4 亿的庞大用户基础。这帮助抖音进一步增强了其在海外的产品效应和运营能力,也进一步坚定了其国际化拓展的能力和决心。就此,抖音商业模式的国际化战略开始了第一步。

2. 危机中的成长

TikTok 于 2018 年在美国问世时，面对的并非用户的蜂拥而至，而是一片骂声。原来，在 Musical. ly 高居不下的热度背后，已经显现出了诸多问题。“我在这款短视频上，看到大量 12 岁左右的孩子们，对嘴型唱一些歌词低俗的流行音乐，试图让自己看起来性感火辣。”丽贝卡是美国新媒体 Vox 的记者，她在一篇关 Musical. ly 的报道中写道，TikTok 与 Musical. ly 相似度极高，只是换汤不换药。此时 TikTok 已经意识到，对内容的把控是能否抓住用户的关键。

就在众人以为 TikTok 将自动撤出北美市场之时，故事再一次反转了。短短一个月，骂声平息，这款短视频产品以一种前所未有的速度风靡全美。

丽贝卡发现自己自 2018 年秋天开始，经常打开 TikTok，一看就是几个小时。TikTok 的画风也出现了较大突变，一些真正有才华、有想法，且幽默搞笑的创作者占据了主流，他们发布的内容令她惊艳不已。TikTok 中所强调的“找到自己区别于他人的独特之处，并用短视频将其呈现出来”的特点与美国所强调的差异性文化特色有着极大的吻合。每个人都可以通过 TikTok 这个平台，将完整的自己呈现出来。

与此同时，TikTok 在各国都开始了国际化战略的运营，其深谙迎合当地用户需求与特点的重要性，所以 TikTok 在每个国家都是有不同版本的，同时推送的内容也不相同。依托优秀的本地化运营和推广，以及重金投资，TikTok 已经融入了各地区、各国本土化文化，并且与当地用户的行为习惯产生了契合。TikTok 的发展速度远远超过了众人的想象。

3. 变革商业化系统

TikTok 蕴藏的巨大用户流量，使其已经成为全球顶级品牌商纷纷示好的对象。但传统的以广告承接变现流量的方式要求品牌商必须通过一套十分烦琐且漫长的流程，这是诸多品牌商对 TikTok 持观望态度的原因。TikTok 官方称，针对这一痛点，将推出“自助式投放下单”系统，以吸引更多的国际品牌到 TikTok 平台中。

除了传统的广告投放，TikTok 也将抖音在国内验证过的变现方式复制在了国际市场。

TikTok 已在美国市场进行电商小店测试，允许头部二十多位顶尖内容创作者，将商品链接添加到分享的短视频中。对这个功能，抖音国内的用户并不陌生，而国际市场中这个功能还在发展阶段，但不可否认的是电商小店的发展将产生更大的用户黏性，将进一步助力 TikTok 业务范围的拓展与市场影响力的加强。

4. 市场竞争的加剧

TikTok 高速增长，已然触动了国际市场中诸多“顶级玩家”的利益，一场全球短视频大战已经悄然打响。脸书通过推出独立短视频产品 Lasso 以及在 Instagram 上线新功能 Clips，以鼓励 Instagram 用户用短视频＋音乐的形式，记录生活中的故事，再次对标 TikTok。另一个国际互联网巨头谷歌，也在对 TikTok 虎视眈眈。谷歌旗下有着全球广告收入最多的视频平台 YouTube。同时，它又在谋划对 TikTok 竞品 Firework 的收购。Snapchat 母公司 Snap 也在积极布局短视频产品，等待合适的时机入局。

不仅仅是国际市场风起云涌，中国出海的短视频产品已经悄然成为 TikTok 不得不正视的另一对手。字节跳动的国内老对头快手，也在积极谋求国际市场。快手和脸书一样，看到了 TikTok 在巴西市场的缺位，便将国际版 Kwai 迅速在当地上线。截至 2019 年 11 月，已斩获 700 万用户留存，下载量在巴西市场位列第 5。在印度，TikTok 虽然占据上风，YY 欢聚时代旗下的 Likee、UC 孵化的 Vmate，还有印度本土短视频王者 Sharechat，形成了包抄阵容，不断挑战着 TikTok 的地位。

目前的 TikTok 仍手握巨大的用户流量，根据国际应用市场研究公司 Sensor Tower 的调查数据显示，截至 2020 年第一季度，抖音国际版 TikTok 的 APP Store 全球下载量高达 4580 万次，已经超越脸书、Instagram、YouTube 等成为全球下载量最高的 iOS 应用。但不得不承认，抖音的国际化战略已经出现了重重阻碍。未来抖音要如何利用与改善商业模式以继续赢下国际市场，是抖音必须要攻克的难关。

问题讨论：

1. 抖音在商业模式创新上采取了哪些措施从而打开国际市场？
2. 抖音在商业模式国际化战略的实施过程中面临着哪些风险？
3. 抖音未来将如何进行商业模式创新以继续深化其国际化进程？

第6章 商业模式创新伦理

6.1 商业伦理主要的基础性理论

在诸多商业伦理的基础性理论中，功利主义伦理理论、义务论和道义伦理理论以及德性伦理理论较具代表性。这些理论产生于其所在的时代背景中，分别有其看待问题的不同视角和其历史局限性，我们应该用辩证思维来思考和扬弃这些理论，以追求和建立一种积极的、正确的、符合时代需要的商业模式创新伦理观。

6.1.1 功利主义伦理

功利主义伦理是一种典型的结果论。结果论也叫目的论，强调行为的善恶完全取决于其产生的结果，如果结果是好的，那么行为就是善的，反之行为则是恶的。英国哲学家边沁提出“自然使人类受到两种感受的主宰：痛苦和快乐”，努力使快乐最大化、痛苦最小化就是道德理性。他极力赞成哈奇森的伦理公式：能为最多人产生最大快乐就是最佳行为，这就是所谓“功效”最大化的伦理思想——功利主义伦理。

长期以来，功利主义伦理观一直被许多人视为商业伦理的基础；以功利主义评价伦理行为，并不是说所有人都有权获得自己的那一份快乐，而是以整体的快乐作为评价标准。

功利主义的一个问题在于对幸福和快乐的衡量。最大快乐原则听起来公平合理,但有时会被别有用心的管理者或领导者用来掩盖自我利益或他们的偏见。例如,当年东印度公司为其在印度的殖民统治辩护时声称“这是文明国家对一个半野蛮附庸国的管理”。很显然,东印度公司是在用功利主义伦理掩盖其不正当的自我利益。

此外,功利主义认可目的决定手段,为某些有私心的管理者的随心所欲提供了理论基础。以目的为手段进行辩护,常常使规则陷入无用之中。以目的决定行为正当性,忽略了伦理的一个重要环节,即无论结果怎样,某些行为在原则上都可能是错误的。

6.1.2 义务论和道义伦理

许多时候人们义无反顾地做某件事并不是出于功利而是出于责任,中国传统儒家伦理对此有精辟的论述。儒家强调伦理的本分,遵循仁、义、礼、智、信的德行并在充满变化的世界寻找行动的方案。

同样,康德也提出了伦理的道义论,对意愿和责任进行了深刻的剖析,认为大善就是有“善”的心愿,善意的行为等同于“出于义务”的行为,“善”取决于行为的责任而非结果。康德不是对结果的功利性而是对正式规则的结果感兴趣。

康德对目的重要性的理解不同于功利主义所强调的“快乐”的数量结果,他所说的结果具有非物质性的含义,认为幸福与尊严要比权力和财富更可能在理想王国中站稳脚跟,决定人生目的是基于理性判断而不是人性的结果。

对于康德来说,人类虽然也有本能和欲望,但同时也拥有两种不同于动物的能力:可以选择实现目标的方法,更进一步地说,具有忽略目标或选择更高级动机的自由。康德认为第二种能力尤为重要,说明人类可以为了责任或义务而放弃欲望或偏好;如果做事只为了欲望,那么行为动机就是不道德的,只有出于责任或义务而为之,才是道德行为,这就是康德的道德命令或道德律,是构成康德道德义务论的一个重要内容。

康德的道德命令强调道德的绝对性特征。在康德看来:首先,道德具有普遍性和先验性,可以适用于所有的人和事;其次,道德命令具有强制性,属于绝对命令,它只考虑“应该怎么样”而不考虑“能不能”的问题;即使在实际行动中无法适用道德命令,也不影响道德命令本身的正当性。由此可见,康德的道德律也具有唯心主义色彩。

6.1.3 德性伦理

从人性的角度去思考伦理，就是所谓德性伦理，也称人性伦理。德性伦理强调知识和教育是德行的必要条件：人类的善需要知识来提升，需要德性来达成。古希腊的苏格拉底、亚里士多德和中国人性论等都可以称为德性伦理的杰出代表。

苏格拉底提出了古希腊德性伦理学中三个核心问题：①德性如何成就人；②人类美好生活如何成为可能；③德性在善的实现中如何发挥作用。亚里士多德以系统方式回答了苏格拉底的问题，他认为以人的本质属性为基础，人通过实践构建最有利于人生存、发展和完善的一种"合理状态"，是人区别于其他生物的一种内在能力。

德性伦理试图从人类固有的本性来实现从意识到规范的伦理演变过程，从把德性视为能够使个人负担其社会角色的品质，到努力实现人的自我塑造和自我控制能力，都是这一过程的具体体现。

养成和自我塑造是德性伦理的关键，无论是相信性善论还是性恶论，都需要后天的学习和养成，否则恐怕就会出现霍布斯所说的"人对人像狼一样"，人性所展现的将可能是充满自私和好斗的本性。

在这一点上，中国儒家学说所主张修身养性，就是强调后天的习得与修炼，通过后天学习来完善和丰富自身的"德性"，从而有助于"德行"的形成。儒家学说也具有一定的变通性，并不一味强调"德性"或"德行"，而是鼓励人们养成德性，努力达成德行。

6.2 企业与利益相关者关系中的商业伦理

6.2.1 股东、管理层与雇员的权利与责任

虽然数字技术、互联网和通信技术的发展，使得旧有的企业组织系统和制度体系面临变革和挑战，但是，股东、管理层和雇员各自的基础伦理责任和道德义务并没有发生根本改变，诚实、信用、公平和自由权利等依然是他们的道德规范。

1. 股东责任与权利

股东伦理主要解决股东与股东之间、股东与企业之间的伦理关系，其基本原则包括股东利益保护、股东之间的公平性、明确的股东和企业责任、信息

透明等。股东权利又分为自益权和共益权。自益权被称为“受益权”，是指股东从公司获得以经济利益为目的的权利；共益权属于派生权利，又被称为“治理权”，是以股东参与公司治理为目标的权利，包括参与公司决策、经营管理、监督控制等权利。

股东权利保护的两个重要目标是提高股东价值和在股东之间实现公平分配。

1）提高股东价值

股东价值的提高属于如何做大“蛋糕”的问题，由于所有权的差异，在分散的公众持有公司和控股性股东持有公司中，股东对公司的管理控制有很大差异。股东所拥有的公司管理控制权越高，提高股东价值的理念越容易占据主导地位，伦理问题集中在股东之间。在高度分散的所有权结构下，公司管理控制权掌握在“内部人”手中，内部人作为“代理”可能会掠夺属于股东的公司利润，因此主要的伦理问题集中在对职业经理剩余控制权的管理和规范方面，股东与管理层的关系是其中的重点。

2）股东之间的公平分配

股东之间的公平分配主要集中在大股东对小股东的可能出现的剥夺问题上，其核心是如何在股东之间分配“蛋糕”。大股东通过各种方式（如掏空、内幕交易等）对小股东进行剥夺，就其本质而言是一种偷窃，是对小股东财产权和管理权的窃取，解决伦理问题的关键是加强对中小投资者的保护。

拥有多数表决权的大股东的剥夺问题比较明显，但一些小股东可以通过交叉持股、多元持股、集团公司等方式在仅握有少量所有权的情况下，在实质上掌握对公司的控制权。由于小股东控制的隐蔽性，小股东的偷窃行为可能更不易被发现。

2. 董事会与管理层的信托责任

董事会和管理层的伦理责任主要是他们对股东的信托责任。随着现代公司制度的演变，公司治理的双重委托关系确定了董事会和管理层的双重信托责任。

所谓信托责任是为他人利益而行动的责任，在履行信托责任时，受托人必须使其个人利益服从他人利益。董事会和管理层所承担的信托责任主要是忠诚责任和审慎责任。

1）忠诚责任

对于董事会而言，主要是要求董事以善意按照公司及其股东的最佳利益而行动，不能将自己的利益置于公司利益之上，包括不能与担任董事的公司竞争、避免在与公司的交易中存在利益冲突；经理人的忠诚责任还包括不能在没有委托人（股东）同意的情况下做出对其不利的决策和行动，也不能在没有委托人同意的情况下代表其对委托人不利的人采取行动。违反忠诚责任的例子包括内部交易、欺诈、窃取公司财产等。

2）审慎责任

要求董事和经理人在履行其职责时勤勉谨慎，这里所说的谨慎是合理的审慎，包括董事对管理层的监督和管理层的经营管理活动，均应审慎决策和行动。

董事会和管理层的信托责任还包括顺从、善意和公允披露的责任。顺从责任要求他们在公司章程和其他规章制度规定的权利范围内履行其责任；善意责任则要求避免不负责任、鲁莽和不忠诚行为的发生；公允披露责任则要求向股东和其他利益相关者提供及时、可靠透明的财务及非财务信息。

3. 雇员与雇主的契约责任

雇主与雇员的伦理关系，建立在雇佣契约的基础上。因此，雇主和雇员的伦理关系及道德责任，通常都强调对契约的尊重和遵守，他们相互责任的底线被设定为契约责任。

1）雇员的契约责任

当代公司治理通常都特别强调雇员对企业组织的伦理责任，这种责任来自与雇主之间的契约。与管理层的信托责任相类似，雇员同样应遵循相应的工作伦理（也称职业伦理）。而工作伦理的核心是雇员努力工作以达成公司目标并获得薪酬与职业升迁，并履行勤勉审慎、忠诚于公司目标的责任，雇员不能为谋求个人利益而损害公司利益。

雇员的不道德行为，可能比较轻微，但也可能演变成严重的违法行为，其表现形式包括工作敷衍不尽责、与公司存在利益冲突、假借工作职能接受礼物甚至接受商业贿赂或敲诈交易对象、窃取公司财物、泄露公司商业秘密等，这些都属于严重程度不等的不道德行为。

从契约责任的角度，雇员只要遵守了公司制定的伦理规范和伦理守则，就视为尽到了道德责任。一般性的伦理规范通常包括以下要点：勤勉、忠诚可靠、主动负责的工作态度；团队合作精神；符合公司要求的礼仪风范；良好的工作技能以及尊重他人等。

2）雇主的契约责任

与雇员责任相对应，雇主也应承担相应的契约责任，公平和公正地对待雇员——尊重雇员的尊严和自由权利。所谓公平和平等，主要是反对一切不合法的歧视，包括不因年龄、性别、种族、宗教、政治信仰、社会观点的不同而遭受歧视性待遇，也不因个人健康、相貌等原因遭受差别化待遇。

公平和正义还反映在雇员有获得与其劳动相称的薪酬及人道待遇，其福利薪酬应与雇员的能力相一致，并能支持其达到并保持与社会其他成员相一致的生活水平。近年来，一种有关产业竞争力的观点也指出，所谓产业竞争力不仅是要在全球市场上向顾客提供满意的产品和服务，而且也能够不断改善雇员的福利，包括持续增长的工资薪酬和良好的工作环境，以使其保持作为“人”的尊严和幸福感。

与商业伦理领域的其他问题一样，在雇佣关系中伦理管理的核心问题是维护公平、正义和利益相关方的平等权利。应该指出的是，道德和伦理中至高无上的准则是提升“人”的幸福和福利。无论是对雇主还是对雇员来说，文明而有尊严的工作都是讨论雇佣伦理的前提条件。

6.2.2　消费者权利与企业道德责任

1. 消费者的权利

理论上，在自由竞争的市场上，通过竞争机制达到资源的最佳配置从而取得社会效用最大化，消费者完全可以通过这一机制保护其权利而无须额外的保障。但这只是理论上的可能性，实际情况并非如此。消费者的权利获得充分保障的前提条件是：①市场是完全自由竞争的，消费者具有选择的可能性；②消费者拥有与产品和服务提供者等量的信息和知识，从而具有选择的能力；③消费者的行为是理性的。

基于各种原因，消费者无法完全依赖市场交易来保障自身的权益，必须辅之以外部干预，尤其是法律的干预保障其权益。法律意义上的消费者权利，是指在法律框架下，消费者有权做出（不做出）或者要求他人做出（不做出）一定行为的权利，这种权利也被称作消费者基本权利。在我国，消费者保护的主要依据是《消费者权益保护法》。

通常，消费者保护所涉及的基本权利包括安全的权利、知情权、自由理性选择权、犹豫权（犹豫期内撤销权）、求偿权和获得尊重的权利。

1）安全的权利

消费者购买产品和服务时，有权保护自己免受劣质产品、有毒有害产品的伤害。有关安全权利的伦理争论之一是消费者的安全是否可以视为一种“货品”，通过市场机制加以解决。支持者认为消费者的安全问题可以通过消费者的购买偏好引导生产者通过自由竞争得以完善，也就是说，消费者如果需要更安全的产品和服务，他们会为安全的产品和服务支付更高的价格，从而刺激生产者提高其产品和服务的安全性。他们甚至认为，在产品和服务的安全性上依赖政府干预，会有损市场的公平性和效率。只有消费者有权决定其安全偏好，政府不应要求生产者提供超过消费者需求的安全性能。但在反对者看来，“看不见的手”不能有效保障消费者的安全：信息的不对称、非理性的消费决定、垄断市场等都会降低市场配置资源的能力。而安全的权利是一项基本人权，政府必须加以监督并提供基本保障。

2）知情权

《消费者权益保护法》第 8 条规定：“消费者享有知悉其购买、使用的商品或者接受的服务的真实情况的权利。”第 13 条规定：“消费者享有获得有关消费和消费者权益保护方面知识的权利。”知情权使消费者有权从厂商那里获得产品与服务的真实信息。虽然从交易的公平性角度，生产者有责任提供所有的与产品和服务相关的真实信息，但实际上，这些信息掌握在生产者手中，而几乎没有哪些生产者愿意提供与产品和服务安全欠缺相关的信息。消费者还可以从第三方机构获得相关信息。在有些国家，第三方机构负责收集信息并通过出售信息获取收益，但这种方式很难成为普遍性的模式。收集信息的成本、消费者的支付意愿以及第三方机构本身的信用程度都会成为障碍因素。进入互联网时代后，消费者能够很方便地利用公共信息平台和即时通信工具获取相关信息，但信息的可靠性需要得到保证。

3）自由理性选择权

自由理性选择权意味着能够在众多替代产品和服务中自由选择，其实现的前提条件是市场上有足够多的生产者和需求者，并且它们都可以自由进入或者退出某个市场；同时消费者掌握足够的产品和服务信息。在垄断市场上，自由选择权固然无法实现，即使在竞争性市场上，如果所有的生产者高度趋同，消费者也无从选择。

4）犹豫权（犹豫期内撤销权）

数字经济和互联网时代的到来，电子商务、网上交易等的数量逐年增加，越来越多的国家倾向赋予消费者犹豫权。犹豫权的确立，主要是基于产品和服务提供者和消费者权利的公平性。由于在类似电子商务、金融保险等合约的订立过程中，消费者受到专业知识或信息不充分的限制，很容易产生非理性消费的冲动，使选择权及知情权受限，合理的犹豫期是对双方权利的一种平衡。

5）求偿权

求偿权是指消费者获得赔偿的权利。当消费者受到有缺陷的产品或服务的伤害，或者是不公平交易的损失时，能够获得合理的赔偿。目前世界各国在消费者求偿权的实践中，彼此之间多有不同。

6）获得尊重的权利

尊重权主要指消费者的意见得到尊重的权利。当消费者面临产品和服务问题以及产品和服务提供者不公平交易行为时，能进行投诉并有机构针对投诉做出公平处理。

消费者权利受损衍生出各种消费者问题。所谓消费者问题，是指消费者的利益受到生产者和经销者提供的产品和服务的损害而发生的问题，其产生与生产者、经销者、消费者的分离密切相关。当产品和服务提供者普遍不愿意或者不能够履行对消费者的责任时，消费者问题就变得更为严重。

卡罗尔的歌声①之所以在短时间内风靡一时，恰恰反映了即使在自由竞争市场条件下，消费者权益的保护有时也有困难。作为企业经理人必须考虑的问题是企业的道德责任源自何处，又止于何处，应基于怎样的立场来维持企业和消费者之间的伦理关系？

2．企业道德责任

企业是社会的基本经济单位，在从事生产、流通和服务等经济活动中，将资源按照消费者需求转化为产品或服务，在满足社会需要的同时实现自身的盈利。盈利是企业创造附加价值的组成部分，也是社会对企业的一种认可和报酬。对企业而言，经济利益的重要性是不言而喻的，但对消费者的道德责

① 卡罗尔的歌声：2009年加拿大乡村歌手戴夫·卡罗尔演唱的“美联航摔坏了吉他”，10天内在YouTube上下载量达到400万次，使美联航股价蒸发1.8亿美元。

任同样是企业必须履行的责任和义务，同时也是企业长期竞争力的保障。

企业与消费者具有平等的权利和义务。有关企业对消费者的道德责任，基本上有三种论点：契约论；尽责论（适当关注论）；社会成本论。

1）契约论

契约论者认为产品或服务提供者和消费者之间只是一种契约关系，消费者购买产品或服务就意味着他们和生产者之间达成了合约。契约论认为企业的道德责任不应超出契约的规定，否则就是对有限资源的浪费并影响市场运作的效率。例如，假定消费者自愿购买安全性较低的产品，政府是否应强迫企业承担超出消费者支付意愿的安全责任呢？按照契约论的观点，消费者愿意用较少的"现金"购买安全性较低的产品，只要生产者不存在故意隐瞒的问题，政府就不应加以干预。如果政府强迫企业承担超出消费者支付意愿的安全责任，消费者将被迫支付更多的"现金"购买他们不需要的功能，使资源不能达到最优配置（降低了资源配置的效率），从而也不能称作完美的"好（道德上的好、效果和效率三者并存）"。

契约论的局限性在于它假定生产者和消费者具有完全对称的信息来源，在契约中不存在故意误导或者强迫的情况。因此，契约论提出了产品或服务提供者的四种道德责任：遵守契约条款的义务、披露信息的义务、不误导消费者的义务、不强制消费者的义务。相对应的，消费者则有支付价款、获得标的物（同时在拒收时具有保管责任）的义务。就遵守契约条款而言，生产者必须具备其所提供产品或服务的必要知识，产品或服务应达到厂商所明示或暗示的质量，并保障产品的可靠性和安全性，及在产品寿命周期内提供维修保证。披露的义务则是指卖方应明确告知买方任何可能影响其购买决策的事实，包括产品缺陷、安全或健康隐患等。严格的披露义务还包括产品成分、功能特点、使用成本、产品等级等各项信息。例如，经常使用厨房清洁剂的人可能会注意到产自美国或欧盟国家产品的说明书中，都会标注有"产品可能导致心脏疾病"之类的表述，这种表述既是为了提示消费者产品的潜在风险，也是为了避免因"欺骗"或"隐瞒"相关信息而承担法律责任。不误导的义务重在防止对消费者的故意欺骗，提供明示或暗示的错误信息。不强迫的义务要求产品或服务提供者避免通过影响消费者的情绪等不道德手段促使消费者做出不理智的消费决策，从而剥夺消费者的自由选择权。

契约论是对产品或服务提供者最低的道德责任要求。按照契约论的观点，厂商发表否认性声明或者明示产品和服务的潜在欠缺或不安全性，就可以避免相应的责任，因此常被视为底线责任观。

2）尽责论（适当关注论）

尽责论（适当关注论）建立在如下观点之上：消费者和生产者之间存在信息不对称，因此消费者的权利很容易受到伤害。作为具有知识和信息优势的一方，生产者必须承担适当关注的责任，以保障消费者不受其所提供产品和服务的伤害。在很多伦理理论中都可以找到尽责论的依据，其中以关爱理论的影响最大。关爱理论的核心思想是每个人都生活在“关系”网络中，都应关心那些与我们有关系的人，如父子、夫妇、兄弟、朋友等。产品或服务提供者与消费者之间既不是完全没有关系，但也不具有特别亲密的关系。它们向消费者提供产品或服务，双方因为消费者受该产品或服务的影响而形成了某种关系，从而使消费者有权在需要时获得帮助。对此，产品或服务提供者应予以适当关注，使消费者得到相应的帮助。

与“适当关注”对应的是“疏忽”。疏忽是指可以合理预见但却未能预见而造成损失的情况，因疏忽而造成的损失应该得到赔偿。

尽责论的局限性在于，很难确定厂商是否尽到适当关注的责任。同时，尽责论假定生产者应该具有产品或服务的全部知识，能够预见到使用者的风险。这一点，在技术高度发达、产品组件来源多样化、生产制造国际化的今天，实际上是很难做到的。

3）社会成本论

社会成本论对产品或服务提供者的道德责任要求，是一种严格责任，其程度远超过契约规定或适当关注责任。社会成本论认为产品或服务提供者应该承担由于其产品或服务所导致的任何伤害的全部社会成本，即使它们已经尽到各种责任并采取了合理的措施；同时，产品或服务提供者还应为其员工所导致的损害负责。

社会成本论认为，将因产品或服务所导致的损害成本内部化，可以迫使产品或服务提供者更加关注安全性以避免发生损害。功利主义伦理观对社会成本论的形成有一定影响，认为由于社会成本内部化必然反映在产品的价格中，将会促使社会资源的最有效运用，从而提升整体效率。但社会成本论最大的问题在于其违背了公平性原则，让产品或服务提供者承担所有的道德责任，这既不公平又可能导致消费者因不必对损害结果负责而变得漫不经心，从而造成产品和服务提供者及为其提供保险相关服务的厂商负担过重。

契约论、尽责论（适当关注论）和社会成本论对道德责任的要求不同。一般来说，在那些倾向严格责任的地区，产品或服务提供者对产品或服务的性能和安全性具有更高关注度，消费者也更容易维护其权利，但同时也需支付较高的消费成本。

6.3 数字信息技术的商业伦理

6.3.1 信息伦理

以计算机技术为核心的信息革命，对现代社会正在产生着重大而深远的影响。数字化的信息，已日渐成为人际互动、人际沟通、人际关系的时代标志。与这一时代标志相对应，人们的伦理行为、伦理准则、伦理生活，也开始与数字化的信息结下不解之缘。于是，一种不同于传统伦理的全新的伦理——信息伦理便具有了产生的必要性和可能性。所谓信息伦理，是指涉及信息开发、信息传播、信息管理和信息利用等方面的伦理要求、伦理准则、伦理规约，以及在此基础上形成的新型的伦理关系。

与传统伦理相比较，信息伦理更加注重以“慎独”为特征的道德自律。传统的伦理关系，大多为人与人之间面对面的直接关系或相对直接的关系。在这样的关系中，虽然传统伦理也讲“慎独”，但实际上对个体行为起重大作用的往往是强大的道德舆论压力。而在以信息技术为基础的现代社会中，由于以数字化的信息为中介，人与人之间的关系便凸显出间接的性质。在这种情况下，直面的道德舆论抨击难以进行，而个体的道德自律成了正常的伦理关系得以维系的主要保障。特别是在互联网中，由于不少网络行为主体的匿名性、面具化、非直接性、泛针对性，道德舆论的承受对象就更是变得极为模糊和空泛，对于道德自律的强调就显得更为重要。

当然，在网络环境下的信息领域，仅仅依靠信息伦理并不能完全解决问题，信息伦理具有明显的现实缺陷。因为伦理、道德本身毕竟是一种软性的社会控制手段，它还需要硬性的法律手段的支撑。对于那些缺乏起码的道德责任感或良知已经泯灭的人来说，信息伦理可能不足以阻止他们在信息领域的损人利己行为。因此，培养和造就国民良好的信息伦理，加强网络环境下的信息伦理建设就显得尤为重要。

6.3.2 电子商务的伦理问题

目前电子商务主要是基于互联网来实现的，互联网具有虚拟性、自主性、全球性的特点，使得企业在进行电子商务活动中出现了一些伦理问题，阻碍了电子商务的发展。

1. 侵犯隐私权

网络本身的开放性和网络数字化符号的通用性对个人隐私的保护已提出了严峻的挑战。因为信息是一种能带来增值的商品，商家在网络营销中需要通过消费者的个人信息来判断其对自己的商业价值，于是出现专门收集个人隐私的公司或个人，通过网络收集获取存放于公司数字系统中的个人信息，之后卖给供应商；或者商家将个人资料有意或无意透露给其他企业，甚至可能导致某些用户重要信息的失窃，如股票信息和信用卡资料。

2. 侵犯知识产权

知识产权的保护对于鼓励人类发明创造具有关键的作用。保护知识产权可刺激经济增长，改善人们的生活水平，加速人类社会的发展进程。对于信息产业来讲，知识产权保护更是具有重要的意义。

信息的公用性和开放性，使知识产权的保护面临种种困难。当前的信息技术手段可以轻而易举地对知识和信息产品进行复制，导致对其进行监控和约束已变得十分困难。例如，将他人作品随意上传，对网上数据随意下载解密和印刷发行，甚至有公司将在网上运行较好的商业网站整体复制。而且，对于这些行为，哪些是合法使用，哪些是侵权行为，划分界限很不明确，使得事实上的侵权行为越来越常见。目前由知识产权保护而引发的网络法律和道德问题越来越复杂，主要原因是知识产权的保护界限当前处于欠清晰的状态。

3. 信息欺诈与信用危机

在网络这一新兴媒体中，发布信息不像在传统媒体上会受到较多的制约，同时，由于网络的虚拟特点，消费者即使在觉察到信息的错误后，也很难向发布信息的企业进行追究。因此一些网络企业和个人便表现得肆无忌惮，在网上发布虚假信息、过时信息，或者在网上销售后不履行合约，使得很多网民不相信网上购物甚至上当受骗。电子商务活动进行的目的之一就是为了进行快捷、方便、安全的交易，使资金流和物流趋于合理。信息欺诈与信用问题制约了企业电子商务的运作规模，违背了电子商务活动的初衷。

4. 商品品质无法保证

由于电子商务的虚拟性，使部分企业在网上销售假冒伪劣产品更加容易。消费者在交易前无法看到商品的实样和不能够当面交易，可能拿到的实物商品与网上宣传的不一致或者干脆就是假货。而且，在网上售后服务往往得不到保障，因为消费者不知道如何才能找到商家，退货也非常复杂。所以很多消费者宁愿多费些时间上商店去购买东西，信奉“耳听为虚，眼见为实”的观念，也不愿在网上购物。这一问题制约了电子商务的开展。

5. 物流配送问题

物流配送是电子商务的另一个重要环节，如果没有相应的物流配送，电子商务便不能最终完成。物流配送效率不高，电子商务快捷的优势就发挥不出来，最终使消费者无法体验到电子商务这种先进商业模式的优势，对电子商务丧失信心。

在物流配送这一环节，现代物流体系的建立和完善是重要的方面，而从事电子商务活动的企业和个人，特别是从事现代物流服务的企业是否具有良好的商业伦理，也是物流配送中一个非常重要的因素。目前，电子商务活动中存在的物流配送不及时、物流配送过程中商品发生破损、物流配送商品不正确以及在物流配送中商品被调包等问题，很大程度上是由于相关企业的道德意识低所造成的。

6. 网络犯罪

目前有一些不法之徒利用网络技术进行犯罪活动，侵入银行、证券等金融机构，攻击网络，造成网络瘫痪，或改数据、剽窃资料库机密，造成企业巨大经济损失。网络犯罪严重危害了电子商务的正常秩序，又由于网络的隐蔽性，使犯罪的防范和查处成为一个难题。

6.3.3 人工智能的伦理问题

人工智能(artificial intelligence，AI)一词自1956年被提出后，随着科技尤其是全球智能技术的进步，越来越多地出现在人们的视野中。AI是一个融合计算机科学、统计学、脑神经学和社会科学的前沿综合学科，可以不同程度地替代和提升人类识别、认知、分析和决策的功能。

AI在其发展进程中面临的最大问题不是技术本身，而是AI的伦理和法律问题。2017 年 6 月,在日内瓦举办了由联合国国际电信联盟主办的一个主题为“人工智能造福人类”的全球峰会。这次峰会聚焦了 AI 的两大国际性问题:一是加速人工智能的研发和应用,以应对贫困、饥饿、健康、教育和环境保护等全球性挑战;二是探讨如何确保人工智能的安全性并符合伦理规范,防止其带来意想不到的后果。

2016 年,标准制定组织 IEEE 发布了首份 A I 报告(2016),其名称为:“利用人工智能和自主系统(AI/AS)最大化人类福祉的愿景”。该报告提出了一个发展 AI 的一般性原则,主要涉及的是高层次伦理问题。报告认为,AI 发展的一般性原则将适用于所有类型的人工智能和自主系统。在确定一般原则时,主要考虑三大因素:一是体现人权;二是优先考虑最大化对人类和自然环境的好处;三是削弱人工智能的风险和负面影响。

原则之一:人类利益(human benefit)。人类利益原则要求考虑如何确保 AI/AS 不侵犯人权。为了实现 AI/AS 尊重人权、自由、人类尊严及文化多样性,在使用年限内是安全、可靠的,一旦造成损害必须能够找出根本原因(可追溯性)等目的,应当构建治理框架,包括标准化机构和监管机构,增进公众对 AI/AS 的信任。

原则之二:责任(responsibility)。责任原则涉及如何确保 AI/AS 是可以被问责的。为了解决过错问题,避免公众困惑,AI 系统必须在程序层面具有可责性,证明其为什么以特定方式运作。

首先,立法机构/法院应当阐明 AI 系统开发和部署过程中的职责、过错、责任、可追责性等问题,以便于制造商和使用者可以知晓其权利和义务分别是什么;其次,AI 设计者和开发者在必要时考虑使用群体的文化规范的多样性;再次,当 AI 及其影响游离于既有规范之外时,利益相关方应当一起制定新的规范;第四,自主系统的生产商/使用者应当创建记录系统,记录核心参数。

原则之三:透明性(transparency)。透明性原则意味着,自主系统的运作必须是透明的。AI/AS 是透明的意味着,人们能够发现其如何以及为何做出特定决定。AI 的不透明性,加上 AI 开发的去中心化模式,加重了责任确定和责任分配的难度。透明性对每个利益相关方都意义重大。

第一,对使用者,透明性可以增进信任,让其知道 AI 系统可以做什么及其这样做的原因;第二,对 AI/AS 批准和认证机构,透明性则确保 AI 系统可以接受审查；第三，如果发生事故，透明性有助于事故调查人员查明事故原因；第四，事故发生之后，参与审判的法官、律师、专家证人需要借助透明性来提交证据，做出决定；第五，对于自动驾驶汽车等颠覆性技术，一定程度的透明性有助于增强公众对技术的信心。

原则之四：教育和意识(education and awareness)。教育和意识原则涉及如何扩大 AI/AS 技术的好处和最小化其被滥用的风险。在 AI/AS 越来越普及的时代，需要推进伦理教育和安全意识教育，让人们警惕 AI/AS 被滥用的潜在风险。这些风险可能包括黑客攻击、赌博、操纵、剥削等。

2018 年 7 月，中国发展研究基金会在其发布的一份《未来基石——人工智能的社会角色与伦理》的报告中也指出，尽管有少数哲学和社科领域的学者开始关注人工智能带来的伦理问题和社会挑战，但是这些讨论还不够，而且讨论的重点也多集中在超级人工智能这样仍相对遥远的议题上。该报告建议：在社会层面，高校和研究机构开展前瞻性的科技伦理研究，为相关规范和制度的建立提供理论支撑；各国政府、产业界、研究人员、民间组织和其他利益攸关方展开广泛对话和持续合作，通过一套切实可行的指导原则，鼓励发展以人为本的人工智能；人工智能企业应该将伦理考量纳入企业社会责任框架中。

事实上，人工智能和自主系统带来了许多复杂的伦理问题，这些伦理问题往往直接转化为具体的法律挑战，或是引发复杂的连带法律问题。每个伦理问题一般都涉及相关法律问题。当前的人工智能本质上是一种建立在大数据基础上的自我学习、判断和决策的算法，算法的核心是基于网络的编程技术，这种编程技术绝非中立。人工智能的算法决策具有典型的"黑箱"特点，这应当引起现代法律人的高度警惕和深入地研究，应当从伦理学和法律融合的角度深入审视和研究 AI 的算法。

问题思考

1. 数字技术的快速发展为人类带来了哪些伦理挑战？
2. 企业在商业模式创新中应当坚守哪些伦理与责任？
3. 企业在商业模式创新中如何实现经济利益与伦理责任的统一？

案例分析

别以创新之名冲击法律法规和商业伦理的红线

小王每天热衷的事情就是“种花生”，但他这花生不是种在土里，而是种在各线上微信群、社区、朋友圈。因为勤勉地“种花生”，小王的收成不错。从2018年初至今，他已经有了3万多个粉丝，其中活跃的就超过了2万个，这给他带来了每月2万余元的收入，可以说是躺赚。但他并不是最厉害的，他们团队里据说有人每月能挣到十几万，之前做微商出身，在做团队裂变、拉粉方面很有经验。小王种的是一款叫花生日记的社交电商APP，这上面不卖东西，但可以领到各种优惠券，拿到券的人在淘宝、天猫购物时都能享受优惠、省钱。

一年前，小王的妻子告诉他，自己通过花生日记在淘宝购物，一年省了不少钱。小王研究之后发现，这是一个很好的圈粉、赚钱工具，因为凡是通过他的链接或邀请码注册的用户都能算作他的粉丝，而粉丝再拉来的粉丝也还算他的业绩，而这些粉丝购物后他作为运营商都能拿到相应的提成。在当时的他看来，这套玩法用的就是传销模式，低成本快速圈人。而社交电商要想玩大，是要付诸精力、成本，用网络推广的模式正规做，才可能有大的收益。

花生日记的确圈人迅速，据亿邦动力报道，2017年7月上线，花生日记已发展会员2100多万人，遍及全国各省市，会员层级多达51级，平台每年收取的佣金金额累计达4.56亿元。另据其他媒体报道，截至2018年底，花生日记月度GMV(总销售额)已经达到30亿元，用户规模5500万左右。有投资人曾对此评价说，“这个量简直要上天。”

但在2019年3月14日，花生日记因涉及传销违法行为，被广州市工商行政管理局责令改正，并没收违法所得7456万元。这是迄今为止国内社交电商收到的最大一笔罚单，也是电商领域屈指可数的“天价罚单”，引发市场广泛关注。

近两年，社交电商迎来一轮“裂变式增长”，作为一种商业模式创新，吸引了大批初创企业竞相布局。然而，产业快速成长的同时，也出现了泥沙俱下、鱼龙混杂的问题。社交电商的本质，是利用社交关系和个人影响力，实现零售的去中心化，并降低商品流通的成本，实现商家和消费者的多赢。但现实中，许多崇尚“流量至上”的企业却走入了歧途，它们打着商业创新的旗号，屡屡踩踏法律法规和商业伦理的红线，一些急于将流量变现的复杂操作潜藏着巨大的经济风险。

根据有关部门的调查，“花生日记”以“运营商”可获取其发展的会员所购买商品一定比例的佣金为诱饵，发展了多个粉丝数量多、流量大的流量运营公司作为分公司，再由分公司去管理运营商，运营商负责发展会员，按照层级提取酬金。设定层级式管理架构、多层级佣金计提制度和会员升级费用等手段成为其快速发展的秘诀。这种经营模式超出了社交电商的范畴，属于法律认定的传销行为。对此，监管部门果断出手，及时且必要。

无独有偶，社交电商“达人店”和“云集微店”此前也因模式被认定为传销，并被处以不菲的经济处罚。2018 年 7 月 6 日，杭州市余杭区市场监管局认定“达人店”(运营公司主体为杭州达辰网络科技有限公司)涉嫌传销，谋取非法利益，被罚没超 391 万元，被浙江工商、公安通报为“十大网络传销违法犯罪典型案例”。

此外，浙江省工商局网站 2017 年公布的浙江“红盾网剑”专项执法行动十大案例中，浙江集商优选电子商务有限公司运营的“云集微店”APP，以“交入门费”“拉人头”和“团队计酬”的行为展开网络传销行为，认定为网络传销，因违反《禁止传销案例》被工商局处罚近 985 万元。

以创新之名行违法之实的现象不仅存在于社交电商领域。在金融行业，有的机构以“互联网金融创新”或者是技术创新的名义，在没有获得金融业务资质的情况下进行非法集资或者开展非法金融业务，不仅掏空了受害者的钱袋子，而且积聚起系统性金融风险。当前，在各行各业创新创业创造氛围日渐浓厚的背景下，尤其需要警惕借创新名义搞非法经营，冲击公平竞争底线、伤害产业发展生态的做法。

任何新产业、新业态、新模式，在发展的过程中都需要一定的宽容度，但在产业政策上鼓励创新、包容审慎，绝不是迁就，更不是放任不管，必须守住底线。对潜在风险较大，特别是涉及公众人身和财产安全，容易造成严重不良社会后果的，监管部门应当果断采取措施，明确追责标准和范围，促进行业规范发展。

“花生日记”被处罚事件警示创业者，跟风炒作不可取，扎实创新是正道。无论是产品、服务还是商业模式的创新，只有建立在法律法规和商业伦理的基础之上，才能赢得市场和消费者的认可，实现企业的稳健持续发展。靠钻监管的空子、打政策的擦边球、牺牲用户利益来获利，这条歧途注定走不通，也走不远。

问题讨论：

1. 一些社交电商为何触碰禁止传销红线？
2. 社交电商应该坚守哪些商业伦理？
3. 互联网用户该如何避免落入传销的坑？

第2篇　进阶篇

第7章 高管团队与商业模式创新

7.1 高管团队的界定

Cyert 和 March(1963)界定高管团队是组织战略决策的主要制定者。Hambrick 和 Mason(1984)认为高管团队包括公司总经理、副总经理以及直接向他们汇报工作的高级经理。表 7.1 对于高管团队的界定进行了汇总。在实践中,人们对于高管团队的界定方法不尽相同,大致可以分为三类:①通过对 CEO 进行采访发现,由 CEO 判断企业中哪些管理者直接参与到公司的战略制定和日常决策中;②将某个职位或者具有某个头衔的管理者纳入高管团队范围中;③根据薪酬进行划分,排名靠前的管理者作为高管团队成员。

大家更倾向采用第一种方法对高管团队进行界定,这主要出于以下考虑:首先,判断过程简单,通过对 CEO 的访谈就能直接界定高管团队范围;其次,各个公司的实际情况不尽相同,CEO 对于高管团队范围的界定更有意义,能够排除处于边缘的、对于公司战略决策没有影响的高级经理,这样的结果更具有可靠性。

表 7.1 高管团队的定义

来　　源	观　　点
Hambrick 和 Mason(1984)	高管团队是由公司总经理、副总经理和直接向他们汇报工作的高级经理组成的相关小群体
Amason(1996)	CEO 确定的参与战略决策的高层管理人员
Hambrick 等(1996)	副总裁以上的所有高管
Boeker(1997)	高管团队包含 CEO 及其直接下属经理
Ferrier(2001)	董事长、副董事长、首席执行官、总裁、首席财务官和首席运营官
Carpenter 和 Fredrickson(2003)	除了董事长或 CEO 级别人员外，还包括副总经理、财务总监甚至部分独立董事等
Kor(2003)	所有内部高层管理人员，包括首席执行官，首席运营官，业务部门负责人和副总裁

7.2 高管团队认知与商业模式创新

7.2.1 高阶梯队理论与高管团队认知

高阶梯队(upper echelons)理论最早由 Hamrick 和 Mason 于 1984 年提出。高阶梯队理论认为，由于战略决策的复杂性和高管团队成员的有限理性，高管基于其认知和价值观进行战略选择，因此，组织成为个人认知的反应，特别是组织结果(策略和有效性)被视为组织中高层管理者价值观和认知基础的反映。因而，如果我们想了解组织为什么要做这件事，以及为什么采用这种方式，那么我们须考虑高管人员的认知和特征。

图 7.1 显示了高阶梯队理论模型，核心是高管团队的认知基础和价值观，以及它们对战略选择和最终绩效产生的影响。由于高管团队的认知和价值观难以衡量，因此高阶梯队理论主张以可测量的人口统计学特征为认知基础、价值观的潜在差异的可观察的代理。图 7.1 左侧显示的客观环境分为内部环境(如企业物质基础、企业文化、组织结构等)和外部环境(如政治环境、社会环境、经济环境等)。高管团队的特征包括年龄、职能轨迹(不同职能部门的工作经验)、其他行业经历(是否在其他公司任职)、受教育程度、社会经济背景(出身阶层)、财务情况(薪酬)、团队异质性(包括任期等)，被视为他们心理构造的可观测代表，这些心理构造塑造了团队对内部和外部情况的解

释，并有助于制定适当的战略选择，从而影响组织绩效。

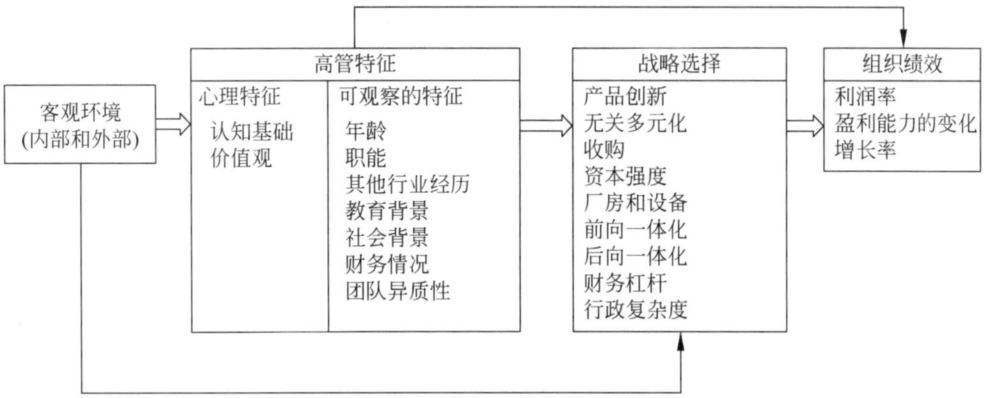

图 7.1 高阶梯队理论模型

Hamrick 和 Mason 认为高阶梯队理论不仅关注高管个人，而且更加要关注高管团队。因为领导复杂组织是一项集体的活动，整个高管团队的集体认知、能力和互动都将成为战略行为。因此，关注团队比个人能够更好地解释高管对于组织绩效的影响。

7.2.2 高管团队认知多样性与商业模式创新

1. 高管团队认知多样性的定义和性质

高管团队认知多样性是高管团队认知中的重要内容，主要从人口统计特征多样性的角度反映，例如职能、年龄、任期等多样性。因此，高管团队认知多样性定义为高管团队成员在背景特征(例如职能，年龄或任期)方面的多样性或差异程度。高管团队认知多样性对于企业行为与绩效有着重要的作用。例如从年龄多样性的角度来看，高管团队既能利用年长管理者的经验与谨慎等优势，又能利用年轻管理者的创新与冒险等优势；从任职期限多样性的角度来看，高管团队更易突破思维定式并汇集多元化的观点；从教育背景多样性的角度来看，高管团队更易汇集多元的信息、知识与能力。因此，高管团队认知多样性能够反映团队成员之间的内部构成与运作状态，能够从整体上剖析高管团队，并有助于识别高管团队对于组织行为与绩效的影响。相应地，在商业模式创新的过程中不能忽略高管团队认知多样性作用的发挥。

2. 高管团队认知多样性与商业模式创新

高管团队认知多样性可以通过两个相关但又不同的机制来影响商业模

式创新。一个是通过高管团队内部的信息处理（Buyl 等，2011），另一个是通过影响资源的潜在可用性和重新分配的有效性（Boone 和 Hendriks，2009）。

1）通过高管团队内部信息处理影响商业模式创新

高管团队认知多样性可以通过扩宽高管团队获取信息的渠道来减少信息不对称所带来的负面效应。在进行商业模式创新的过程中，具有认知多样性的高管团队的认知和思维是多元的，也将会从多样化的来源搜寻和获取信息和知识，同时能够促进高管团队内部的沟通和交流以及思维的碰撞，进而可能会产生新的想法和对事物新的理解，并有效地避免个人的“思维惯性”带来的局限，从而有利于企业及时准确地把握外部顾客偏好、供应商议价能力、技术与竞争等环境变化，并根据环境变化对现有商业模式在价值主张、目标顾客、价值创造和价值获取等方面做出适应性调整和改变。

2）通过资源的潜在可用性影响商业模式创新

高管团队认知多样性更加容易获得有关新技术、新市场趋势以及新合作伙伴的信息，从而将之应用于商业模式创新。价值创造是商业模式创新的核心，通常取决于外部资源的潜在可用性和重新分配的有效性。高层管理人员总是充当资源流的守门人和监管者的作用（Boone 和 Hendriks，2009）。在这种情况下，高管团队认知多样性为公司提供了丰富多样的选择，以帮助他们更轻松地重组和重新配置这些异构的外部资源，从而为公司带来新颖独特的创造价值的方式。因而，多元化的高管团队认知可能会提供机会，以获取多样化的外部资源和社会资本，从而可以极大地帮助提高商业模式创新的绩效。

7.2.3 高管团队认知图式与商业模式创新

高管团队认知多样性为人们展现了认知的静态性对于商业模式创新的作用。还应看到，高管团队认知总是不断变化的。认知图式给了人们理解高管团队认知动态性对于商业模式创新作用的理解。Martins 等（2015）提出了一种理论，即高管团队通过类比推理和概念组合两种行为方式可以实现认知更改，从而获得新信息、新知识并为商业模式创新打下坚实的基础。

1. 认知图式及其更改

一般来讲，图式是由属性与关系组成的基本结构，其中：属性，又被称为“槽”（slot），可以具有不同的内容（被称为“填充物”，本身也可以是子图式）；关系，说明“槽”与“槽”之间的关系。例如，对于大象图式而言，颜色和栖息地构成了图式中的“槽”，灰色和动物园就是图式中的填充物；两者之间的关系可以形容为“动物园里灰色的大象”。这就构成了我们认知当中大象的图式。类似地,竞争战略方案的“槽”包括范围和优势,填充物可以是全局的和低成本的。

认知图式更改发生于类比推理和概念组合两个认知过程中(Ward,2004)。这两个过程都是在个人需要了解新事物的情况下自然发生的,并且已经被证明在大部分情况下都是适用的。

类比推理是指利用“源概念”中的知识来解释“目标概念”中的信息(Gentner,1983)。将“源概念”的属性映射到“目标概念”中,并根据“目标概念”的情境,对属性进行适当的修改。

概念组合是将“目标概念”与“源概念”相结合以产生新图式的认知过程。它保留了“目标概念”的核心之处,但它本质上是通过整合从“源概念”派生的属性来生成一个新的概念(Wisniewski,1997)。

概念组合与类比推理的不同之处在于“源概念”的使用方式。类比推理依赖于识别相似之处,这些相似之处可以被有效利用并加深对于“目标图式”的理解。概念组合指的是寻找两个概念之间的差异,这两个图式可以整合到“目标概念”中以改变其属性,从而创建一个新的概念(Wisniewski,1996,1997)。

2. 商业模式图式

商业模式可以定义为由概念和概念之间的关系组成的认知结构,这些概念和概念之间的关系形成了对活动和交换设计的管理理解,这些活动和交换反映了其公司交换网络中关键的相互依赖和价值创造关系。这一概念与强调“商业模式是设计好的活动系统,可以反映管理人员的选择及其对业务的影响”的观点相一致。将商业模式视为管理图式的反映,重塑了商业模式从客观的环境结构中构建起来的相互依赖关系的一个认知结构,因此,商业模式图式可以理解为环境实施的工具。商业模式作为管理图式的反映有两个明显的特征:首先,商业模式图式是由一个特定的价值创造逻辑组成的,这个逻辑指导着企业的活动和交易的结构;其次,商业模式图式很可能是特别惯性的,不能像其他图式一样通过零碎的修改和扩展就可以轻易地修改。

3. 通过认知图式更改实现商业模式创新

无论是借助类比推理法还是概念组合法,通过认知图式更改实现商业模式创新都大致分为四个步骤:①识别“源概念”,并与目标商业模式图式进行比较；②比较“源概念”的结构与目标商业模式图式，以确定“源概念”的哪些元素（属性，关系或子模式）可以在目标商业模式图式的情景中创造价值；③将来自“源概念”的元素集成到目标商业模式图式中；④修改来自“源概念”元素以适合目标商业模式的情境。

1）通过类比推理实现商业模式创新

首先，管理者必须选择“源概念”，它的关系结构应可以潜在地应用于目标商业模式图式中，以解决特定的问题。例如，特斯拉汽车公司（Tesla Motors）在苹果公司中发现了一种有用的“源概念”，它在汽车行业内主要采用内燃机技术的情况下，确立了其独特的电动马达技术在竞争中的有利地位，它的情况与苹果在手机行业中的技术地位相一致。同样，Aravind Eye Care 的创始人为了向印度贫困人群提供廉价、便捷的白内障手术，在麦当劳找到了“源概念”，即产品标准化、知名度和流水线生产。该创始人在 20 世纪 80 年代末的一次采访中宣称，“就像西方许多中下阶层家庭负担得起快餐一样，在发展中国家，我们可以提供普通家庭负担得起的白内障手术。”

其次，管理者必须将“源概念”的关系结构与“目标概念”的关系结构进行比较，以确定“源概念”的哪些元素可以在“目标概念”的情境下创造价值。例如，在借鉴苹果公司如何使用非主导设计技术在行业竞争中取得优势中，特斯拉汽车创始人认识到必须在高端设计方面提高竞争力。结果是特斯拉汽车的每一个设计细节都能得到消费者非凡的关注，这在汽车行业是很少见的，也是特斯拉汽车与众不同的重要原因。同样在 Aravind Eye Care 中，它的创始人发现的产品标准化、流程标准化的活动系统，是他在自己的商业模式中所需要的，这些要素能够使白内障手术变得廉价和便捷。正如他所说，“我的目标是将 Aravind 模式推广到印度、亚洲和非洲的每一个角落。难道我们不能效仿麦当劳和汉堡王的做法吗?”

第三，基于“源概念”和“目标概念”关系结构的比较，管理者必须确定要将哪些元素合并到“目标概念”中。例如，基于关注高端设计的决定，特斯拉整合了苹果公司活动系统的几个方面：和苹果公司一样，它在总部举行的盛大的“展示会”上发布新款车型，而不是在大型车展上；在零售业务方面，特斯拉正在尝试苹果公司的模式，即在高端商场和购物中心开设自己的门店，而不是依赖经销商特许经营；销售人员帮助买家在巨型触摸屏上配置自己的汽车。同样借鉴苹果公司，特斯拉的定价策略是“进入高端市场，在那里客户准备支付溢价,然后尽快压低市场,使每一款系列车型的单位销量更高、价格更低”。同样,Aravind Eye Care借鉴了麦当劳的商业模式,设计了标准化的流程、效率指标和庞大的线下店网络,“它的运营就像麦当劳一样,具有流水线效率、严格的质量标准、品牌知名度、标准化、一致性、严格的成本控制”。

最后,管理者要明确如何修改“源概念”中的元素,以适应“目标概念”的情境。例如,虽然特斯拉汽车的销售过程与苹果公司非常相似,但与后者不同的是,产品的交付时间要晚得多。因为在高端商场和购物中心囤积汽车在成本上是不切实际的,所以特斯拉对于这一元素进行了修改。同样,鉴于Aravind Eye Care眼部护理效率的重点是最大限度地利用眼科医生的时间,而不是像麦当劳那样最大化地利用设备和低技能员工,它们针对这一特点对流程进行了更改——手术前后简单的准备工作由护士进行,眼科医生只负责手术中的技术工作,这大大减少了眼科医生一台手术的时间,提高了眼科医生时间的利用率。

2)通过概念组合实现商业模式创新

首先,管理者必须选择“源概念”,并选取可以提供到“目标概念”中的元素。例如,星巴克(Starbucks)将其门店定义为“咖啡吧”,在开发创新型咖啡馆的过程中,选择了酒吧作为“源概念”,与咖啡馆成熟的商业模式进行比较。同样,太阳马戏团(Cirque Du Soleil)创始人在创造“当代马戏团”这一新类型的过程中,利用戏剧制作概念中的元素修改了马戏团商业模式图式的各个方面。正如他后来谈到,“我们没有重塑马戏团。我们只是改变了它。”星巴克和太阳马戏团通过有目的地选择“源概念”,进行了商业模式创新。值得注意的是,“源概念”的发现可以是有意的,也可以是偶然的,管理者可以选择多个“源概念”来处理其商业模式的不同方面。

其次,管理者必须将“源概念”与目标商业模式图式进行比较,以识别差异,这些差异可作为目标商业模式图式创新的基础。“槽”是商业模式图式的维度。“源概念”和“目标概念”之间的差异可以通过比较两个概念中相似的槽中的填充物来识别。例如,在将酒吧与咖啡馆进行比较时,星巴克确定了服务人员(酒吧为调酒师,咖啡零售商为收银员)、产品(酒吧为可定制混合饮料,咖啡馆提供咖啡)的不同之处。星巴克将这些差异作为咖啡馆现有商业模式创新的基础。在太阳马戏团的案例中,经理们确定了剧院和马戏团在内容(戏剧是一个连贯的表演,而马戏团是一系列不相关的表演)和观看环境

（剧院的精致观看环境与马戏团相对比较放松的环境）方面的差异，以此作为马戏团商业模式创新的基础。

第三，一旦识别了可以应用于目标商业模式图式的“源概念”中的元素，管理者必须将“源概念”中的“填充物”整合到目标商业模式图式“槽”中的相应的位置——这一过程被称为“槽填充”（Wisniewski，1997）。例如，从酒吧的概念出发，星巴克将咖啡豆供应商、咖啡师等元素纳入它们现有的商业模式，与顾客建立个人关系（特别是与普通顾客），并提供可定制的混合饮品菜单。同样，从剧院的概念开始，太阳马戏团也融入了剧院现有的商业模式，如制作主题、高质量音乐和戏剧性。

最后，管理者必须调整目标商业模式图式“槽”中新的填充物，以适应目标商业模式及情境的特征。他们还必须关注并利用从组合中出现的新属性，这些属性不属于被组合的任何一个概念。例如，虽然星巴克将酒吧纳入了咖啡馆的概念中，但没有吧台凳子，顾客在喝咖啡时不会与咖啡师聊天。取而代之的是，酒吧的社会性被转移到整个空间，将一个咖啡馆转变为社交聚会场所（星巴克将其定义为介于家庭和工作之间的“第三个地方”）。太阳马戏团还修改了从剧院获得的“填充物”，以创造可复制的表演，以适应马戏团演出的特点——由多组成员在多个地点表演。因此，马戏团没有像戏剧制作那样让“著名艺术家”成为卖点，而是以团体表演为卖点。虽然面具和服装隐藏了个人表演者的身份，但它们使角色变得更加生动，创造了一种无论是传统马戏团还是剧院都不存在的新的视觉体验。

7.3 高管团队行为与商业模式创新

高管团队不仅是企业战略的制定者，同时也是企业战略的执行者。如果说高管团队的认知能影响企业战略的制定，那么高管团队的行为将会影响企业战略的执行，二者对于企业战略缺一不可。高管团队搜索行为能够为企业带来新的资源和增长点，同时能够接触到新的顾客需求和新技术，对于企业来说至关重要。高管团队跨界行为被视为企业摆脱内部资源和创意有限性约束，打破组织边界、产业边界以获取具有竞争性异质资源和创意机会的重要渠道，对于企业来说非常关键。行为整合的高管团队能够彼此交流信息、共享资源、共同决策，具有高度的团队性，是企业行为与绩效的重要影响因素。因此，这里选取了搜索行为、跨界行为和行为整合等高管行为，探讨它们对商业模式创新的影响。

7.3.1 高管团队搜索行为与商业模式创新

1. 高管团队搜索行为

高管团队搜索行为可以从搜索行为发生的渠道分类上进行理解，包括供应侧搜索、需求侧搜索和跨地理空间搜索三种类型(Sidhu 等，2017)。供应侧搜索指的是高管团队对一切有关技术新知识和组织投入产出转换新知识的搜索；需求侧搜索指的是高管团队在目标或周边市场中搜索有关市场结构、市场细分、替代品、互补品、顾客偏好和需求等方面的新知识；跨地理空间搜索指的是高管团队在不同地理区域搜索新的市场机会、当地化专有知识以及运营经验等。

2. 高管团队搜索行为对商业模式创新的影响

高管团队供应侧搜索对商业模式创新的影响主要体现在以下方面。首先，搜索与自身技术不同的知识能够避免企业进入“熟悉陷阱”，这有利于企业创新价值主张和价值创造系统，从而为商业模式创新打下基础。其次，对外部技术、产品或其他供应侧范围进行搜索，企业可以增加技术多样性，进而通过改善价值创造解决方案来促进商业模式创新。而且通过供应侧搜索增加技术或组织知识的储备，企业能够提高发现具有商业价值的新知识组合的能力。

高管团队需求侧搜索会提高企业对顾客偏好、自身产品的替代品和互补品的认知与了解，促进企业优化和创新自身产品和服务，从而为顾客提供更有效的价值主张，以此来促进商业模式创新。需求侧搜索不仅关注对现有顾客方面的知识搜索，也强调关注尚未服务的新顾客方面的知识搜索，这有助于企业突破因为仅仅关注现有顾客而导致的锁定和局限，并促使企业识别和抓住新的商业机会和建立新的商业模式。

高管团队跨地理空间搜索为企业带来非本地化的专有技术及异质性的运营知识，不仅增强了企业对行业内外技术的了解，而且也为企业提供了问题解决的新方案，为商业模式创新奠定了基础。此外，相较专注于本地搜索的企业而言，进行跨地理空间搜索的企业具有更多的机会，这是因为企业在不同地理区域搜索能够接触到不同地区的知识网络，获得本地所不能提供的有关产品、生产、销售等方面的有用信息，进而引发企业对自身商业模式的思考并激发商业模式创新。而且，跨地理空间搜索能够使企业发现有潜力的新兴市场，这些新兴市场为企业商业模式创新提供了机会。

7.3.2　高管团队跨界行为与商业模式创新

1. 高管团队跨界行为

团队跨界行为（boundary-spanning behavior）是从团队边界的相关研究发展而来的。作为一个开放系统，团队难以提供所有必要资源和信息，企业需要从外部环境中获取维持生存与发展的各类资源。团队跨界行为是团队与重要客户、供应商、上级领导和高阶团队等外部利益相关者关系建立和管理的过程，其目的是通过行为互动与资源交换以满足自身需求和实现相关目标。Ancona 和 Caldwell（1992）使用使节行为、任务协调行为和侦测行为描述新产品开发团队跨界行为的概念。与他们一致，本书也使用使节行为、任务协调行为和侦测行为描述高管团队跨界行为。

高管团队的使节行为主要表现为高管团队向具有更大权力的部门或机构（如董事会、政府机关）进行工作信息汇报，向具有权威影响力的组织或个人进行活动连接，从而获得一定的认同和支持。高管团队的任务协调行为主要表现为与外部组织或团队一起解决企业发展、运营或设计问题，进行一定的交易活动协调，并邀请外界就公司发展、运营或产品设计给予一定的信息反馈。高管团队的侦测行为主要表现为关注竞争者在类似项目上的举动或进展，探寻企业外部环境中的市场机会或专家信息，收集来自企业外部的技术创意或技术信息等。

2. 高管团队跨界行为对商业模式创新的影响

企业高管团队既是企业决策系统的核心，也是连接组织与外界的中枢力量，依靠社会资本构建一定的资源网络，对企业创新发展具有重要影响。因此，高管团队必然成为企业开展“跨界”活动的主力军。同时，高管团队是组织中对商业模式创新影响最大的群体，其能力和决策对商业模式创新成功与否有着深远影响，商业模式创新需要高管团队特定的引导。首先，高管团队处于企业组织结构高阶，是企业商业模式创新的最终决策者和执行者，故其使节行为有助于得到董事会、政府部门、投资人或股东、权威人士等对企业商业模式创新计划的认同，并进一步得到商业模式创新活动开展所需要的资源支持。高管团队的使节行为既能为企业带来资金和权利等支持，也能使企业了解最新政策和技术信息，从而促进企业创新，增强企业风险应对的信心和能力，形成先动优势。其次，高管团队的重要职能就是围绕企业目标进行全方位的任务协调与节奏把控，而企业商业模式创新的成功往往需要供应商、采购商及其他利益相关者的配合、协同与信息反馈。因此，高管团队的任务协调行为能够通过紧密且有效的横向沟通使商业模式创新过程中各个环节得以良好运行。最后，高管团队成员往往具有更高的发展眼光、更强的创新意识、更敏锐的市场感知，因此，其侦测行为能够相对精准地捕捉到可能的市场机会和有价值的环境信息，从而提高商业模式创新成功概率。

高管团队跨界行为是影响商业模式创新的关键前因，对商业模式创新存在显著正向影响，特别是跨界行为在商业模式创新过程中对于异质性资源的获取具有巨大的价值和意义。高管团队跨界行为在一定程度上直接通过资源获取创造商业模式创新的机会。高管团队跨界行为所形成的资源网络越是广泛和强大，就越能增强战略决策的创新性、风险性和先动性，从而提高商业模式创新的成功基础与竞争壁垒。

7.3.3　高管团队行为整合与商业模式创新

1. 高管团队行为整合

为了更好地理解高管团队行为，Hambrick（1994）将特定的社会属性（合作行为）和任务属性（信息交换与联合决策）集成到高管团队行为的元结构中，提出了高管团队行为整合的概念，即高管团队成员间的集体互动和相互合作。行为整合能够使高管团队成员通过公开且自由的交流信息、分享资源来解决冲突、达成共识，并将决策付诸实施，以此促进企业更好发展。高管团队行为整合包括三个维度——合作行为、信息交换和联合决策。合作行为是指高管团队成员各司其职、合作互助，顺利完成工作任务；信息交换是指高管团队成员之间交换信息、交流意见和观点、共享决策所需信息；联合决策是指高管团队成员清楚需要解决的问题，能够讨论彼此的期望和要求，以及能够考虑自身行动与其他成员的关联性。在这三个维度中，合作行为是高管团队产生凝聚力和信任的社会属性，信息交换和联合决策是高管团队达成目标的任务属性。

2. 高管团队行为整合对商业模式创新的影响

高管团队合作行为对商业模式创新具有以下方面的影响：首先，高管团队成员间高水平的合作有利于高管团队成员尊重彼此的价值观和意见、分享彼此资源和知识，进而有利于有效整合和充分利用高管团队不同成员的知识、资源和创意以实现商业模式创新；其次，高管团队成员间的相互合作也有利于团队形成合力利用内部优势、抓住外部机会以及破除内部障碍、规避外部威胁，进而有利于商业模式创新成功。

高管团队信息交换对商业模式创新具有以下方面的影响：首先，高管团队成员间的信息交换增加了高管团队成员个体的信息储量、扩展了其视野，有利于高管团队产生更多有关商业模式创新的想法；其次，高管团队成员间的信息交换提高了高管团队处理和解释信息的能力，在商业模式创新过程中可以帮助高管团队追踪并解释外部环境的变化、发现并解决内部出现的问题，从而顺利推进商业模式创新。

高管团队联合决策对商业模式创新具有以下方面的影响：首先，高管团队成员的联合决策有利于集聚和应用团队不同成员的信息和知识，进而有利于正确识别和解决商业模式创新中的关键问题，这是成功进行商业模式创新所不可缺的；其次，高管团队成员的联合决策提高了高管团队成员对商业模式创新决策的认知度和接受度，并增加了高管团队成员对商业模式创新决策执行的承诺和投入，这也是成功进行商业模式创新不可缺的。

合作行为和信息交换也能对联合决策产生影响并进而影响商业模式创新。它们对联合决策的影响包括以下方面：首先，高管团队成员间的相互合作和信息交换，不仅有助于解决个人时间和精力有限的问题，而且有助于汇聚不同信息、知识和技能，进而有助于高管团队发现需要决策的问题，并进行有效的科学决策和联合决策；其次，高管团队成员之间的相互合作和信息交换，能够提高高管团队成员彼此之间的信任度、默契度和协作力，从而促进高管团队成员之间进行良好分工和无缝合作，进而促进高管团队成员的联合决策。

问题思考

1. 高管团队对商业模式创新的影响或作用有哪些？

2. 高管团队的认知与行为对商业模式创新作用的差异有哪些？

3. 如何协调高管团队成员之间的关系与行为从而有效推进商业模式创新？

案例分析

百度高管团队建设与商业模式创新

一个公司有没有未来,最关键的一个因素还是人。尤其是能够在关键赛道赢得胜利、带领公司走出低谷的领头人。《战争论》作者克劳塞维茨曾说,在战场上,将领的作用是什么?就是用自己发出的微光,带领队伍不断前行。

近年来,为了更好地"夯实移动基础,决战 AI 时代",百度重置棋盘,频频调兵遣将,组建了一支精兵强将。李彦宏在一封内部信中表示,"2019 年公司将加速干部年轻化的进程,选拔更多的 80、90 后年轻同事进入管理层。"

2018 年 12 月,百度开启了新一轮组织架构调整,集团战略部陆原晋升为百度副总裁。紧随而来的 2019 年,侯震宇、景鲲等人被陆续提拔为百度副总裁。同时,何俊杰加盟百度任副总裁一职,负责战略投资;沈抖接替向海龙担任百度高级副总裁。此外,百度高级副总裁、AI 技术平台体系(AIG)总负责人王海峰晋升为 CTO,填补了这一职位十年空缺。

他们都在一线打拼多年,例如侯震宇加盟百度超过 10 年,王海峰加入百度 9 年,沈抖加入百度也已经 7 年。值得一提的是,加上其他几位高管,新晋 12 人中都是 75 后及 85 后。这家刚刚走过"成人礼"的公司,迎来了近 5 年来最年轻的高管团队。

除了年轻这一点,关键赛道能打胜仗、更具战略视野、技术基因浓厚,也是百度的新高管团队带给外界的直观感受。

在李彦宏看来,过去打的很多仗没有打赢,很多时候是领军人物选错了,以后要想办法避免。他还在内部会上称,"领军人物是选出来的,更是打出来的。一线干部真正在外界跟别人拼过,这样成长起来才有竞争力。"

沈抖、景鲲、侯震宇正是这样的干部。

2012 年沈抖加入百度,负责百度实时流量交易系统。之后 5 年,凭借优秀的技术实力,他辗转于百度多个部门担任技术总监。2017 年,随着移动搜索形态的变革,重压之下的百度提出"将信息流作为未来增长点"的重要战略。同年 5 月,沈抖被提拔为百度副总裁,继续全面负责百度 APP 和信息流业务体系。

多年信息流生态的一线经验给了沈抖在用户体验上的敏锐观察。在他看来，互联网上的各个 APP 相互割裂，百度需要为用户提供“一个强入口进去就可以完成自己所有的需求”，将百度 APP 打造成一个能够汇聚巨大流量的超级 APP。

在 2018 年 11 月的百度世界大会上，百度 APP11.0 正式上线，新版 APP 从“搜索＋信息流”模式升级为“综合性内容消费和服务平台”，并实现了对百度智能小程序的全面支持。

2019 年春晚营销是百度系 APP 流量规模的大幅提升的重要节点。担当基础技术保障重任的则是有着 16 年资历的“老百度人”侯震宇。

2019 年春晚红包项目，百度面临的服务器压力比腾讯、阿里更大。除了红包互动人数的提升，百度此次“抢红包”的多种玩法，例如首次在互动环节中融入语音搜索、方言互动等形式，也对服务器稳定性提出了更高的要求，给百度云的服务器、宽带等基础设施带来了巨大挑战。

春晚直播期间，百度 APP 日活从 1.6 亿冲上了 3 亿大关，全球观众参与百度春晚红包互动达 208 亿次数。为了保障整场春晚不宕机，侯震宇需要前期带领团队进行百度全系统、全链路的优化设计同时高效地控制成本。从 1 月 6 日到 2 月 5 日（大年初一），侯震宇和团队用一个月的时间完成了对百度技术积累最高级别的综合考验，在春晚“战场”中打了漂亮的一仗。借助春晚，百度不仅成功实现了用户下沉，还通过“抢红包”玩法上的尝鲜实现了好看视频、全民小视频、百度贴吧、百度网盘、宝宝知道等百度 APP 产品矩阵的引流。

景鲲带领的 SLG 事业部、小度及小度助手构建的 AI 生态，也是百度一条重要的赛道。目前小度助手已经成为中国最大、最活跃的对话式人工智能平台。

“2018 年初，当时挑战很大，百度没有系统化的做过硬件，销售渠道也不齐备，后来我们用排除法找取得增长的原因”，在小度智能音箱出货量快速增长的态势下，景鲲总结认为，主要得益于团队在“用户体验”“品牌”“补贴”“渠道”四大方面的同步推动。“体验才是决定性因素，体验决定用户愿不愿意使用，愿不愿意推荐给别人”，景鲲表示。经过一年的努力，百度用自己的实际行动打破了“百度到底能不能做出一款让用户满意的产品”的质疑。

目前，小度用户黏性不断提升，有屏和无屏设备用户每天使用时长均超过一小时。此外，小度还致力于搭建开放、健康的合作伙伴生态，小度对话式

AI 能力已经应用到全品类硬件产品，在智能家居、智慧车载、移动及更多细分品类上实现语音交互的智能化，实现 IoT(物联网)生活场景全覆盖。

百度除了在内部增强战略视野外，外部也在加强投资并购。根据网络公开数据和私募通不完全统计，2018 年，百度(包括百度投资并购部、百度风投、百度资本等)共计投资 68 笔。其中早期投资占比过半，而中后期投资占比近四成。覆盖交通出行、文化娱乐、医疗健康、企业服务等多个领域。

2019 年 6 月加盟的副总裁何俊杰，正是集团投资并购部、战略投资管理部的负责人。何俊杰 2007 年本科毕业于北京大学光华管理学院，具有丰富的投资并购管理经验，曾历任中国国际金融股份有限公司投资银行部经理、美国华平投资集团投资董事、朗润投资管理合伙人等职务。

2017 年 2 月，何俊杰以顾问身份加入百度时，协助开展集团投资并购部的各项工作，先后率团队高效地完成了百度外卖与饿了么的合并、FSG 分拆及独立融资、联通混改、爱奇艺 IPO 融资、国际化工具业务分拆等战略级项目。

新高管团队为管理层注入了强心剂，百度打赢了人才这一场关键“前哨战”。面向未来，从战略、到组织、再到高层人事重组，百度战略目标趋于聚焦，进入全方位应战期。

问题讨论：

1. 从商业模式创新的角度来看，百度进行该轮人事与组织架构调整的动机是什么？

2. 该轮人事与组织架构调整后，百度高管团队的构成与特征是什么？

3. 百度的高管团队调整与建设对于百度把握未来的商业模式创新机会存在哪些认知上和行为上的优势？

第8章 需求侧战略与商业模式创新

8.1 需求侧战略及其对商业模式创新的价值

8.1.1 需求侧战略及其特征

需求侧战略是指把对顾客动态的、异构的、内生的甚至潜在的需求融入企业战略规划中，突出了需求侧与战略的相关性。在以往企业的战略设计中，多聚焦于如何利用企业内部资源调整与变革战略，而忽略了对需求侧的关注。这就可能导致企业花费很大力气制定战略却依然没能迎合最终顾客的需求，进而导致企业运营困境。

需求侧战略强调企业将目光焦点移至下游顾客群体，以提出、解释、预测可以为顾客创造更多价值的管理决策。因此，需求侧战略首先关注的并不是企业或企业所处行业所能获取的价值，而是企业为顾客创造的价值。

表8.1对比了需求侧战略与传统的基于企业内部资源的战略。对比显示了需求侧战略的主要目的是如何为顾客提供更好的价值创造的方式，以更好迎合顾客动态的需求变化，这与基于企业内部资源的战略有着很大不同。

表 8.1 需求侧战略与基于资源的战略对比

	需求侧战略	基于资源的战略
关注焦点	下游：面向产品市场	上游：面向要素市场
分析环节	价值创造	价值获取
主要观点	通过需求侧创新满足异质性顾客需求	通过异质性资源等要素提升企业绩效

总的来说,需求侧战略具有以下三个特征:

第一,需求侧战略强调要将对顾客需求的考虑融入企业战略制定的过程中,突出了基于顾客视角做出战略决策的重要性。需求侧提出了从需求侧角度调整战略可以为企业提供持续竞争优势的观点。因此,与基于企业内部资源视角的战略研究强调内部资源重要性的观点不同,需求侧战略研究认为即使在企业没有足够内部核心优势资源的前提下,企业也可以通过满足需求侧而获得竞争优势。

第二,需求侧战略是以价值创造为核心的,这与其他类型战略有着显著不同。需求侧战略强调价值创造与价值获取的独立性,其目的是强调价值创造的发生时间点要先于价值获取,突出价值创造的战略意义。企业要获得成功,首先要能成功创造价值,然后才能将价值创造转化为利润点进行获取。价值创造首先会影响顾客在特定环境下使用产品或体验服务的方式,再进一步影响顾客感知价值的产生。感知价值作为顾客衡量购物满意度的重要指标,又会影响到企业利润的实现。所以需求侧战略提出了为顾客创造价值是获取价值、实现利润基础的观点,探讨了价值实现的驱动因素。

第三,需求侧战略探索了以需求为基础的创新战略。而传统战略大多侧重于挖掘基于内部资源的企业绩效驱动因素,长期以来一直忽略了为顾客创造价值的战略意义,低估了从需求侧视角展开战略所能提供的优势。需求侧将顾客引入,弥补了以往企业战略的"空白"。比如,需求侧战略可以基于需求侧特征提出有效价值主张的具体内容,帮助企业从满足顾客需求入手建立持续性竞争优势。

8.1.2 需求侧战略的启示价值

需求侧战略与商业模式创新之间存在着千丝万缕的联系。商业模式创新以"市场为中心"的观点与需求侧战略不谋而合,两者都将对顾客的需求放在核心位置。但传统的商业模式创新理论与实践在落实"市场为中心""市场相关性"等主张时依然秉持着传统的由内到外的、以内部资源为核心的视角。显而易见，传统商业模式创新探索顾客需求的方式未能体现由外到内的视角，也即不能真正从顾客角度出发，向顾客提供的产品或服务也不能真正满足顾客的需求。需求侧战略为商业模式创新提供一个很好的视角——基于顾客的视角。

基于顾客的视角可以帮助企业在商业模式创新时以需求侧的相关特征为出发点，探索基于需求侧特征的为顾客带来更多价值的管理决策，帮助企业更好地为顾客创造价值并持续性获取价值。基于顾客视角的商业模式创新与传统的基于资源的商业模式创新的区别如表 8.2 所示。需求侧战略基于顾客视角的思路可以帮助企业在商业模式创新过程中真正了解顾客，从顾客的角度来考虑商业模式创新为其带来的价值，更好地做出创新方案。具体来说，需求侧战略基于顾客视角的观点可以为商业模式创新带来以下启示。

表 8.2　基于顾客的商业模式创新与传统商业模式创新对比

	基于顾客的商业模式创新	传统商业模式创新
关注焦点	顾客感知	企业资源
分析环节	价值创造、价值获取	价值创造
主要观点	从顾客需求出发，探索商业模式创新如何满足顾客需求	从企业盈利出发，探索商业创新如何提升企业绩效

1）基于顾客视角的价值主张创新

企业在进行价值主张创新时大多是从企业自身角度考虑顾客对产品与服务的需求，却忽略了是否接受产品与服务的决定者为顾客。所以对价值主张的创新而言，不仅要结合企业内部资源考虑顾客的产品与服务的要求，还要利用顾客视角直接了解供应链终端对产品与服务的要求。

对企业来讲，只有提供的产品与服务中蕴含的价值内容在顾客体验过程中得到了顾客的认同，被顾客选择并且使用才能实现顾客价值。所以顾客体验是价值主张创新中的重要一环，其可以反馈出顾客对产品与服务的新需求与改进意见等。结合这些顾客对产品与服务的反馈，企业可以解释、预测那些最有可能迎合顾客未来或潜在需求的新价值主张，帮助企业进一步创造价值并获取价值，建立相对于竞争对手的差异化优势。

2）基于顾客视角的价值创造创新

企业在进行价值创造创新时多遵循如何通过为顾客创造价值来增强顾

客的支付意愿以进一步增加企业“价值馅饼大小”的创新逻辑，从企业的角度来考虑迎合顾客需求的价值创造方式。但在现实中可以明显感觉到，从企业角度考虑的价值创造方式与顾客实际需要的还是存在一定差距的。所以企业在进行价值创造时不仅要考虑企业内部资源等方面，也要融入强调顾客感知的顾客视角。

企业要意识到顾客已经改变了以往只被动接受价值的角色，成为价值创造的主体之一，甚至在价值创造过程中扮演着比企业更为重要的角色，他们会与企业共同创造价值，主动与企业保持紧密联系，形成顾客价值共创行为。顾客的价值共创可以帮助企业在与顾客互动的过程当中对其深入了解，兼顾需求侧特征，为高效进行价值创造创新打下基础，所以顾客价值共创已经成为了企业价值创造创新必须重视的行为因素。

3）关注商业模式创新的顾客侧结果

企业在进行商业模式创新时大多基于自身财务绩效等因素来衡量创新的结果，并依据绩效状况调整商业模式以期待获得更高收益。但企业忽略了一点，即财务绩效得以维持的基础是创新会带来积极的需求侧效果。一旦创新没有对顾客产生积极影响，那么顾客就选择拒绝企业创新后的商业模式而导致创新失败。所以企业不仅要从财务绩效等因素来衡量商业模式创新的结果，也要立于顾客视角探索商业模式创新如何引发积极的需求侧效果，使顾客认为企业的创新行为是可以为其带来持久性价值的，从而促进企业的长远发展。

基于需求侧战略对商业模式创新的以上三点启示，下面将从改善顾客体验的角度出发探索价值主张的创新，从促进顾客价值共创的角度出发探索更有效的价值创造方式，并探索商业模式创新该如何引发积极的顾客侧结果，为企业的商业模式创新提供基于需求侧的思考视角。

8.2 基于顾客体验的商业模式创新

8.2.1 顾客体验及其内容

顾客体验是一种纯主观的在顾客使用产品过程中建立起来的感受。良好的用户体验一方面有助于公司不断完善产品或服务，另一方面可以帮助提升顾客感知价值，形成顾客积极的情绪反应，构成顾客对一家公司独特的体验认知。由于每个人对体验过程的感知不尽一致，所以体验常常是个性化的，难以被他人所替代。因此，对企业而言，形成相较于竞争对手差异化的顾客体验是企业吸引顾客、提高竞争优势的重要方式。一般来说，顾客体验具有以下三个基本性质：

（1）交互性。顾客通过与企业员工的交流或者通过企业所提供的活动、技术与企业产生联系，从而在顾客与企业互动的过程中形成顾客体验的交互性。

（2）独特性。由于顾客之间存在个体差异，所以不同的顾客面临相同情景时所产生的顾客体验也是不同的，这体现了顾客体验性质中的独特性。

（3）多维性。顾客体验可以被划分为多个维度进行细致的衡量。

顾客体验的多维性质使得企业可以更准确全面地把握顾客体验过程中涉及的影响顾客体验的因素。顾客体验包含了如下 5 个维度，且每个维度都旨在解决一类与顾客体验有关的问题：①认知维度，顾客在体验过程中会产生什么样的想法？②场景维度，顾客在与企业互动的过程中有哪些场景环境因素会致使顾客行为的改变？③感官维度，顾客体验过程中，哪些因素会对其感官产生刺激并形成不一样的体验感？④心理维度，顾客在体验过程中会有什么心理感受？⑤社交维度，影响顾客体验形成的社交群体有哪些？

通过划分顾客体验的维度，企业的经营管理者可以通过分析得出企业目前在哪些顾客体验维度还有可发展空间，从而针对可发展的顾客体验维度形成相较于竞争对手的差异化优势。

8.2.2 顾客体验对商业模式创新的影响

目前，商业模式创新已经成为企业提升顾客体验最常利用的手段之一。商业模式创新可以通过高效协调的方式对各种关键因素同时进行调整，以一种整体化改变的创新方式提升最后呈现给顾客的产品或服务的价值来增加企业的收入，增强企业在竞争激烈的外部环境中的竞争力。在判断产品或服务价值内容时顾客体验发挥了巨大的作用，所以企业要达成盈利目标，实现商业模式创新的成功，就必须要重视顾客体验。因而，改善顾客体验是商业模式创新必须实现的目标，企业在进行商业模式创新时必须考虑到目前的顾客体验现状以及创新后会对顾客体验造成的影响。

现实中有很多在商业模式创新中重视并改善顾客体验而成功创新的例子。比如，飞机发动机制造商劳斯莱斯公司便通过商业模式创新的方式极大地改善了与其顾客——航空公司之间的关系，大大提升了顾客体验感。很久以前，劳斯莱斯公司从销售飞机发动机的商业模式转变为“按发动机使用时长收费”的服务销售型商业模式。在这种商业模式下，身为顾客的航空公司不再需要担心购买发动机后所要付出的维护与维修的成本，以及若发动机性能不佳所面临的售后问题等，从而改善顾客体验，提升顾客满意度。此外，由于劳斯莱斯公司的收入与利润的来源取决于其飞机发动机的正常运行时间，因此该公司会自觉对发动机定期维护，并对其进行研发以改善运作性能，同时开发监测系统以确保实时发现发动机的运行问题等。劳斯莱斯公司商业模式的创新使企业与顾客都获得了相较于原来更多的价值，并构建涉及产品研发、服务提供、性能检测等的价值良性循环模式，极大地改善了航空公司的顾客体验，提升了消费者对于其产品和服务质量的积极评价，创造了不俗的市场表现。

8.2.3 顾客体验驱动的商业模式创新

企业在进行商业模式创新时，必须考虑到目前的顾客体验现状以及创新会对顾客体验造成的影响。企业需要一个分析框架将顾客体验与商业模式创新结合，以更好地实现两者匹配。构建顾客体验驱动的商业模式创新框架的目的是利用商业模式创新将顾客的体验现状、未来需求与企业战略类型相匹配，因为商业模式创新可以同时兼顾需求侧与供给侧，并以一种协调的发展方式共同满足双方的要求。顾客体验驱动的商业模式创新的实现主要包括以下三个步骤，如图 8.1 所示。

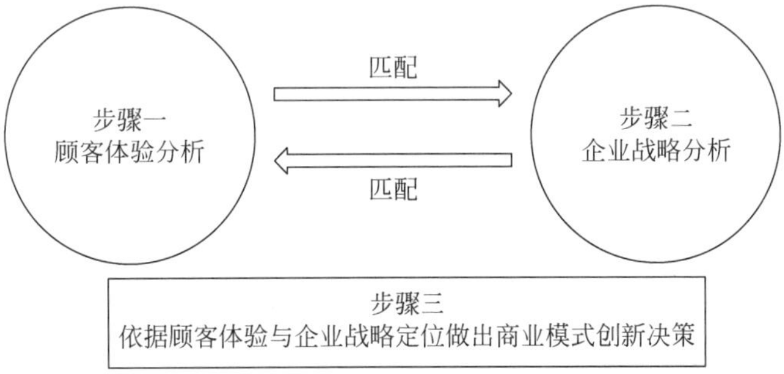

图 8.1 顾客体验驱动的商业模式创新框架

步骤一，通过分析目前企业在不同顾客体验维度上的绩效表现来使管理人员明确，改善哪些顾客体验维度可使企业获得发展机会。该分析基于顾客视角，从顾客的角度对顾客体验维度的现状进行判断。

步骤二，使管理人员清楚目前企业的战略定位，明白战略特点以及在此战略定位下企业可利用的优势资源，从而设定出企业在此战略下的行为边界。

步骤三，要求管理人员结合企业的战略定位，在步骤一选择出可发展顾客体验维度的基础上，进一步确定可以匹配企业战略类型并可改善顾客体验维度策略，依此做出商业模式创新的决策，满足供需双方的要求。

通过这三步，系统、全面地收集与分析信息，提高了针对顾客体验与战略定位做出商业模式创新决策的效率，达到既满足顾客体验需求又与企业目前战略特点相吻合的目的，推动以顾客体验为导向的商业模式创新的开展。

1. 步骤一：顾客体验分析

对顾客体验进行分析的目的，是判断企业顾客体验维度对提升顾客体验和企业发展的影响，明确企业可改善的顾客体验维度。

企业可通过向顾客调查的方式确定每个顾客体验维度的当前贡献和上升潜力。调查中，企业要根据自身的发展现状对顾客体验的五维度做出合理的解释。以每个维度对顾客购买意愿的影响程度作为衡量其当前贡献的标准，以每个维度的改进对促使顾客购买意愿形成的影响程度作为衡量其上升潜力的标准。针对这两类标准，企业要结合自身的企业特点设计问题，让顾客针对这两类问题对每个维度的表现进行打分，做到影响程度的具体化。企业后续要根据调查得到每个维度当前贡献与发展潜力的分数统计做出维度间的相对排名。

可以使用图示法展示对顾客体验的五个维度的分析结果。图 8.2 展示了这方面的一个例子——从事产品制造且只进行线上销售的企业 A。图中结合了不同顾客体验维度当前贡献与上升潜力的相对排名，以确定企业在每个顾客体验维度的表现，并以此得出企业应针对每个顾客体验维度采取的措施与方案。方案根据指标大致可分为三种类型：应着重发展的顾客体验维度、应放弃的顾客体验维度和应该保持现有策略的顾客体验维度。

(1) 绿色维度。此顾客体验维度对改善顾客体验的上升潜力相对较大，所以企业应对此顾客体验维度采取“发展”策略；针对此顾客体验维度的改善做出调整方案，必要时企业需构建新的业务流程来满足此顾客体验维度的需求，可帮助企业大幅度改善顾客体验，提高企业绩效水平。

(2) 黄色维度。此顾客体验维度对改善顾客体验的当前贡献相对较大，但上升潜力相对较小，所以企业应对此顾客体验维度采取“维持”策略，即不做过多的调整。

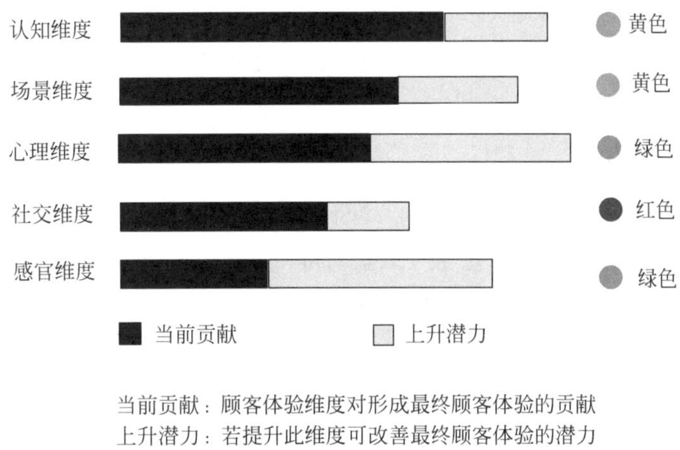

图 8.2　顾客体验分析结果图示法展示示例

(3) 红色维度。此顾客体验维度对改善顾客体验的当前贡献与上升潜力都相对较小，所以企业应对此顾客体验维度采取“放弃”策略，即企业应将资源集中投放在其他顾客体验维度，以期许其他维度有所改善和发展。

2. 步骤二：企业战略定位分析

企业的战略定位确定了企业的总体运营方向、目前新兴的市场机会，并提供给企业清晰、可以长期追求的以实现企业竞争优势的战略方向。一般而言企业通常采用以下三种战略：成本领先、差异化和聚焦战略。三种通用战略代表了超越竞争对手的三种方法，每种战略都包含一些独特的途径来获得竞争优势。随着研究的深入，战略类型也逐渐丰富起来。但新的战略类型并没有脱离三种通用战略的组合。如下简单介绍当前企业常用的一些战略类型。

1) 成本领先战略

成本领先战略体现的是企业在业务运营中对经济和效率的高度追求，其目的是以尽可能低的价格向买方提供产品或服务。尽管实施战略过程中仍有着对产品或服务质量和细节的关注，但这些都不是成本领先战略的主要考虑因素。

它的优势：成本领先战略可以帮助企业获得较大的利润调整空间，使得企业在很多情况下面临竞争对手调整价格时基本都仍有利可图。应用此战略的企业可以有效防止替代性产品、服务或新的行业进入者的出现。

它的劣势：该战略的应用需要企业抢先一步获得最初竞争优势，投入较高的初始成本，才能确保企业取得成功。例如在行业刚发展时，企业就要通过新技术投资，供应链的打造，抢占廉价原材料的来源渠道或广泛的分销网络渠道等来占据较高的市场份额。

2）差异化战略

差异化战略强调，在开发产品或提供服务的过程中就将企业与其他竞争对手的产品或服务相区别。企业会选择将一个或多个因素（例如品牌形象和标识、产品中体现的技术和功能、为顾客服务的能力、企业的经销商网络等）提高到行业的最高水准。

它的优势：差异化战略通过提升顾客的品牌忠诚度和顾客感知的附加值降低顾客对价格的敏感性，提高利润率，转变收入主要受成本所影响的现状。

它的劣势：差异化战略可能使得企业所提供的产品或服务只适合于部分顾客群体，从而缩小了产品所面向的市场主体的范围，限制了市场份额的提升。如果买方对差异化产品的需求下降，企业将面临竞争对手模仿和销量下降的风险。

3）聚焦成本领先战略

聚焦成本领先战略是指企业在选定的目标细分市场中寻求成本优势。实施该战略的企业的目标是为特定细分市场人群提供低成本产品或服务，以便将低价产品或服务交付给对价格敏感的顾客，以达到企业盈利目的。

它的优势：聚焦成本领先战略使得企业可以针对价值敏感的细分市场获取较大市场份额。

它的劣势：企业所聚焦的细分市场可能不会遵循整个行业市场的发展趋势，所以企业要进行市场分析会更加困难。一旦企业的市场分析失误，企业要花费大量成本调整生产结构，便很难继续维持企业的成本优势。

4）聚焦差异化战略

聚焦差异化战略强调企业要开发具有针对性的产品以满足高度差异化的细分市场需求。实施该战略的企业旨在为精确的市场群体提供有针对性的产品或服务。理想化的情况下，如果企业所提供的产品或服务满足其目标细分市场的需求，那么企业将同时获得产品差异化和低成本的优势。

它的优势：针对特定细分市场可以使企业尽可能避免竞争、替代、新行业进入者的出现，更易培养顾客的品牌忠诚并提高顾客的转换成本。随着企业的发展，企业可以逐渐垄断其选定细分市场中的分销渠道，那么企业在目标市场中的份额也会大幅增加。

它的劣势：实施聚焦差异化战略的企业对环境的适应能力较弱，一旦细分市场的需求发生大幅变化，企业会因无法快速调整相应策略匹配环境变化而陷入困境。

5）高性价比战略

高性价比战略要求企业控制成本，并且要求企业的成本至少要控制在竞争对手以下。当企业将自己定位为高性价比的产品供应商时，企业对内对外都需要拥有强大的掌控力，意味着企业不仅要在运营过程中建立有效的成本控制系统，在控制供应商的供货价格时也需要有强大的价格控制机制。

它的优势：当企业实施高性价比战略时，意味着企业所提供的产品或服务与竞争对手相差无几，但价格可以做到较低水准，以此吸引顾客。且当顾客支付了低于其支付意愿的价格但却获得较高的感知价值时，顾客会认为企业所提供的产品或服务是物有所值的。

它的劣势：当顾客对产品或服务的质量感知下降到顾客可接受的最低限度时，那么企业与竞争对手之间的价格差异便不足以吸引顾客购买了。一旦企业以低于行业平均水平的价格进行产品销售，那么企业很有可能面临即使成本压缩至最低也无法保证企业能拥有高于行业平均水平的获利能力。

6）混合战略

混合战略会使顾客认为企业提供了比竞争对手更好且价格更低的产品或服务，其是否能成功取决于企业能否以较低的价格为顾客带来更多的效益，同时也取决于企业能否获得足够的利润进行再投资以维持和发展产品或服务的差异化。

它的优势：混合战略会使顾客认为企业提供了比竞争对手更好且价格更低的产品或服务，易获得较高的市场份额。目前混合战略被一些学者视为是企业唯一可用的可持续战略。

它的劣势：混合战略中不同战略在实际应用过程中会存在价值主张或价值活动互斥等问题，需要企业对其进行权衡。混合战略的应用非常广泛，且当一个行业中使用混合战略的企业非常多时，那么激烈的竞争是可能会降低企业绩效的。

3. 步骤三：依据顾客体验与企业战略定位做出商业模式创新决策

企业通过步骤一确定的可改善顾客体验维度的策略并不一定与步骤二

中明确的战略定位相匹配，所以还需要通过步骤三进一步了解需求侧的特征并结合企业的战略定位，在步骤一所确定的顾客体验维度的基础上再明确企业可调整的维度。因为商业模式创新同时受到需求侧与供给侧的要求与约束。

企业首先要通过对顾客体验的五个基本维度进行细致划分，以进一步了解需求侧特征。而每个企业由于自身发展状况的不同，其细分的维度也会有所差别。企业的管理人员要基于步骤一确定的可改善顾客体验维度，明确此维度下的细分维度有哪些。比如在从事产品制造且只进行线上销售的企业 A 中（如图 8.2），感官维度是企业 A 可以选择改善的。通过管理人员的调查与细分，A 企业的感官维度包括产品包装、产品外观、产品气味等。

企业管理人员要判断，对这些细分维度做出的调整策略是否能与企业的战略定位有效匹配。若某一维度下的细分维度大多与企业目前的战略重点有所冲突，那么企业可以选择“放弃”该维度，有选择性地改善其他顾客体验维度，并依此做出商业模式创新决策。假设 A 企业采取的是成本领先战略，那么其战略目的就是为顾客提供相较于市场价格更低价的产品，故产品包装与产品气味等都不是企业的主要考虑因素。所以尽管企业在感官维度上有提升空间，但因与企业战略定位存在冲突，选择“放弃”该维度有利于企业的长远发展。

总之，通过顾客体验驱动的商业模式创新框架，企业可以同时关注到需求侧与供给侧的特征，结合顾客体验与战略定位，得出既改善顾客体验又匹配企业战略定位的商业模式创新方案。

8.3 商业模式创新促发顾客价值共创

价值共创理论认为，在服务主导逻辑日益盛行的趋势下，顾客已经摆脱了价值消耗者的角色，成为价值创造的一员，甚至在价值创造过程中扮演着比企业更为重要的角色。顾客会与企业在产品或服务设计、开发、生产、消费等环节进行互动与合作，共同创造价值，产生顾客价值共创行为。

现有研究证实商业模式创新作为提升顾客可感知的一种企业质量信号，会通过提升顾客对企业的认知影响到其价值共创行为的产生。以下将商业模式创新划分为价值主张创新、价值创造创新、价值获取创新来探究其与顾客价值共创行为之间的关系。

1）价值主张创新与顾客价值共创行为

商业模式的价值主张创新会对顾客价值共创行为产生积极影响。具体而言，企业的价值主张创新对顾客而言最直观的体验便是企业产品与服务的创新。顾客对企业产品与服务创新的主观感知会影响顾客参与企业活动的程度。顾客都存在着好奇心理，新的产品或服务会吸引顾客产生较高的参与热情。这意味着顾客会在参与过程中提供给企业更多的资源以期与企业共创更多价值，从而推动了顾客价值共创行为。

2）价值创造创新与顾客价值共创行为

商业模式的价值创造创新会对顾客价值共创行为产生积极影响。大部分企业在进行价值创造创新时，会考虑将价值交付给顾客时的接触点的创新，以优化顾客的体验感，进一步加强企业与顾客之间的联系。一旦顾客成为了企业价值创造环节的积极参与者，那么顾客就可以在从产品设计到产品交付的每个价值链环节与企业保持意见交流，帮助企业了解并提供与其个人特点相匹配的个性化产品或服务，从而推动顾客价值共创行为。

3）价值获取创新与顾客价值共创行为

商业模式的价值获取创新会对顾客价值共创行为产生积极影响。对顾客而言，企业的价值获取创新与新技术、新服务的推广有着密切的联系。所以顾客会将价值获取创新认为是一种质量信号，并依此形成企业在积极创新、稳步进步的看法，并认为企业在未来商业模式的创新中会积极融入新的技术。鉴于顾客对价值获取创新的这种认知，顾客会认为参与价值共创将是富有成效的，自己的参与将会引导企业为其提供更好的服务体验，从而推动了顾客价值共创行为。

8.4 商业模式创新获取顾客侧结果

8.4.1 商业模式创新与品牌信任

顾客的品牌信任是品牌阻碍竞争对手进入市场的有效保障，也是品牌价格溢价的基础。而商业模式创新作为顾客可感知的质量信号，必定会对品牌相关的顾客的心理要素产生影响。鉴于品牌信任的重要性，如何通过商业模式创新赢得品牌信任成为企业关心的事情。

1）价值主张创新与品牌信任

价值主张创新为顾客带来了具有新功能的产品或新的服务形式。顾客可以在接触产品或服务的同时，感知到品牌是否进行了价值主张的创新。现实中，品牌会通过价值主张创新来提升顾客的产品收益水平。企业价值主张创新带来的新的产品或服务呈现出来的特点，可以使得品牌与其竞争对手在顾客认知中有所区别，使顾客认为相较于竞争对手，此品牌所体现出的差异化可以为其带来超额价值，进而带来更高的品牌信任度。

2）价值创造创新与品牌信任

企业对价值创造的创新，会使企业中以顾客为中心的资源和组织结构与不断变化的顾客需求更匹配。比如企业会通过价值创造调整企业的分销机制以降低顾客的购置成本，从而给顾客带来更好的消费体验以及自身更高的财务回报。企业还会通过价值创造创新建立与顾客之间的实时互动渠道，例如使用公众号或微博等社交媒体渠道获取每个顾客对产品的个性化需求，并根据个性化需求为每个顾客提供专属产品或服务。因此，价值创造创新确保了产品或服务能以更满足顾客需求的形式呈现给顾客，并将顾客对产品或服务的看法与企业创造价值的方式结合起来，推动了顾客品牌信任的产生与提高。

3）价值获取创新与品牌信任

企业在进行价值获取创新时多注重对新技术在价值获取中的应用。比如随着移动通信技术的发展，顾客可以通过手机扣费等方式支付网站的费用，目前许多在线观看视频软件、信息服务网站都采取这种收费形式，不仅方便顾客，而且迎合了顾客目前的生活习惯。因此，企业在进行价值获取创新时会通过方便顾客来创建高质量顾客体验，从而提升品牌信任度。

8.4.2 商业模式创新与品牌忠诚

顾客的品牌忠诚行为能为企业带来理想的营销效应，降低企业营销成本，使顾客降低对竞争者的产品和服务的关注，并产生更多的重复购买、愿意支付溢价和开展口碑宣传等行为，使企业获得更多利润。目前，以培养顾客品牌忠诚行为为目标的商业模式创新引起了企业的关注。因为商业模式已经被证实可以被顾客感知并形成企业的营销信号，所以顾客在接触到创新后的商业模式时会产生心理或行为上的变化。

1）价值主张创新与品牌忠诚

若顾客以前有着与该品牌相关的良好的消费体验经历，那么在面对价值主张创新所带来的新产品或新服务所产生的不确定的体验感时，会强化顾客与品牌之间的信任感,从而降低顾客的感知风险,减少伴随他们购买新产品或新服务所产生的体验感的不确定性,形成品牌忠诚行为。但是,企业需要正视,并不是所有的价值主张创新都将帮助企业赢得顾客对品牌的忠诚。程度过高或过低的价值主张创新反而减弱品牌忠诚行为。

当企业进行大幅度价值主张创新时,会导致现有顾客的不知所措,难以接受新的产品或服务,从而导致现有顾客群体的满意度和产品依恋度降低,进一步影响顾客的品牌忠诚行为。此外,如若企业所推出的新产品或新服务相较于企业原有的产品或服务的技术差异与功能差异等不大,当企业进行价值主张创新时,会导致顾客认为品牌缺乏提供令人耳目一新的产品或服务所需的能力,从而进一步影响顾客的品牌忠诚行为。

2）价值创造创新与品牌忠诚

一般而言,品牌在进行价值创造创新时会重视品牌与顾客之间产生的接触点,比如,对员工进行标准化培训,推出更迎合顾客心理的服务提供模式等。这些接触点设计得越符合顾客需求,品牌获得顾客积极反应的可能性就越大。因此,企业开展价值创造创新时会通过带给顾客别样的品牌体验感来提升顾客对品牌价值的独特认知。品牌认知与体验的改善会增强顾客与品牌之间的信任感,增进顾客与品牌之间的情感联系,进一步提升顾客的品牌忠诚行为。

3）价值获取创新与品牌忠诚

企业的价值获取涉及企业内部的价值获取流程与机制,因此对于顾客而言是很难感知的。但是顾客可以通过一种方式感知到企业是否进行了价值获取的创新,即企业是否改变了品牌产品或服务的收款方式。一般而言,从顾客认知的角度,当企业改变收款方式时,往往会给自身带来更多好处,比如支付宝收款以及微信收款方式的普及,很大程度上改善了顾客的购物体验。这种良好的购物体验会增强顾客与品牌之间的信任感,认为品牌有着为顾客提供更优质服务的理念,进一步助力顾客品牌忠诚行为。

8.4.3 商业模式创新与顾客满意

商业模式创新向顾客展示了企业在各个领域的变化,并向顾客表明企业愿意投资以促进企业的不断改进。这些都会形成顾客认可的质量信号,且会让顾客认为企业进行商业模式创新后会带来更多未来收益,因此提升了顾客对产品或服务的满意程度。

1）价值主张创新与顾客满意

企业在进行价值主张创新时会注意提高产品或服务对顾客的质量感知，提高产品的性能和服务的标准，这些有助于顾客满意提升。比如餐厅推出的透明式厨房，目的就是为顾客提供更安心的食品保障服务与更多的趣味性。这种价值主张创新的方式带给了顾客前所未有的服务方式，透明化了顾客在餐饮中最担心的食品安全问题，提升了顾客的满意度。

2）价值创造创新与顾客满意

在企业进行价值创造创新的情况下，顾客还会更大程度地参与价值共创。共创价值会提供更高的潜在收益，比如企业会通过顾客在价值共创中提供的新意见或创新型想法来设计与改进价值创造的方式，以更贴近顾客的真实感受的方式来调整与创新商业模式。企业的这些做法会让顾客感觉到自己所提出的反馈意见被企业重视，并在此过程中找到归属感，从而提升顾客对企业的满意程度。

3）价值获取创新与顾客满意

企业的价值获取创新为顾客提供了更便利的财务支出方式，也为企业提供了更多可供选择的收入实现方式。从顾客角度而言，其可以明显感受到企业收入模式中是否使用了新方式。而企业为了提供给顾客更好的服务，一般会尽快跟随技术革新的浪潮为顾客提供最快捷、方便的收款方式。顾客可以从收款方式的改变中，感知到企业的科技进步性与为其提供更好服务的信念，从而提升了顾客对企业的满意程度。

问题思考

1. 需求侧战略对商业模式创新的启示有哪些？
2. 企业如何通过商业模式创新提升顾客体验？
3. 商业模式创新如何引发积极的顾客侧结果（如品牌忠诚、顾客满意）？

案例分析

传音践行贴合非洲市场的商业模式创新

传音手机成立于 2006 年，在国内手机市场激烈竞争的背景下，传音手机选择定位于当时手机普及率较低的非洲，并主打功能机市场。截至 2019 年末，传音手机已在非洲市场拥有接近50%的市场份额，在非洲的市场份额排名第一，超过苹果、三星等国际知名品牌。

传音为什么能够成为非洲的手机之王呢？不同于提供标准化产品的诸多国际手机品牌，传音手机专注非洲市场，开发适合本地市场的多种低价功能机，有效满足了非洲市场的需求，且相对于国内其他大量早期进入非洲市场的手机品牌来讲，传音进行长期的战略布局，不仅做产品，更是在服务与其他各环节都与非洲市场进行接轨，在非洲市场完成了品牌塑造。传音选择把企业在非洲的商业模式创新作为一项“长跑”事业对待，根据非洲市场的用户特点不断调整自己的价值主张，以抓住非洲消费者的痛点及诉求为重心，使产品、服务趋于本土化、差异化。

2008年，传音决定将大部分精力投入非洲市场。而它们进入非洲市场的第一款手机，就是一款双卡双待手机。由于这个在中国很普通的功能，传音的第一部手机在推出的第一个月就被非洲人民抢购一空。因为非洲的信号很差，所以手机用户大都配有两个SIM卡以便使用两个不同的网络，而当地不同运营商之间通话费用很高，所以很多人都倾向办两张以上的SIM卡。非洲大多数顾客的消费能力有限，难以承担两台手机的价格，而两张以上的SIM卡使得顾客不得不来回地换卡，用户体验非常不好。传音瞄准此痛点，获得了初次尝试的成功，这也使得此功能在后面的手机系列里被不断发展提高，比如传音后续研发的四卡四待的“奇葩”手机。

传音对于手机本身功能的本土化设计，远远不止多SIM卡这一点。针对肤色较黑的人的夜间自拍功能，让无数非洲人觉得如获至宝。充电一次可以用一个月的手机电池，也让需要走去离家50km远地方充电的非洲人，感到了贴心和实用。同时，手机中强大的音乐播放功能，也迎合了非洲人的音乐文化。这些需求可能从我们的角度而言很难理解，但正是传音对这些当地市场需求的精准化狙击，助力了它们在非洲本土化的成功。

同时，针对非洲消费水平不高的现实背景，传音将自己产品的主要目标人群定位为价格敏感的用户，员工在接受采访时说，这个商业模式在短期内不会改变。它们的功能机平均售价为65.95人民币，智能机平均售价则为454.38人民币。

当低价和高性价比成为品牌卖点的同时，传音也没有放松在技术研发上的投入，毕竟本土化并不完全代表着与世界潮流脱轨。传音一直很清楚，就算赶不上知名品牌所拥有的高端的技术，至少也要努力跟在尾部，并将全球技术与本土化相结合，才是企业的核心竞争力所在。

传音的供货商涵盖了Spreadtrum、MediaTek、Qualcomm、Sharp、TCL、Samsung、Kingston、Toshiba等诸多知名公司，但在销售端传音为了达到更好的本土化效果，选择与非洲当地的很多小众经销商合作。这些经销商在非洲遭到了大品牌的冷落，但传音却意识到了小众经销商所能产生的价值，小众经销商将是传音打开非洲市场的关键。小众经销商相较于大品牌经销商会给予传音在卖货和推广上额外的支持，以保证自己稳定的货源，同时小众经销商作为与顾客联系的接口，更是传递给传音很多的本土化营销策略和方法论。

传音也已尝试在生产端继续扩大自己在当地的影响力，比如在埃塞俄比亚国等地设有制造工厂，利用当地国家的激励政策发展工厂，并提供给当地人们工作机会，以进一步扩大传音的社会影响力。

一般而言，一台手机的使用寿命可以达到两年；但在非洲，一旦用户不小心把手机摔坏了，由于非洲用户大多离售后站点相距甚远，所以售后服务的缺失使得他们往往只能放弃这台手机，那么手机的使用寿命便也缩减到了几个月。传音意识到，仅仅生产符合当地特色的产品并不能支撑企业的商业模式长远发展，如何在产品的基础上增强企业的影响力的辐射范围，还需要服务网络的支撑。为解决这个难题，传音打造了专业售后服务品牌Carlcare，并建立了86个世界级售后服务中心和超过1000个售后维修点，拥有超过1100名专业的服务高级技术人员，形成了非洲覆盖范围最广的用户服务网络，进一步帮助传音在非洲市场站稳脚跟。

除了非洲，目前传音已经开始选择坚持基于本土化策略的商业模式创新继续开拓印度市场，也取得了较好的市场反响。要获得市场就必须坚持在商业模式创新中以市场为导向的原则，创建专属的创新体系，创新源于用户需求，进行创新的最终目的是为消费者提供需要的技术和产品，唯有深入市场并把握用户和市场的潜在需求，在竞争对手之前找到市场潜在盈利点，才是建立持久性商业模式的重点。

问题讨论：

1. 传音商业模式在非洲市场获得较高市场认可的原因有哪些？
2. 传音商业模式在非洲市场成功的最关键的策略是什么？
3. 传音商业模式在非洲市场可能遇到的挑战有哪些？如何应对？

第9章 商业生态系统与商业模式创新

9.1 商业生态系统概念

9.1.1 商业生态系统的定义

自1993年以来，人们经常使用生态隐喻来研究相互关联的商业网络。Moore(1993)在管理学领域提出了商业生态系统概念。为了拓展战略的系统观，Moore(1993)认为公司不要将自己看作单一行业的成员，而应视为商业生态系统的一部分，"商业生态系统是由跨行业的公司和实体组成，它们围绕一项创新共同进化它们的能力——它们以合作和竞争的方式支持新产品，满足客户需求，并最终开展下一轮创新。"

Iansiti和Levien(2004)认为，"商业生态系统是松散连接的实体网络，这些实体包括供应商、分销商、外包公司、相关产品或服务的制造商、技术提供商和许多其他组织，它们在创造和传递公司产品或服务的过程中相互影响。"

Teece(2007)将商业生态系统界定为"影响企业、企业客户及供应商的——组织、机构和个体的共同体(或社区或群落)，包括互补者、供应商、监管机构、标准制定机构、司法机构以及教育和研究机构"。

9.1.2 商业生态系统的特征

Peltoniemi(2006)基于复杂性理论和演化经济理论，提出了商业生态系统的三个主要特征：共演(Co-evolution)、自组织(Self-organization)、涌现性(Emergence)。

进化或演化通常被认为是进步或改进。然而，进化论并没有给出这种积极和有意义的含义，而将进化仅仅定义为“累积和可传递的变化”(Murmann,2003)。因此，共同进化或共演也就是指既没有积极含义也没有消极含义的变化。Pagie(1999)讨论了三种共同进化，即竞争性的、互惠性的和剥削性的。竞争性共演发生在受相同资源限制的物种之间。在这种情况下，生物体被迫以这样一种方式改变，即它们要么更有效地利用资源，要么更有效地获取资源。这种进化被概念化为红皇后效应(Red Queen Effect)。另一方面，互惠性共演包含所有参与者都从互动中受益的互惠关系，并朝着更好的兼容性方向变化。剥削性共演包括所有参与者都无法从互动中获益的关系。

商业生态系统的共演，指的是相互关联并相互影响的组织之间会发生的协同进化。一个组织所做的决定可以迫使其他组织做出其他决定。一个组织对一项新技术的开发可以在其他组织内触发多种技术开发项目，这些项目可以是竞争性的或互补性的。在商业生态系统中，竞争性共演是指竞争对手为了获得彼此之间的竞争优势而采取的行动。价格战是竞争性共演的一个例子，竞争技术的发展也是如此。当组织为了与第三方竞争而发展合作和互补的能力时，可以观察到互惠的共同进化(互惠性共演)。例如，硬件和软件的开发是相互补充的，相关的组织以互惠共演的方式开发这些技术。在一个组织比其他组织强大得多的情况下，可以发现剥削性的共同进化(剥削性共演)。这可能发生在一家大公司及其供应商的背景下。供应商的目标是发展能力，以减少对大公司的依赖。不过，这家大公司的目标是保持议价能力，确保低价和及时交货。

Anderson(1999,P. 221)认为，自组织是一个“在没有中央控制者干预的情况下，模式和规律性涌现”的过程。在商业生态系统环境中，自组织意味着缺少中央或外部控制器。商业生态系统可以根据组织的需要和能力进行自由组织。基本上，一个自组织的商业生态系统是通过分散的决策来发展的。这是由市场经济体制促成的。然而，在任何现实的商业生态系统中，都有公共部门的干预措施，如商业补贴、进口税和公共资助的发展项目。这些可以被视为抑制自组织或为自组织创建有利结构。

根据 Smith 和 Stacey(1997,P. 83)的观点,涌现性意味着“个体行为与长期的系统结果之间的联系是不可预测的”,即在宏观层面观察到的行为在微观层面上并不明显。Phan(2004)认为,涌现性是“一个复杂适应系统的整体特性,不包含其各个组成部分(part)的特性”。所以,涌现性是指那些高层次具有而还原到低层次就不复存在的属性、特征、行为和功能。也就是说,系统中的个体遵循简单的规则,通过局部的相互作用构成一个整体的时候,一些新的属性或者规律就会突然一下子在系统的层面诞生。涌现并不破坏单个个体的规则,但是用个体的规则却无法加以解释。以蚂蚁为例,蚂蚁的神经系统非常简单,只能进行简单的思考。然而大量的蚂蚁相互作用的时候就会形成等级森严的蚂蚁王国。研究证实,蚁后并没有直接给所有的蚂蚁下达命令,每只蚂蚁也没有整个蚂蚁王国的地图,每个蚂蚁只遵循简单的规则交互,大量的蚂蚁就能够聪明地觅食、建巢、分工等,蚂蚁王国就是在整个蚁群之上的一种“涌现”现象。

9.1.3 商业生态系统的演化

Moore(1993)提出每一个商业生态系统都会经历四个阶段的发展演化:产生(birth)、扩展(expansion)、领导(leadership)、死亡或自我更新(death or self-renewal)。表 9.1 总结了商业生态系统在四个阶段分别面临的合作和竞争方面的不同挑战。

表 9.1 商业生态系统演化中的挑战

演化阶段	合作挑战	竞争挑战
产生	与客户和供应商一起为种子创新定义新的价值主张	保护你的创意或创新不被模仿,对客户、关键供应商和重要渠道进行紧密绑定
扩展	通过与供应商和合作伙伴的合作向更广阔的市场提供新的产品或服务,从而扩大供给规模,实现最大化的市场覆盖率	挫败类似创意或创新的替代性实现。通过控制细分市场,确保你的产品或服务是此领域的市场标准
领导	为未来提供一个强有力的愿景,鼓励供应商和客户一齐努力,完善产品和服务	对于生态系统中的其他参与者,包括关键客户和重要供应商,保持强大的议价能力

续表

演化阶段	合作挑战	竞争挑战
死亡或自我更新	与创新者合作，为现有的商业生态系统带来新的创意	保持高进入门槛，以阻止创新者建立替代性的生态系统。维持高的顾客转移成本，以争取时间将新创意融入自己的产品和服务中去

在商业生态系统的产生阶段，企业关注于定义客户的需求，也就是产品或服务的价值，以及提供产品或服务的最佳方式。在该阶段，短期内的成功往往归属于那些给予最佳定位并实施这一价值主张的企业。此外，在该阶段，合作通常是值得的。特别是从领导者的角度看，商业伙伴可以帮助为客户实现所有价值。

在商业生态系统的扩展阶段，商业生态系统扩展到更广阔的新领地。就像杂草迅速覆盖森林火灾后留下的光秃秃的焦土一样，一些商业扩张几乎没有遇到阻力。但也存在其他情况，相互竞争的生态系统可能势均力敌，选择攻击同一领地，争夺市场份额的直接战争爆发了。由于每个生态系统都试图向供应商和客户施压，迫使它们加入，所以争斗可能变得更加激烈。最终，一个商业生态系统可能获胜，或者竞争对手的生态系统可能达到半稳定的和解。想想与草原接壤的阔叶林，边界上的冲突地带可能年复一年的变化，但它永远不会完全摧毁一个生态系统。一般来说，第二阶段的扩张需要两个条件：①一个被大量客户看中的商业概念；②扩大这一概念以达到获得广阔市场的可能性。在这一阶段，已在位的企业可以在市场营销、大规模生产以及分销的管理方面行使巨大权力，并在这个过程中摧毁小的生态。

狮子和羚羊都是一个健康的热带草原生态系统的一部分，但仍然相互争斗，以确定每个物种扩展到什么程度。类似地，在商业生态系统中，有两种情况可以证明作为第三阶段标志的领导斗争的开始。首先，商业生态系统必须有足够强劲的增长和盈利能力，才能值得为之奋斗。其次，作为商业生态系统核心的增值组件和流程的结构必须变得相当稳定。这种稳定性使供应商能够瞄准特定的价值要素，并在提供这些价值要素方面展开竞争。它鼓励商业生态系统的成员考虑通过接管价值链中最接近它们的活动来进行扩展。最重要的是，它减少了整个生态系统对最初领导者的依赖。在第三个阶段，企业变得专注于标准（术语“模块化组织”）和顾客—供应商关系。该阶段的讨价还价力量来自商业生态系统的需要并且是唯一的实际来源。有时候这种唯一来源的状态或地位可以通过契约或者专利保护进行建立。从根本上讲,它依赖于持续的创新——创造对整个生态系统持续的价格或性能改进至关重要的价值。

无论如何,对于占主导地位的公司来讲,一个生态系统的扩展和领导阶段可以成就它们,也可以毁掉它们。在第三阶段,领导者企业必须扩大控制,继续塑造未来的方向、关键客户和供应商的投资。为了获取健康的利润,生态系统中的任何公司(领导者或追随者)都必须对其他成员有一定的议价能力。

当成熟的商业生态系统受到新兴的生态系统和创新的威胁时,商业生态系统就进入了第四个阶段。从本质上讲,一个商业生态系统可能会经历相当于地震的情况:突然出现的新的环境条件(包括政府法规的变化)、顾客购买模式、宏观经济条件的变化。此外,新兴的生态系统和创新、环境变化这两个因素是相互强化的,环境的改变往往对新的或以前处于边缘的商业生态系统更有利。

事实上,一个处于主导地位的企业如何应对过时或淘汰的威胁是最终的挑战。对于一个商业生态系统的长期成功及自我更新能力来讲,领导持续的创新显然是至关重要的。今天的制药公司针对自我更新的三种通用方法提供了一些有趣的见解。这三种方法可以单独使用也可以组合使用:①占主导地位的公司可以寻求减缓新型商业生态系统的增长;②可以尝试将新的创新成果融入自己的生态系统中去;③从根本上重塑自己,尝试应对新的现实。

9.1.4 商业生态系统的治理

健康的商业生态系统离不开系统良好的治理机制,治理机制能够制约和协调系统内成员企业之间的利益关系,避免机会主义行为,是保证商业生态系统有序运行的前提与基础。围绕"商业生态系统治理机制"的直接研究相对较少,多数学者针对网络组织治理展开研究,从而可以为商业生态系统的治理提供重要借鉴。de Reuver 和 Bouwman(2012)提到了三种网络组织的治理机制:契约治理、信任治理、权力治理。

契约治理机制是指系统内成员企业签订正式协议,明确规定合作事项、流程、权利和义务、对违反协议的惩罚,通过具有法律约束力的协议管理伙伴关系。契约治理机制的强弱程度,关系到商业生态系统能否保障系统内成员交易关系的公平有序以及能否形成对企业机会主义的有效约束，通过正式治理机制，企业能够有效降低交易成本。

信任治理机制主要包括可靠性和仁爱等方面，反映合作伙伴的共同价值观以及相互理解和关系认同的程度。它强调的是一种相互信任的氛围，具体体现在系统内成员企业在履行承诺时诚信可靠，在日常相处时公平行事，以及在出现不可预见的意外情况时表现出善意。在商业生态系统中，系统内的成员企业之间的关系具有多重复杂性，它们既包括合作关系，也存在竞争关系，并且来自不同的领域，可能拥有不同的企业文化、生产方式以及经营理念，而信任治理机制使得企业能够打破企业的边界，将商业生态系统中的自身发展所需的异质性资源与企业自身拥有的资源整合到一起，并且借助系统中其他企业的核心能力、跨组织的流程整合以形成系统整体的竞争优势。

价值网络通常有一个中心点，即一个参与者通常对其他参与者具有影响力。在网络背景下，权力通常被定义是组织对彼此执行决策的影响程度。所以，商业生态系统的权力治理机制，主要指通过对系统内其他参与者的影响力执行决策的相互约束。

9.2 商业生态系统战略

9.2.1 基石、支配者、利基与商品战略

Iansti 和 Levien(2004)根据动荡和创新的总体水平、与生态系统中其他成员关系的复杂性两个维度，将企业在商业生态系统中的战略角色分为四类(如图 9.1 所示)：基石战略(keystone)、支配者或主宰者战略(dominator)、利基战略(niche)、商品战略(commodity)。

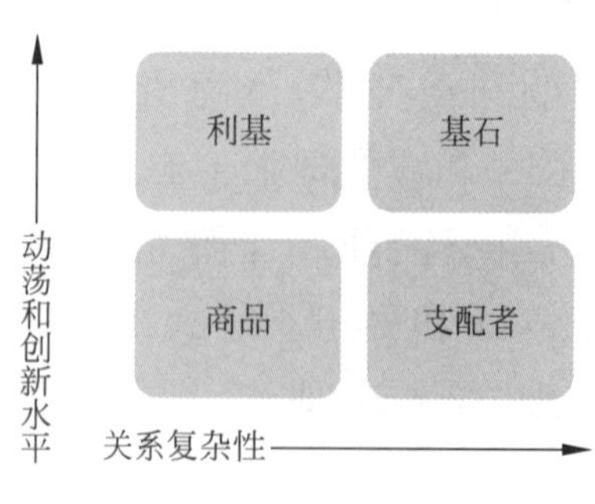

图 9.1 基石、支配者、利基与商品战略

(1) 基石战略。如果你的企业处于一个复杂的资产共享关系网络的中

心,并且在一个特定的环境中运营,那么,基石战略可能是最有效的。通过谨慎地管理企业所依赖的广泛分布的资产,以及通过与商业伙伴分享这些资产所产生的财富,基石企业可以利用整个生态系统的能力去开展创新,以应对环境带来的突变。

(2) 支配者战略。如果你的企业依赖于一个复杂的外部资产网络,但是又处于一个成熟行业领域中,那么,可以选择支配者战略。因为环境是相对稳定的,多元化创新并不是最优先考虑的,企业可以选择通过收购合作伙伴或接管他们的职能,直接控制公司所需的资产。支配者最终成立自己的生态系统,吸收不同组织之间存在的相互依赖的复杂网络,并且能够短期内从其控制的资产中获取最大价值。当它达到这个终点时,生态系统战略就不再相关了。然而,如果你的企业选择从你无法控制的资产网络中获取最大价值,你可能会饿死,并最终破坏你所在的生态系统。

(3) 利基战略。如果你的企业面临快速和持续的变化,通过利用其他公司的资产可以专注于一个狭窄和明确定义的业务细分领域,那么,利基战略可能是最合适的。企业可以发展自己的专业技能,使自己从竞争对手中脱颖而出。通过简单的聚焦、培养独特的能力和专业技能,可以帮助企业适应动荡的环境。利基企业构成了生态系统的大部分,可以通过利用基石企业提供的平台而茁壮成长。

(4) 商品战略。如果你在一个成熟和稳定的环境中拥有一个大宗日用小商品业务,并且相对独立于其他组织运营,那么生态系统战略是无关紧要的,尽管生态系统环境变化可能比你想象的要快。

9.2.2 塑造者、跟随者与保留权利战略

Den Hartigh 和 van Asseldonk(2004)提出企业可以在商业生态系统方面采取三种不同的战略:塑造者(Shaper)、跟随者(Follower)与保留权利(Reserving the Right to Play)。

(1) 塑造者战略。开发或维护自己的商业生态系统,以自身和专利技术为核心,追逐市场的主导地位,将产生高回报。这样的战略既昂贵又有风险,这意味着市场上只有少数公司有能力制定和实施这样的战略。

(2) 跟随者战略。该战略通过获取基于主导技术的产品开发许可证而参与加入主导技术。在公司不是主导技术的开发者或拥有者的情况下,它仍然可以从主导技术所创造的潜在规模和学习效果中获利。

跟随者既不是选择与主导产品或技术竞争，也不聚焦替代，而是选择以下两种方式参与商业生态系统。第一种方式是提供与主导产品或技术互补（即与主导产品或技术一起使用）的产品或技术。通过这种方式，这些公司可以利用间接网络效应。第二种方式是提供与主导产品或技术兼容的产品或技术，使公司能够与主导技术网络建立连接。通过这种方式，这些公司可以利用直接的网络效应，以此开发主导技术创造的规模和学习效应的潜力。

（3）保留权利战略。选择等待以致力于市场上的每一个技术网络。这种所谓的"保留权利"意味着尽一切必要的努力创造或保持开放的机会，以便在后期获得强势地位。

9.2.3　闭环、押宝、社群与联盟战略

于晓宇等(2018)按照企业生态位的宽窄和生态势的高低，将生态战略分为"闭环战略""押宝战略""社群战略"和"联盟战略"四类，如图 9.2 所示。其中，生态位的宽窄反映了生态系统中被企业占有资源的多样性程度（包括资金、设备等有形资源和大数据、算法等无形资源），直接影响了企业是否可以洞察和应对瞬息万变的外部环境。生态势的高低则反映了企业应对生态系统变化的能动性，生态势越高，企业对于外部环境变化的适应性就越高，有时甚至可以主导环境变化的趋势和方向。

（1）闭环战略。图 9.2 象限的右上角是"闭环战略"，处于该象限的企业的生态位较宽，生态势较高，占据着生态圈中的统治地位。企业凭借着资源优势、技术壁垒，可以持续地协同创造新的价值，包括新模式、新业态、新技术、新组织形式等的诞生。企业随着优势积累，会不断地创造新的价值，使得强者愈强，产生马太效应。

（2）押宝战略。处于图 9.2 象限左上角的企业的生态势较高，但是生态位较窄，使得它们无法像巨头一样有能力去构建一个全生态，企业唯有通过"押宝"的方式，选择其中一个赛道来创造弯道超车的机会。押宝战略具有一定的赌博性质，强调在战略不明确的情况下孤注一掷地投入其所拥有的资源，如此，才会进得比别人早，做得比别人好，让别人难以赶超。押宝战略的核心理念为"聚焦资源，大赌大赢"。

（3）社群战略。图 9.2 象限右下角是"社群战略"。采取社群战略的企业强调关注、服务于某一类群体，搭建平台让一类群体来满足另一类群体，表现出企业较低的生态势。

(4) 联盟战略。位于图 9.2 象限左下角的是"联盟战略"。处于该象限的企业的生态势较低,生态位较窄,管理者习惯于在自己的"深井"中进行决策,导致企业存在严重的组织惯性,难以单独地、长久地与不确定性相抗衡。企业通过模糊组织边界,积极地与生态系统中的其他企业形成联盟、协作关系,共同提供产品或服务来减少组织惯性及转型升级的成本,这不仅能够抵抗巨头的降维打击,甚至还能在应对不确定性的过程中受益。

生态战略象限要表达的一个重要含义是:每个企业可根据生态位的宽窄和生态势的高低来评估自己在象限中所处的位置,并采取对应的生态战略。四类基本的生态战略并没有优劣之分,在多数情况下,不同生态类型的企业所拥有的资源、能力及所处环境的不同,它们所采取的战略并不具有可比性。无论是"闭环战略""押宝战略""社群战略"还是"联盟战略",只要与企业生态位(资源属性)、生态势(环境适应性)相匹配,都可以给企业带来更多的生存和发展空间。

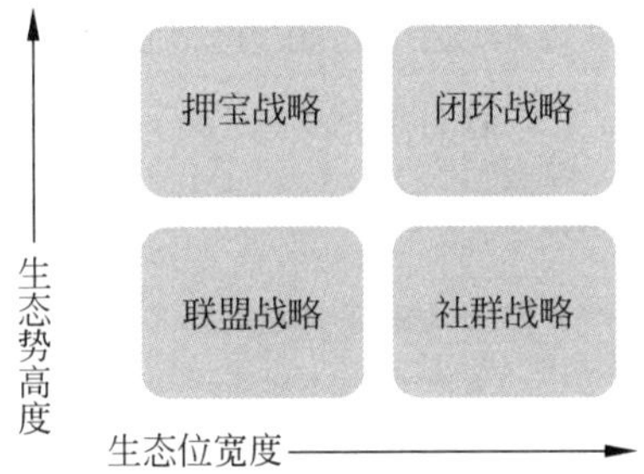

图 9.2 闭环、押宝、社群与联盟战略

9.3 商业生态系统与商业模式创新的关系

9.3.1 商业生态系统对商业模式创新的影响

1. 利用商业生态系统互补性启动商业模式创新

Hou 等(2020)以一个公司所在的商业生态系统为背景,探讨了商业模式所有者如何利用其所在的商业生态系统推出新的商业模式。他们对 2004—2017 年中国最大的在线零售商京东的商业模式投资组合扩展历程进行了纵向案例研究。作为一个过程研究,它的目的不是解释一个特定的商业模式或商业模式投资组合的成功,而是确定活动、参与者及其系统之间的新的交互模式。

他们指出,企业所在商业生态系统的多个方面有助于商业模式投资组合的扩展过程。除了基于类似活动或合作伙伴的协同效应,他们发现生态系统中嵌套的互补性也可以使商业模式受益，因为互补性可以使现有的参与者执行新的活动或吸引新商业模式需要的新参与者。另一方面，研究表明，这些好处不应被视为理所当然。相反，要使生态系统参与者保持一致并获得某种形式的互补性，可能需要一种匹配的杠杆战略。

2. 商业生态系统结构影响商业模式创新的能力

Rong 等(2018)研究利用来自中国、英国和美国的定性证据，探讨了 3D 打印行业商业模式与生态系统演变之间的关系。他们在研究 3D 打印领域商业模式的动态性时，确定了一个三阶段的过程，即“启动”“执行”“扩展”，并提出了实现商业模式开发的三个能力(分别与三个阶段相对应)，即“可伸缩性”(scalability)、“灵活性”(flexibility)和“可扩展性”(extensibility)。同时，他们提出：在 3D 打印产业中，有三种典型的生态系统结构，即基于产品的、基于平台的和两者结合的新兴系统。更进一步，商业生态系统的结构(基于产品的和基于平台的)会通过影响这些能力(可伸缩性、灵活性和可扩展性)进而对不同阶段的商业模式创新产生潜在影响。

9.3.2 商业模式创新对商业生态系统的影响

1. 商业模式创新提升商业生态系统弹性和反脆弱性

脆弱，是指系统容易受到破坏攻击，并可能因此遭到不利的破碎或毁灭(Hespanhol，2017)。弹性，是指系统能够吸收冲击，尽管暂时改变，但它们会从冲击中恢复(Bhamra 等，2011)。反脆弱，指系统吸收冲击后变得更好(Taleb，2012)。

Javaneh Ramezani 等(2020)研究中指出，并非所有的不确定性都可以预防，对于不可避免的干扰，重点是减少干扰的影响，并将其转化为商业机会。所以，为了帮助提高商业生态系统的弹性和反脆弱性，Javaneh Ramezani 等(2020)在研究中罗列了很多应对策略，其中部分策略与企业的商业模式创新活动有关，如表 9.2 所示。

表 9.2 提升商业生态系统弹性和反脆弱性的策略

策　　略	描　　述
合作或协作	能够与其他实体有效合作，更好地实现共同或兼容的目标，这有助于有效地管理破坏干扰；协作有助于减少不确定性，提高系统在危急时刻的响应能力

续表

策　略	描　述
成本最小化	专注于通过持续消除浪费(有效利用资源)或不增加价值的活动(在某些情况下,这些活动可能是破坏的原因)来降低成本
客户服务	在可信、透明、快速响应的业务环境中与客户进行协作对话
建立干扰管理文化	建立一种文化,该文化涉及组织成员对有关破坏和干扰管理的决策以及相关主题(如补偿、应对策略、责任)的各种态度
风险管理	风险管理系统,可以被视为不确定环境下,企业所拥有的一种核心资源和能力。组织处理破坏性事件的过程(发生之前、期间和之后),一些技巧:①业务连续性管理,一个识别可能的风险及其对公司的影响并为建立商业模式运营弹性提供路线图的过程;②应急计划,旨在确保组织做好准备,在意外事件发生后应对干扰并恢复运营;③灾难救援网络,能够面对不可预知的事件,在攻击后迅速恢复并开始有效运作
需求管理	通过不同的价格促销策略和激励措施,提高产品替代能力,以更好地应对不可预测的需求变化:①风险汇聚,通过集中库存管理需求的不确定性;②需求转换,为客户提供激励,使其在所需产品不可用时购买其他产品;③结盟激励和收益共享,如利润共享(与供应商)、收益管理(动态定价和促销)、定价机制(影响客户选择广泛可用的产品)和经济供应激励;④无声的产品滚动,新产品慢慢地流入市场;⑤动态分类计划,通过重新访问产品组合决策来影响消费品选择和客户需求
基础设施投资	建设基础设施,信息技术升级和系统集成,提高自动化程度
库存管理	订购和库存决策,包括库存优化(如多层次、新的供应商)和库存投资
知识管理	旨在创造有关商业生态系统风险和结构(物理和信息)的知识,通过提高其灵活性、可见性、速度和协作能力,从过去的破坏中吸取教训,增强恢复能力
网络结构规划	确定相互依赖的业务活动结构、数量、位置和能力,以及生态系统的过程,通过不同的策略限制其在失败面前的脆弱性,例如:①分散化,即利用不同的供应商、不同的零部件制造商和不同的生产地点进行生产;②模块化,通过将复杂系统分解成具有不同相互依赖程度的子系统来降低复杂性;③集成化,将子系统、资源、过程等单个功能同步,以促进敏捷性和灵活性

续表

策　　略	描　　述
期权创造	期权的可用性使买方/投资者可以自由尝试不确定性，并从机会中获益。例如：租赁而不是购买运输工具使公司能够利用取消合同的机会
流程再造	了解商业生态系统结构，通过业务流程重组计划降低复杂性
供应商选择	使用不同的供应商选择标准，例如灵活性和响应性，以提高供应商在面临干扰或破坏时的弹性水平
寻源采购	规划、设计和建立一个可靠且有竞争力的供应商库，以应对短缺。它可以包括供应商多样化和紧急备用采购
小规模实验(试错)	以“多个小规模的商业单位生产不同的产品，而不是一个单一的单位生产一种产品”来测试市场。例如：①创造自下而上的修补，在压力条件下寻找意想不到的解决方案，特别是在“黑天鹅”事件的挑战下；②资源拼凑，使用各种可用资源作为创新过程的输入，允许组织通过对资源的深入了解、观察和倾听、信任自己的想法、自我修正结构、考虑反馈等从下到上进行发展

2. 商业模式创新驱动商业生态系统可持续性

近年来，人们观察到企业战略重心开始从单个企业的绩效转向基于商业生态系统可持续的发展方向。商业生态系统成员的范围各不相同，有些学者从商业生态系统的参与企业合作的视角来探讨商业生态系统的可持续发展(Magnus 等，2015)，也有些学者从顾客参与的视角来探讨商业生态系统的可持续发展(Jaehun 等，2018)。

1）企业合作驱动商业生态系统可持续

Magnus 等(2015)以可再生能源的商业生态系统为背景，提出要想在可再生能源和可持续发展方面取得成功，往往需要新型的商业模式。以往的商业模式研究通常是从重点公司的角度考虑的，而可再生能源和可持续性往往需要更广泛的系统视角，因此，需要企业共同开发其商业模式，以促进行业逻辑的变化。他们使用分布式能源生态系统的三个案例，说明了不同类型的机制如何触发更紧密的合作或协作、可持续性和增加整体价值创造，如表 9.3 所示。

表 9.3 可再生能源企业合作驱动商业生态系统可持续

	特许经销权	沼气作为交通燃料	沼气和农业
背景	目前的商业模式存在的问题是承担小型锅炉的资金和运营成本。热能企业缺乏成功建立热能服务业务的能力，部分原因是初始资本支出过高	由于燃气供应和车辆可靠性的不确定性，运输公司害怕投资燃气车队	目前的商业模式使干草成为沼气生产的昂贵来源
干预	为生态系统中的新参与者引入特许经营概念。将特许经营商的锅炉订单汇集到制造合作伙伴那里	以稳定的燃油价格、租赁和长期维护合同为基础，为最终用户提供联合服务	沼气生产与生物质生产(联合生产计划)紧密结合，有可能实现养分循环和有机农业
机制	标准化的商业模式使创业者更容易创业(交易效率)，并确保锅炉制造商的规模经济(效率)	从系统运行开始就确保沼气消耗和稳定供应，以便于同时投资于新车和配电系统。这是通过减少运输公司对沼气技术(交易效率)的不确定性而实现的。沼气公司和汽车经销商都能增加产品和服务的销售量	农民和沼气公司都实现了生产效率的提高，并增加了其产品对客户的价值
结果	商业模式特许经营和非核心业务外包。通过商业模式创新增加了商业生态系统总价值创造的潜力	“鸡和蛋”的问题解决了。投资可以同时进行。沼气作为交通燃料的初始生态系统已经建立。通过商业模式创新增加了商业生态系统总价值创造的潜力	建立在干草低价和确保沼液处理的基础上的新商业模式。通过商业模式创新增加了商业生态系统总价值创造的潜力

2）顾客参与驱动商业生态系统可持续

Jaehun 等(2018)提出在商业生态系统的成员中，顾客作为构建可持续商业生态系统的参与者，其作用被忽略了。他们进而以访谈资料为基础，提出七项建议，探讨顾客参与与可持续性商业生态系统之间的关系。在此基础上，提出整合、系统化、社会化和共同解决四项策略行动，以建立可持续的商业生态系统。

信息技术的进步有助于客户有效地形成利益集团，让他们的声音在商业生态系统中被听到。客户不仅可以通过积极或消极的口碑行为影响商业生态系统；还可以扭转公众舆论，培育有利于企业的商业生态系统。因而，他们构建了通过顾客参与创造经济价值和社会价值来影响商业生态系统可持续的理论框架，如图 9.3 所示。

客户通过形成利益集团或社区参与商业生态系统，这种参与创造了社会价值和经济价值。比如，企业战略性的社会责任和事件营销中的客户合作是客户参与创造社会价值的典型例子。再如，参加由公司和非政府组织领导的事件营销活动，客户不仅可以为品牌价值和销售做出贡献，还可以通过在给定的商业生态系统中解决诸如和平、人权、正义和环境等社会问题来贡献社会价值。所以，客户通过直接参与公司的商业活动创造经济价值，并通过与公司合作参与商业生态系统，为创造社会价值做出贡献，培育可持续的商业生态系统。在获取企业绩效基础上，企业可进一步进行资源投入，通过企业社会责任和社会创新活动，帮助建立可持续的商业生态系统。在这些投资活动过程中，增加了企业在商业生态系统的社会资本，进而企业可以通过利用在其商业生态系统中积累的社会资本来提高业绩和竞争力。

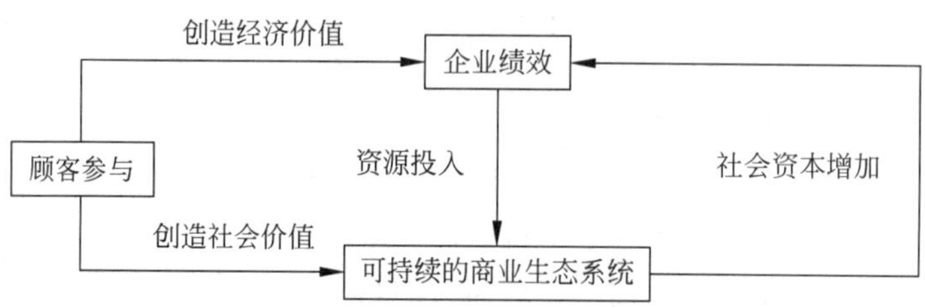

图 9.3　顾客参与影响商业生态系统可持续性的理论框架

问题思考

1. 商业生态系统的定义与特征分别是什么？
2. 可供企业选择的商业生态系统战略有哪些？
3. 商业生态系统与商业模式创新之间的关系是什么？

案例分析

阿里巴巴的商业生态系统版图

目前的消费市场已经步入了全面消费数字化的后电商时代，多维度的资源争夺是当前互联网企业纷纷采取的重要策略之一。阿里作为电商领域的巨头，凭借其预见性和整体的战略眼光，自2013年起便开始商业生态系统建设。从交易平台到支付平台，再到信用平台、金融平台，推崇太极文化的阿里早年落下多枚棋子，当大数据时代来临，落子盘活、一气呵成，一个庞大的阿里商业生态系统版图已经呼之欲出。

1. 以淘宝＋天猫交易平台为龙头

阿里正在快速迭代升级，但阿里庞大商业生态的根基始终未变。时至今日，阿里生态万物生长的根源，毫无疑问是阿里创建的国民级应用——淘宝＋天猫，其不仅为无数商家提供了创新创业的第一平台，产生新的消费形态，更是驱动阿里商业基础设施不断升级、阿里商业操作系统持续进化的动力引擎。淘宝与天猫平台一直承接着超级入口和市场培育、用户教育的功能，也带动阿里形成了一整套完整的商业基础设施，衍生出支付宝、聚划算、速卖通、盒马鲜生等新的业务。

2. 众多核心业务平台全方面发展

1）菜鸟网络：补足物流短板

自2008年起，网购市场的快速发展给快递业带来了巨量的需求增长。因此，京东从2007年开始自建物流。这是京东能够在众多电商平台中脱颖而出的重要优势。阿里虽然依赖资源优势快速培育了天猫，但快递环节一直是其劣势所在，最为明显的是早期“双十一”活动时频繁出现的爆仓情况。为了提升平台快递服务质量，更好应对B2C领域竞争，补足自身物流短板，阿里于2013年联合零售、地产、物流等企业，通过平台整合物流资源，菜鸟网络应运而生。为了快速打造菜鸟的市场影响力，阿里协同菜鸟在物流多领域持续投资。阿里在物流领域的投资包括快递企业、落地配企业、即时配企业、仓储企业、供应链服务企业、国内外大型物流企业等，基本覆盖物流所有领域，并在拓展物流业务的同时也建立了电商平台和物流公司之间信息流。

2）速卖通和 Lazada：聚焦跨境 B2C

速卖通和 Lazada 分别于 2010 年和 2019 年被阿里收购，主要业务范围都是跨境 B2C。但有所不同的是，速卖通主要针对俄罗斯和欧美地区，而 Lazada 则针对的是东南亚等地。两者皆已成为扶持中国品牌出海、占领国际化市场的重要跨境电商平台，成为阿里生态系统中的重要一环。发展跨境电商是阿里针对当前很多国际市场（比如东南亚地区）仍面临基础设施薄弱、物流效率低、在线支付弱、零售布局分散等现状所提出的重要战略。因为市场环境的不完善，阿里在发展跨境电商平台的过程中需要阿里系生态在各环节中的运作支持，才能取得优势，与此同时，阿里也希望借此机会将阿里生态的其他业务逐步渗透入国际市场当中。此举措意味着一旦速卖通和 Lazada 获得较好的市场反响，将帮助阿里整个商业生态系统在国际领域的发展建立良好的优势基础。

3）通过盒马、淘鲜达探索线下服务

在新零售领域，阿里以盒马鲜生系统与淘鲜达系统双线并行，实现阿里生态系统在线下生鲜超市领域的战略布局。两者的不同之处在于，阿里自建线下卖场盒马鲜生并将其上线到网络服务平台，而淘鲜达旨在系统联动现有的大型商超，以快速实现大面积的业务覆盖，比如淘鲜达目前已经开始接入大润发，旨在调整阿里以盒马自营为核心的新零售线下布局，且阿里也在将盒马、三江购物、中百超市等门店陆续接入淘鲜达，以形成生态系统中各方的扶持发展态势。

4）饿了么＋口碑：生活服务领域的探索

2018 年，阿里宣布将饿了么与口碑合并，并成立本地生活服务公司。在此之前饿了么与口碑主要围绕餐饮，分别聚焦在外卖、到店两个主要场景，共同服务用户和商家，获得了非常好的市场成绩。而阿里本地生活服务公司的成立，是口碑和饿了么两大业务的胜利会师，意味着其将共同着力打造领先的本地生活服务平台，并将与阿里生态内原有各个板块产生更大的协同效应和化学反应，旨在通过获取用户数据以促进新零售、会员体系、营销、物流、金融、数据分析等阿里生态中其他领域的协同发展。

5）支付宝：零售生态工具

从支付宝建立初始到现在，阿里已将此零售生态工具实现了从萌芽到融入阿里完整的生态圈重要一环的跨越式发展。通过接入自身的淘宝、天猫、以及第三方的百度糯米、大众点评、滴滴、去哪儿、携程等凡是涉及支付的移动应用,用户基本都可以选择支付宝进行业务的支付。这帮助阿里在巩固金融生态体系的同时,与诸多合作伙伴之间也形成了密切的交往合作。随着支付宝在支付领域行业的迅速发展,支付宝开始逐渐搭建自己的"骨骼结构",目前已经几乎覆盖了线上线下生活消费和金融理财的所有场景。场景的搭建,使得支付宝里面的钱可以流动进入各项领域。钱进入支付宝后,甚至无须再流出这个体系。

6）阿里云：增长强劲,龙头领跑

阿里云计算业务的诞生与淘宝、天猫的特质有关,因为伴随各种"双十一"等促销活动,大量消费者挤入淘宝,开始抢购,而活动一结束,人们的购物欲又降低到日常水准。这对平台的计算能力提出了特殊要求——大促前需快速扩容,大促后再撤掉资源。成本最低的方案就是将计算放在云端,各企业按需使用计算机资源,并共同承担成本。基于这一考虑,阿里在2008年制定了云计算战略,并确定进行技术转型,从传统IT架构转向互联网架构。在阿里云智能+数据技术之上,是生态系统中金融服务以及物流和供应链管理平台,几方的协同发展帮助阿里在数字化营销、品牌管理、销售与分销、智能制造、产品创新、渠道管理和用户运营等领域可以深入了解消费者,并为其生态合作伙伴提供数据与技术的支持。目前阿里云已成为中国最大公共云服务商,用户量和市场份额仍有着较大的发展空间。

除了上述业务以外,阿里也通过收购优酷、建立社区小店等措施使阿里的生态协同又前进了一步。以淘宝生态做延展连接线上"衣食住行娱"的各个场景入口并同时聚合线下场景,阿里在不知不觉中已经开始包办了用户的方方面面。马云曾这样解释过阿里的商业生态系统——"同一个生态,千万家公司",目标是形成良好社会商业生态系统,以阿里为中心带动生态系统成员的发展,打造以围绕电商为主业的生态圈。事实证明,阿里做到了。目前,阿里已经基本度过了商业生态系统的青春阶段,在行业上树立了权威,成为了绝对的领导者,但阿里生态融合的步伐仍未停止。未来的阿里将涉足于哪些领域,又会通过何种方式改变用户生活呢?我们拭目以待。

问题讨论：

1. 阿里商业生态系统的构成是怎样的?
2. 阿里如何治理自身的商业生态系统?
3. 结合阿里的实践分析商业生态系统与商业模式创新的关系是怎样的?

第3篇　专题篇

第10章 新一代信息技术发展与商业模式创新

10.1 科技进步与商业模式创新

10.1.1 科技进步对商业模式创新的影响

科技进步是商业模式创新的直接驱动力之一。它通过改变企业的外部环境和内在要素，使企业价值创造机制的许多环节发生了根本性的变化。企业为了适应这些变化，追求更高效率的价值创造方式，必须对原有价值创造逻辑进行改变，实现从旧商业模式向新商业模式的变革。总体来讲，科技进步对商业模式的影响可以归纳为四个方面。

第一，科技进步对价值主张的影响。科技进步改变了企业原有价值内容的市场地位。顾客价值是伙伴价值和企业价值的基础，对于企业来讲，只有提供的价值内容得到消费者认同，被消费者选择并且使用，才能实现顾客价值。在原有市场上，企业提供满足消费者某种功用的产品/服务，此时由于替代品和他择品均较少，因此该产品/服务被大量消费者所接受，即企业提供的价值内容有着较高的市场地位。但是，随着科技进步，市场上出现包含更高技术含量的替代品和他择品，而这些替代品和他择品无论在价格上，还是在满足消费者效用方面，都远胜于原有产品。因此大量消费者不再选择企业的产品/服务，而是转向这些替代品和他择品。此时，虽然企业提供的价值内容并没有改变，但是企业原有价值内容的市场地位发生了变化。为了应对这种变化，企业就要转变价值主张，实施商业模式创新。

第二，科技进步对价值网络的影响。科技进步改变了企业生产要素的相对价格水平。不同生产要素的相对价格水平是企业选择采用哪种生产组织方式的重要决定因素，当生产要素的相对价格发生变化，企业必定会按照成本最小化的原则，对自身的生产组织方式进行重新设计和根本改变，实施商业模式创新。具体讲，主要体现在两个方面：①科技进步为企业提供了很多新的生产要素，而这些新生产要素的采用能够使企业的生产成本迅速降低例如网络，能够大规模、高速度处理数据的计算机，快捷便利的运输工具等，对这些新生产要素的使用，可能意味着企业对原有商业模式进行根本性的变革。②科技进步使旧的生产要素价格发生了根本性的变化，原来并不可行的生产组织方式在新的技术水平下变得经济合理。例如，维基百科是一种新的知识生产组织方式，但这种知识生产组织方式只有在互联网技术迅速发展的条件下才可能实现。

第三，科技进步对价值维护的影响。科技进步为企业提供了更广阔的合作平台。科技进步对人类社会造成巨大的、全方位的影响，这种影响主要是通过改变了某些人类活动效率实现的。在工业时代，企业与顾客、企业与企业之间的沟通交流，只能通过面对面交流、电话询问、书信往来等原始手段。通过这些原始手段进行交流，耗费的时间多，传递的信息也不充分。此时，企业与伙伴、消费者之间的沟通合作只能在市场、生产等个别领域实现，无法实现全方位的合作。因特网等技术的出现使得信息的大规模处理和同步反应成为现实，这样大大提高了企业与伙伴、企业与顾客之间的关系，通过商业模式创新，形成一种价值创造系统，通过这种价值创造系统，能够使价值得到放大，从而实现企业、伙伴、顾客三者在合作中“共赢”。

第四，科技进步对价值实现的影响。科技进步为企业提供了新的收入实现方式。能否找到合适的收入模式，已经成为许多企业成败的关键，而科技进步为企业提供了更多可供选择的收入实现方式，这就为企业调整自身的收入模式、实施商业模式创新提供了条件。例如，移动通信技术的发展为企业提供了新的收费方式，消费者可以通过手机扣费等方式支付大部分网站的费用，目前许多付费邮箱、在线观看、信息服务网站都采取了这种收入实现方式。另外，各大银行纷纷开展的网上银行和手机银行业务，也使得消费者可以通过上网或者手机等方式为许多交易提供支付，而在此项技术出现以前，消费者与企业之间只能通过面对面等原始手段进行交易。

10.1.2 商业模式创新对科技进步的影响

商业模式创新同样可以对科技进步造成影响，它决定了科技进步的价值产出，同时通过市场绩效作用于科技进步的方向和路径。从企业看，技术水平最高的企业并不一定是竞争力最强的企业，只有那些能够将技术进步成果成功转化为价值产出的企业，才能够在市场上获得竞争优势。从国家看，产业竞争力情况不仅与本国的技术发展水平有关，而且更多与商业模式的变革水平有关，如果只有先进的技术水平，而没有先进的商业模式，那么这个国家的产业竞争力同样无法达到世界一流水平。另外，一个国家如果长期无法成功地通过商业模式创新将科技进步转化为价值产出，那么该国家的科技进步会因此受到阻碍。

1. 商业模式决定了科技进步的价值产出

科技能够对顾客产生价值，主要通过两种途径实现：一是降低解决现有问题的成本；二是提供解决新问题的方法。科技能够对企业产生价值，主要通过提高企业利润实现。由于不同的顾客和企业对于科技的潜在属性有着不同的预期，因此科技没有单一的、固定的内在价值：对于顾客，如果科技被用于不同的方向，那么将会被用于解决不同类型的顾客问题，因此会产生截然不同的价值内容；对于企业，价值需要通过消费者愿意为其支付的金钱来衡量，因此如果科技进步被不同方式地加以发展利用，那么将会产生完全不同的利润水平。商业模式作为科技投入与经济产出的中间环节，不同的商业模式导致了不同的价值产出情况，如图10.1所示。

价值主张规定了科技进步的服务对象，以及如何定义和描述产品。对于顾客，价值主张至关重要，决定了顾客能够以何种方式和内容，享受到科技进步为他们带来的方便与体验。对于企业，提出全新的价值主张是商业模式创新的最高形式，据此可以获得由于实现了产品差异化而带来的张伯伦租金、由于形成良好品牌和客户关系而带来的理查德租金、由于大胆创新而带来的熊彼特租金。提出价值主张是必需的，但并不是充分的，为了将科技进步转化为价值产出，企业还必须通过建立起高效率的价值网络，获取价值创造机制。这对于顾客，实际上也就是价值主张规定的顾客价值得以实现的过

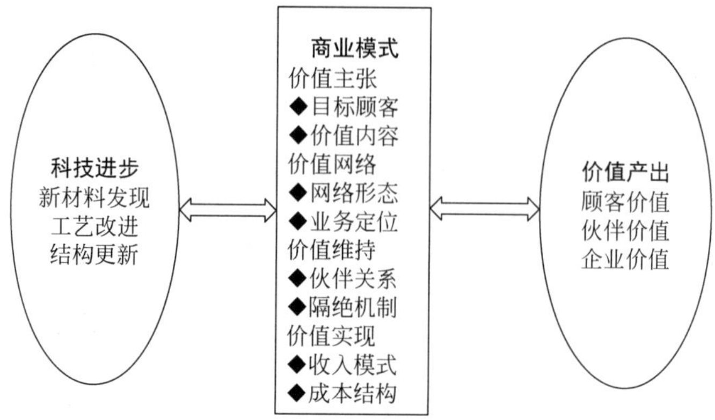

图 10.1　商业模式的作用

程；而对于企业，实际上也就是获得并使用补足性的资产的过程。据此，企业可以通过自身的异质性资源实现市场溢价，获得李嘉图租金，还可以通过自身对资源配置的知识能力而获得彭罗斯租金。企业在构建起了高效率的价值网络后，必须确定如何对科技进步转化的价值进行维护，而这实际上是对价值进行分配和防止价值流失的过程。在此过程中，企业可以通过构建新型的伙伴关系，获得张伯仑租金。为了保证企业将科技进步转化为价值产出中能够获利，还必须要确定企业的成本结构和收入模式。其中，成本结构说明了要想将科技进步转变为价值产出，需要付出的费用和时间；收入模式包括如何定价、顾客如何付款等问题，说明了企业的最终利润实现情况。利润和成本放到一起就成为衡量技术投资可行性的重要财务指标。为了使商业能够吸引用以发展所需要的足够资本，企业必须提供给投资者一个未来能够获得可观收入的可信预期，以使他们愿意创造和扩大商业模式投资所需要的资产。

2. 商业模式创新影响科技进步的方向和路径

科技进步具有不确定性，而这种不确定性既是由科技本身属性（技术的成熟度、对技术特征和内部关系的理解程度等）决定的，也是由外部市场机制（成本与绩效的关系等）决定的。商业模式创新通过对科技本身进行选择和参与市场机制的优胜劣汰选择，影响了科技进步的方向和路径。

采用一个清晰的价值主张，也就意味着企业必须要做出选择：在技术领域中，发展哪些技术、去除哪些技术，而这给了科学家和工程师一种信号，他们应当在哪些领域付出更多的行动，哪些领域付出较少的行动。在此过程中，企业家能够起到至关重要的作用。熊彼特认为：创新并不等于发明，一种发明只有应用于经济活动并成功时才算是创新，而企业家是那些在市场上愿意冒风险的行为个体，他们通过创造新企业、新技术、新供应源和新的组织模式来获得企业经济租金。因此，企业家是促进市场经济增长的中坚力量，当市场上存在许多这样的企业家时市场经济就会兴旺发达。企业家活动的本质是商业模式创新，企业家通过对科技发明进行选择，并创新性地应用于经济活动，从而获得市场回报。

商业模式的变革还必须参与市场机制的优胜劣汰，而此过程是对科技进步方向和路径的又一次选择。企业家活动的本质是商业模式创新，将科技进步转化为价值产出。但是，价值是一个经济学概念，不能由科技本身包含的物理因素衡量，而是通过消费者的效用衡量。也就是说，企业的商业模式创新是企业的一种个体行为，但这种个体行为只有得到了市场的认可，才能获得经济租金。追求经济租金是企业家行为的根本目的，而经济租金是市场对那些能够抓住正确方向并采用高效率的方式、将科技进步转为价值产出的企业家行为的一种奖励方式。通过市场机制的作用，那些不符合大多数有支付能力消费者的需求方向，或者价值创造活动缺乏效率性的商业模式创新将被淘汰；相反，生存下来的企业塑造或者强化了行业的技术标准，影响了整个社会科技进步的方向和路径。

10.2　大数据与商业模式创新

10.2.1　大数据的定义

工业经济时代的资源概念更多是指以石油和煤等自然物质资源为代表的资源，而这里提到的新资源则是指人类自己创造的资源——数据。数据是物理世界在虚拟空间的客观反映，伴随着互联网和物联网的发展，人、事、物都在实时被数据化，人与人、物与物、人与物之间瞬间就会产生大量数据。伴随着云网端(云计算＋移动互联网＋智能终端)等新技术的发展尤其是物联网设备的无处不在，数据量、数据种类更是呈现出快速增长的态势，新资源与新技术相辅相成，共同发展，也支撑着新零售、新制造和新金融等多个产业的发展。

表10.1总结了“大数据”定义。综合各机构对“大数据”的界定，可以将“大数据”通俗地理解为“巨量数据”，指所涉及的资料量规模巨大到无法通过

目前主流的软件工具，在合理的时间内抓取、管理和处理的数据集合。

表 10.1　各个机构关于大数据的定义

机　　构	定　　义
麦肯锡	大数据指的是大小超出常规的数据库工具获取、存储、管理和分析能力的数据集，并不是说一定要超过特定值的数据集才能算是大数据
国际数据公司（IDC）	大数据即海量的数据规模（volume）、快速的数据流转和动态的数据体系（velocity）、多样的数据类型（variety）、巨大的数据价值（value）
亚马逊公司	大数据是任何超过了一台计算机处理能力的数据量
Gartner 公司	在一个或多个维度上超出传统信息技术的处理能力的极端信息管理和处理问题
IBM 公司	大数据应当具备三个特质，可以概括为三个"V"，即海量化（volume）、多样化（variety）和快速化（velocity）
Informatica 公司	大数据由三项主要技术趋势汇集组成：海量数据交易、海量数据交互和海量数据处理
NetApp 公司	大数据包括 A、B、C 三个要素：分析（analytic）、带宽（bandwidth）和内容（content）
维基百科	无法在一定时间内用常规软件工具对其内容进行抓取、管理和处理的数据集合
同方公司	大指的是数据量级大，结构多元化复杂。数是无规则、无认知、历史的、实时的。据是对数字的采集加工分析，形成依据，找出论据体现它的价值
赛迪顾问	大数据是指需要通过快速获取、处理、分析以从中提取价值的海量、多样化的交易数据、交互数据与传感数据

大数据技术是指从各种类型的数据中，快速获得的有价值信息的能力。适用于大数据的技术，包括大规模并行处理数据库、分布式文件系统、分布式数据库、云计算平台、互联网和可扩展的存储系统等。

10.2.2　大数据的特征

大数据作为数字经济时代的基础设施和新资源，具有以下特点。

1）共享性和可复制性

真正的大数据由于产生于互联网之上，因此数据与其他资源的差异在于，数据具有天然的共享性，可以比较容易低成本地被复制，而数据资源的出让者并未在出让的同时丧失出让数据的使用价值。

2）外部性与递增性

数据的外部性体现在不只在某个机构或组织内部发挥作用，而通过数据流动和融合往往能够激发新的生产力，带来新的商业价值，而且数据在使用的过程中非但没有被消耗，还因使用而产生新的数据，呈现出边际生产力递增的趋势。

3）混杂性和实时性

互联网数据随时随地都在产生，数据体量浩大、形态多样，与以往的数据相比，呈现出结构化、半结构化、非结构化多种形态混杂的特点。

4）要素性

数据成为一种新的生产要素，通过数据要素可以激活和提高其他要素的生产率；加速劳动力、资金、机器等原有要素的流动、共享；利用数据可以提高全要素生产率。

10.2.3　大数据产业链

大数据时代，围绕数据生产与消费的产业链，可以归纳成六大平台（如图10.2所示）：数据基础设施、数据资源服务、数据分析服务、决策外包服务、数据分析平台、数据开放平台。

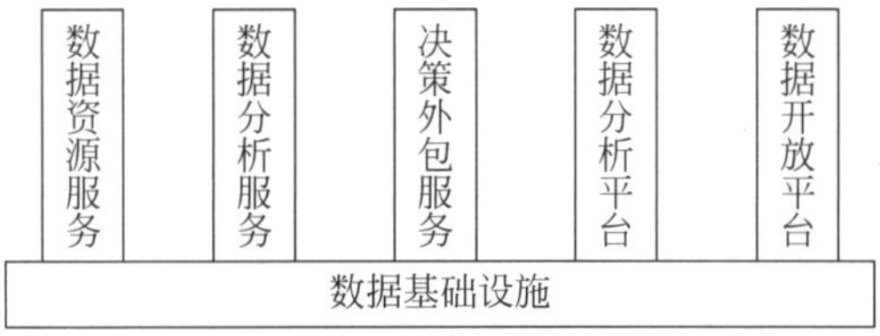

图10.2　大数据产业链

1）数据基础设施

数据基础设施包括用于支撑大数据存储、管理与分析的各种软硬件产品。在硬件领域，除了业界所熟知的计算设备和存储设备以外，在大数据时代更受关注的是集存储、计算、数据管理与分析为一体的大数据集成设备。比如IBM的Pure Data专家系统、我国厂商浪潮的云海大数据一体机、华为与拓尔思联合推出的信息采集一体机，都是传统IT软硬件厂商在大数据时代的重要业务创新。在软件领域，分为两大类型，一类是用于大数据组织与管理的基础软件，另一类是用于大数据分析与发现的应用软件。大数据组织与管理的基础软件中，除了既有的关系型数据库、数据仓库等产品以外，更为重要的是以 Hadoop 和 MapReduce 为代表的分布式数据存储和分布式数据运算系统，NoSQL 和 NewSQL 数据库用于处理海量非结构化数据。大数据分析与发现的应用软件分为数据统计、数据挖掘、商务智能、人工智能、知识管理、数据可视化等多个细分方向。

2）数据资源服务

数据资源服务是指服务提供商聚焦某个行业或者领域，将广泛收集、精心整理的数据集合，通过终端、刊物、APP 等多种方式发送给客户，以销售或者租赁来获取报酬的方式。在此商业模式下，数据成为具备价值、可供交易的商品，是“数据资产化”理念的直接体现。例如，百度通过收集整理网络玩家搜索热点，建立网游用户行为数据库，销售给网络游戏运营商，创造了以数据销售为主、广告服务为辅的双轨盈利模式。提供数据资源服务的企业以互联网厂商居多，比如搜索引擎、电子商务、网上社区，它们具有天然的采集整合海量数据的能力。也有非互联网企业成为数据资源提供商的例子，比如一家美国的物流公司，掌握了几乎全球的商品发货信息，过去这些信息的收集和储存只是为物流服务，是一项巨大的成本支出，现在向制造业企业出售相关数据报表已经成为该公司的重要利润增长点，这也是企业信息部门从“成本中心”转变为“利润中心”的一个成功案例。

3）数据分析服务

数据分析服务是指服务提供商对通过多种渠道获取的大数据集，借助数理统计、数据挖掘等科学方法，对数据的特点、规律、未来变动趋势进行分析与判断，把分析判断结果提供给客户的服务。专业的第三方数据分析服务，能够有效提升企业利用数据的能力，帮助企业快速掌握市场变化、深入洞察客户需求，从而迅速做出决策。比如一些公司旗下的网络舆情分析业务就是专门为客户提供数据分析服务的，根据客户要求，从互联网、论坛、社交工具、新闻等媒介中获取大量信息，并根据这些信息为客户提供分析服务。

4）决策外包服务

决策外包服务，是指服务提供商对通过多种渠道获取的大数据集进行分析预测，并基于分析预测结论，为客户提供某些业务流程的决策外包服务，也可以称为数据应用服务。对于企业而言，有一些能够根据定性指标进行决策的业务流程可以通过专业机构外包完成，从而缩减业务流程、缩短决策周期、提高决策精准度和企业敏捷性。例如，Facebook 通过分析海量用户在线社交行为和网络群组关系数据，对用户进行分类，为企业提供精准广告投放服务。

5）数据分析平台

数据分析平台是指通过弹性租赁的方式为用户提供集数据存储能力、运算能力和分析能力为一体的平台服务。用户不需要为数据的处理分析配置软硬件IT基础设施，只需要通过浏览器上传数据到分析平台，调用平台提供的分析工具，就能对数据进行各种统计和分析。云计算技术的诞生为这种模式提供了最大的可能性，这也是云计算和大数据之间最完美的联姻。例如，谷歌提供的Big Query和Dremel在线数据分析平台，只要用户上传数据就可以利用谷歌强大的运算能力和数据分析工具执行数据处理和分析。

6）数据开放平台

数据开放平台是指平台服务商（或数据运营商）基于其拥有的数据资产，为用户提供云数据库、数据推送、数据集成等服务，同时开放数据接口、提供开发环境，供开发者进行基于数据的应用开发从而获取利润分成。例如，百度数据开放平台，它是第三方站长提交结构化信息数据的端口与平台。像天气预报、北京时间、列车航班、彩票开奖等公共生活信息，电视、电影、漫画、综艺、星座等娱乐休闲信息，奥运会、世界杯、全球五大足球赛事、亚运会等体育赛事信息，重大时事热点焦点信息，常用软件下载，以及教育、医疗、饮食等信息查询，都已通过百度数据开放平台成功上线，并深受广大用户和合作者好评。除互联网巨头提供数据开放平台以外，政府机构也提供了数据开放平台，向公众和开发者开放政府拥有的数据，如人口信息、社保信息、空间地理信息等不涉及隐私和国家安全的数据等，其所产生的价值将十分可观。

10.2.4 大数据助力商业模式创新

根据IDC和麦肯锡大数据研究结果，大数据主要在以下四个方面挖掘出巨大的商业价值：对顾客进行群体细分，然后对每个群体量体裁衣般的采取独特的行动；运用大数据模拟实境，发掘新的需求和提高投入的回报率；提高大数据成果在各相关部门的分享程度，提高整条管理链条和产业链条的投入回报率；进行商业模式、产品和服务的创新。

大数据正影响并挑战着所有行业的商业模式，能够落地于企业商业模式创新实践中的大数据应用主要包括以下几种。

1）数据存储空间出租

利用存储能力进行运营，满足企业和个人将面临海量信息存储的需求。数据存储空间出租往往离不开云计算技术，而数据存储能够方便地出租，是得益于云计算的发展。具体而言，数据存储空间可以分为个人文件存储、企业用户储存两大类。主要是通过易于使用的API接口，用户方便地将各种数据对象放到云端，然后再像使用水电一般按需使用。如今，大型互联网企业或者计算机软硬件生产商都涉及大数据云计算，比如亚马逊、网易、阿里、盛大、百度、华为。现在我们使用的腾讯微云、百度网盘、阿里云服务器租用等，都属于云计算。

2）客户关系管理

面对客户的多样化、层次化、个性化需求，大众化营销已经失去优势。企业家都有一个困惑，那就是不知道有多少促销费用是用在刀刃上，而实际上，促销费用的大部分都打了水漂，仅有1/10的促销活动能得到高于5%的响应率，这个可怜的数字还在逐年递减。在数据繁多混乱，市场营销执行力下降的同时，不可否认的是，大数据中来自不同终端、不同媒介上的海量数据中埋藏着用户习惯、市场变化、技术走势等有价值的信息，这些信息将成为新时代营销的“金矿”。

客户关系管理可以帮助企业很好地处理与客户之间的关系，使企业与客户之间的互动更加顺畅，真正做到了以客户为中心。企业与客户之间的关系影响着几乎所有商业运作，而且企业在经营的过程中，会生成大量的数据，如海量客户资料、商机信息、订单信息等。在这信息的洪流中，该如何更快速便捷地获取隐藏在数据背后的价值，从而更好地辅助企业决策者制定战略决策，是现在企业经营者所关注的焦点。

大数据与客户关系管理的融合可以很好地帮助企业解决这一问题。通过客户留下的大量数据，按某种特征细分为一个个更小市场，并对这些细分市场实行差异化策略。而基础数据不仅可以来自企业积累的数据，也可以来自任何拥有数据资源的第三方。

同时，对中小客户而言，专门客户关系管理系统显然大而贵。在此基础上，推出基于数据分析后的客户关系管理平台，按行业分类，针对不同的客户采取不同的促销活动和服务方式，提供更好和更有针对性的服务，再提供线上支付通道，形成实用和便捷的客户关系管理系统。

3）企业经营决策指导

将用户数据加以运用成熟的运营分析技术，可有效改善企业的数据资源利用能力，让企业的决策更加准确，从而提高整体运营效率。

大数据时代的来临使得企业决策方式从“业务驱动”向“数据驱动”转型。在大数据时代，数据渗透到各个行业，渐渐成为企业战略资产，以及企业创新的核心驱动力。拥有数据的规模、活性，以及收集、分析、利用数据的能力，将决定企业的核心竞争力。过去很多企业对自身经营发展的分析只停留在简单业务信息层面，缺乏对客户需求、业务流程、品牌营销、市场竞争等方面的深入分析。如果管理者只依靠业务现状与主观经验对市场的估测进行判断，将导致战略和决策定位不准，存在很大风险。在大数据驱动下，企业通过收集和分析大量内部和外部的数据，获取有价值的信息。通过挖掘这些信息，企业可以预测市场需求，进行智能化决策分析。同时，在大数据时代，企业的决策更是决策过程从“被动式”向“预判式”演变。在互联经济时代，原材料、生产设备、顾客和市场等因素越来越变得没有固定的定义，传统决策过程的“被动式反馈”难以适应这一变化，如何充分利用大数据技术构建业务发展需要的内外部数据采集、筛选、存储、分析和决策的系统，支撑预判，服务决策，成为移动互联时代企业塑造核心竞争力的关键。与此同时，现代化企业管理越来越流程化和规范化，而严格执行各种规章流程成为竞争乏力的直接原因，也造成决策层的经验判断和预测越发无从奏效。在社会化媒体中挖掘消费者的真正需求，在大数据中挖掘员工和社会公众的创造性，日益成为企业决策的基本前提，推动企业决策过程从“被动式”向“预判式”演变。

4）个性化精准营销

在精准营销理论中，客户洞察是精准营销的第一步。企业从大规模制造过渡到大规模定制，必须掌握用户的需求特点。基于各种行为数据，可以对客户行为特征进行洞察。这些特征往往是在用户不经意的行为中透露出来的，通过对信息进行关联、参照、聚类、分类等分析，得到有价值的用户行为洞察。比如，互联网企业要获取用户的行为数据是一件非常简单的事情，只要保证能够正确理解用户的上网行为，并恰当地描述用户上网行为。基于用户上网次数、流量、时间段等属性，可以给用户打上合理的兴趣点标签。无论是百度、腾讯、淘宝、新浪，每个平台上都有海量的数据，即便是一个单一的媒体，其数据也反映着网民的各种行为，如百度的平台上呈现的是网民的各种与搜索有关的行为，而淘宝则显示着网民的购买行为，新浪的平台上则可以看到网民的阅读行为。对这些行为进行分析，很容易就知道用户下一步需要什么，进而做出精准的推荐营销。

5）本地化数据集市

数据是非常有价值的东西，因此，能够下载或者访问数据平台，自然而然成为一种商业需求。运营商可以通过建设数据集市，数据提供者可以将数据上传至平台供人免费下载，或者以一定的价格销售，让每个人都能找到自己需要的数据集。

运营商所具有的全程全网、本地化优势，使运营商所提供的平台可以最大限度地覆盖本地服务、娱乐、教育和医疗等数据。典型的应用是中国移动"无线城市"，以"二维码＋账号体系＋LBS＋支付＋关系链"的闭环体系推动，带给本地化数据集市平台多元化的盈利模式。

6）数据搜索

除了能够搜索各种社交网络、用户行为等数据外，人们还希望能够搜索一些专业板块的数据，就像美国政府的 Data.gov 网一样，只是没有专业的数据共享平台，搜索引擎和数据资源并不在同一个地方。

早在 2013 年 2 月，百度和药监局达成战略合作，百度将使用药监局的药品数据为人们提供用药相关的查询。搜索引擎和数据拥有者的战略合作并不只是百度。奇虎 360 此前已和药监局达成战略合作，除共同运营食品安全和曝光栏栏目外，奇虎 360 也共享药监局的数据。再前，奇虎 360 搜索引擎通过云云搜索接入了微博搜索结果。再之前，谷歌购买了推特数据以提供推特搜索结果。

10.3 云计算驱动商业模式创新

10.3.1 云计算的界定

早在 1969 年，云计算概念就被提出。随着计算机网络的发展壮大，效用计算的扩展，云计算就像电话一样，服务于每个单独的家庭和办公室。从现有的云计算定义来看，虽然它并没有形成普遍一致的定义，但也有相通之处。国内外学者有关云计算的主要界定，可以归纳如表 10.2 所示。

表 10.2 云计算定义汇总

角度	来源	定义
资源池、数据或计算中心	胡惠和王辉(2009)	云计算能够提供搜索、开放协作、社会网络和移动商务等这样的 Web 2.0 应用
	谷歌	云计算就是以公开的标准和服务为基础,以互联网为中心,提供安全、快速、便捷的存储和网络计算服务
	IBM	云计算是一个虚拟化的计算机资源池,一种新的 IT 资源提供模式
	沈昌祥(2011)	云计算是一种运营模式,是把 IT 资源、数据和应用作为服务通过网络提供给用户,是服务方式的改变——共享数据中心
	加州大学伯克利分校(2009)	云计算包含互联网上的应用服务及在数据中心提供这些服务的软硬件设施
	美国国家标准与技术研究院(2010)	云计算是一种模型,该模型支持用户随时随地便捷地按需访问一个共享的、可配置的资源池(如网络、服务器、存储、应用和服务)
	中国云计算专委会	通过整合、管理、调配分布在网络各处的计算资源,并以统一的界面同时向大量用户提供服务;借助云计算,网络服务者可以瞬息之间处理数以千万计甚至亿计的信息,实现和超级计算机同样强大的效能
计算模式	王维栋、孙伟和季统凯(2011)	一种计算模式,它实现了对共享可配置计算资源方便、按需的访问;这些资源可以通过较小的管理代价或服务提供者的交互被快速地准备和释放
	张建勋、古志民和郑超(2010)	以付费使用的形式向用户提供各种服务的分布式计算系统;对用户来讲是透明的,其本质是对虚拟化的计算和存储资源池进行动态部署、动态分配/重分配、实时监控的系统
服务	李兰(2010)	云计算是将 IT 相关的能力以服务的方式提供给用户
	贾海燕(2011)	一种基于 Web 的服务,目的是让用户只需要为自己需求的功能付费,同时节约硬件、软件、专业技能方面的花费
	龚强(2011)	由许多台计算机和服务器组成的通过互联网实现的网络服务
	Irving Wladawsky-Bevger	云计算就是将以前那些需要大量软硬件投资以及专业技术能力的应用,以基于 Web 服务的方式提供给用户

续表

角度	来　源	定　义
商业计算模式	李桂银、刘鹏(2009)	将计算任务分布在大量计算结构构成的资源池上，使用户能够按需获取计算力，存储空间和信息服务

10.3.2　云计算的特点

云计算是一种基于互联网的、通过虚拟化方式共享资源的计算模式，资源的部署和提供可以按需动态实现。云计算具有规模超级大、虚拟化资源、可靠性高、通用性强、扩展性强、按需供给、物美价廉等特点。

第一，超大规模。“云”具有相当的规模，谷歌云计算已经拥有100多万台服务器，亚马逊、IBM、微软、雅虎等的“云”均拥有几十万台服务器。企业私有云一般拥有数百至上千台服务器。“云”能赋予用户前所未有的计算能力。

第二，虚拟化。云计算支持用户在任意位置、使用各种终端获取应用服务。所请求的资源来自“云”，而不是固定的有形的实体。应用在“云”中某处运行，但实际上用户无须了解、也不用担心应用运行的具体位置。只需要一台笔记本或一部手机，就可以通过网络服务来实现需要的一切，甚至包括超级计算这样的任务。

第三，可靠性。“云”使用了数据多副本容错、计算节点同构可互换等措施来保障服务的高可靠性，使用云计算比使用本地计算机更可靠。

第四，通用性。云计算不针对特定的应用，在“云”的支撑下可以构造出千变万化的应用，同一个“云”可以同时支撑不同的应用运行。

第五，可扩展性。“云”的规模可以动态伸缩，满足应用和用户规模增长的需要。

第六，按需服务和计费。“云”是一个庞大的资源池，用户对于计算资源的使用，今后可以像水、电、煤气一样做到按需使用和计费。

第七，极其廉价。由于“云”的特殊容错措施，可以采用极其廉价的节点来构成云，“云”的自动化集中式管理使大量企业无须负担日益昂贵的数据中心管理成本，“云”的通用性使资源的利用率较之传统系统大幅提升，因此用户可以充分享受“云”的低成本优势，经常只要花费几百美元、几天时间就能完成以前需要数万美元、数月时间才能完成的任务。

10.3.3 云计算产业链

云计算产业链可以简单划分为三部分，即云计算平台供应商，如亚马逊、谷歌；云平台使用者/云计算服务商，如微软、IBM；云计算用户。这三者还支撑着平台、云计算服务的应用开发者们。云计算产业链的具体情况如图 10.3 所示。

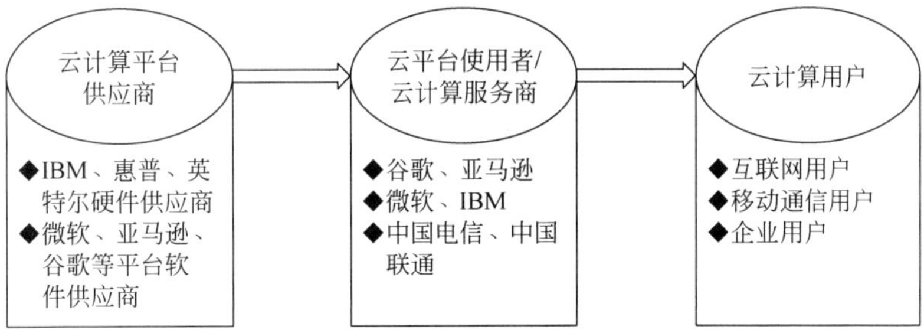

图 10.3 云计算产业链

目前，我国云计算产业链主要由云计算硬件提供商、应用平台提供商、应用软件服务提供商以及安全产品提供商四类云计算企业构成。目前，沪深两市共有二十多家上市公司涉及云计算概念。其中有像浪潮信息、方正科技、中兴通讯、鹏博士等云计算硬件提供商；还有用友软件、生意宝、焦点科技等云计算应用软件开发商以及启明星辰和卫士通等云安全提供商。

第一，云计算硬件提供商。浪潮信息是中国领先的计算平台和 IT 应用解决方案提供商，同时，也是中国最大的服务器制造商和服务器解决方案提供商。公司提出行业云的概念，提供基础架构即服务(infrastructure as a service，IaaS)解决方案。

第二，应用平台提供商。例如，网宿科技是一家互联网业务平台提供商，是知识与技术密集型的高新技术企业，自主研发了速通 VPN 企业互联平台系统、网宿 CDN 平台软件 V2.0 和 V3.0、网宿快速海量传输软件 V1.0、网宿服务质量检测软件 V1.0 等专有技术。

第三，应用软件和服务提供商。例如，用友软件是亚太地区最大的管理软件供应商之一，国内重点软件企业。公司的管理软件、ERP 软件、财务软件等产品在国内处于领先地位，用友软件是中国软件行业最知名品牌。焦点科技是一家本土领先的综合型第三方 B2B 电子商务平台运营商，国内最早专业从事电子商务开发及应用高科技的企业之一，致力于为客户提供全面的电子商务解决方案。公司的业务特点非常适合应用云计算以提高效率，降低成本。

第四，云安全提供商。例如，卫士通提供全系列密码产品、安全产品和安全系统，包括核心加密模块和安全平台，密码产品和安全设备整机及具备多种安全防护功能的安全系统，是目前国内以密码为核心的信息安全产品和系统的最大供应商。它建立了国内首家"安全云实验中心"，已推出基于云技术的全系列安全存储产品。

10.3.4 云计算助力商业模式创新

云计算不仅仅是一种技术革新，更是一种商业模式革命。云计算实质上是一种新的 IT 运营业务模式，即以服务的方式提供或消费 IT。作为变革 IT 的力量，云计算已经在改变着我们。首先，购买模式将发生变化：传统的一次性、预置性购买模式，将逐渐被按需供应模式、服务模式所取代；其次，云计算、虚拟化的兴起，触发了许多新的商业应用和商业空间，带来新的虚拟产业、新的服务集群、新的服务模式；再者，云计算必将导致商业市场的重新洗牌，使行业竞争门槛降低，市场竞争将跨行业、跨领域、跨地域等很多不可能都将成为可能，触发"跳蛙式"的商业变革；最后，政府云、社会云的出现将彻底重塑每一个人的选择。可以说，云计算技术带给企业商业模式根本性的改变，具体表现如下。

第一，云计算将会节约巨大的企业 IT 成本。通过云计算，在远程的数据中心几万甚至几千万台计算机和服务器连接成一片，如此强大的运算能力几乎无所不能，甚至可以让你体验每秒超过 10 万亿次的运算能力。对不少小公司而言，它们不需要购买服务器，只要租用服务器或租用服务就可以了。大型数据中心的规模效应导致信息处理和存储成本大幅降低，更主要的是将提供更强大、更符合个性化需求的应用软件，以互联网方式提供服务，按需分配，减少资源浪费，大大提升工作效率并降低业务创新的门槛。可见，云计算带来的商业模式的变化是节约 IT 成本，使得 IT 技术更低成本地、更快捷地向社会各个领域渗透，将信息技术与各产业融合发展。

第二，云计算商业模式本身体现了一种分享经济的特征。按照美国国家标准与技术研究院对云计算所给出的描述：云计算是一种对 IT 资源的使用模式，是对共享的可配置的计算资源（如网络、服务器、存储、应用和服务）提供无所不在的、标准的、按需的网络访问；资源的使用和释放可以快速进行，不需要多少管理代价。换句话说，云计算将 IT 基础架构的所有权和使用权分离，将服务以一种“消费品”的方式来进行交付，用户通过互联网可以满足生产生活的需要，这就是云计算所带来的更大价值——一种新型的分享经济。云计算出现之前，软件厂商主要先一次性收取相关的软件费用，然后再通过每年的维护费用来赚取客户的钱。云计算出现之后，软件厂商则改变为每月收取会员费用，而用户不再购买软件的整个授权，只需支付自己所使用的软件和服务即可。这样一来，软件厂商必须改变其产品和服务的商业模式。硬件厂商也是如此。可以说，云计算由于分享模式提升了产品和服务的使用效率，从而带来企业商业模式的巨大变化。

10.4 物联网驱动商业模式创新

10.4.1 物联网的界定

随着全球信息技术革命的深入和5G的推进，物联网概念越来越受到业界的广泛关注。对于“物联网”(Internet of Things，IoT)这个词，国内外普遍认为是麻省理工学院自动标识中心Kevin Ashton教授1999年在研究RFID时最早提出来的，即把所有物品通过RFID、传感器等信息传感设备与互联网连接起来，实现智能化识别和管理。后来在2005年国际电信联盟以及欧洲智能系统集成技术平台发布的报告中，物联网的定义和范围已经发生了变化，不再只是指基于RFID技术的物联网。具体来说，2005年，在突尼斯举行的信息社会世界峰会上，国际电信联盟发布了《ITU互联网报告2005：物联网》，提出了“物联网”的概念。报告指出，无所不在的“物联网”通信时代即将来临，信息与通信技术的目标已经从任何时间、任何地点连接任何人，发展到连接任何物品的阶段，而万物的连接就形成了物联网。2008年5月，欧洲智能系统集成技术平台发布的报告将物联网定义为：物联网是由具有标识、虚拟个性的物体或对象所组成的网络，这些标识和个性等信息在智能空间使用智慧的接口与用户、社会和环境进行通信。2009年9月，欧盟物联网研究项目组发布了《物联网战略研究路线图》，认为物联网是基于标准的和可互操作的通信协议且具有自配置能力的动态的全球网络基础架构。物联网中的“物”都具有标识、物理属性和实质上的个性，使用智能接口，实现与信息网络的无缝整合。为了便于更好地对物联网进行理解，这里对不同机构、不同学者、不同企业有关物联网的概念界定进行了整理，如表10.3所示。

表 10.3　物联网概念一览

年份	来　源	定　义
1999	麻省理工学院自动标识中心	物联网就是物物相连的互联网，即把所有物品通过RFID、传感器等信息传感设备与互联网连接起来，实现智能化标识和管理
2005	国际电信联盟	无所不在的"物联网"通信时代即将来临，信息与通信技术的目标已经从任何时间、任何地点连接任何人，发展到连接任何物品的阶段，而万物的连接就形成了物联网
2008	欧洲智能系统集成技术平台	物联网是由具有标识、虚拟个性的物体或对象所组成的网络，这些标识和个性等信息在智能空间使用智慧的接口与用户、社会和环境进行通信
2009	欧盟物联网研究项目组	基于标准的和可互操作的通信协议且具有自配置能力的动态的全球网络基础架构
2008	IBM	把感应器嵌入和装备到电网、铁路、桥梁、隧道、公路、建筑、供水、大坝、油气管道等各种系统并普遍连接而成
2007	百度	通过射频识别、红外感应器、全球定位系统、激光扫描器等信息传感设备，按约定的协议，把任何物品与互联网连接起来，进行信息交换与通信，以实现智能化识别、定位、跟踪、监控和管理的一种网络
2010	国务院发展研究中心	物联网就是能够将物体的身份识别、自身特征、存在状态等全生命信息进行智能管理和反馈控制的网络
2010	国务院政府工作报告	物联网是指通过信息传感设备，按照约定的协议，把任何物品与互联网连接起来，进行信息交换和通信，以实现智能化识别、定位、跟踪、监控和管理的一种网络

10.4.2　物联网的主要特征

作为一种系统，物联网需要具备或支持以下几种关键性的特征。

首先，装置异质性。物联网的一大特点就是在系统中存在大量异质性的装置。这些异质性装置呈现出不同的计算和通信的能力。管理这些异质性装置需要得到架构和协议层面的支持。

其次，可扩展性。当众多对象连接到全球性的信息基础设施时，可扩展性问题就在不同层面上出现了，包括：命名和寻址、数据通信和网络化、信息和知识管理以及服务供应和管理。

第三，通过近距离无线技术进行无处不在的数据交换。在物联网中，无线通信技术扮演着突出的角色,它使智能对象彼此连接成为网络。为交换数据而广泛采纳无线媒体可能会导致频谱可得性问题,这将促使采纳认知/动态无线电系统。

第四,能量优化的解决方案。对于物联网中的大多数实体而言,如何减少用于通信/计算所花费的能耗是一大问题。虽然相关的能量收集技术(例如微型太阳能电池板)会减小装置能耗的局限性,但能源永远是一种稀缺资源。因而,制定优化能源使用的解决方案(即使以牺牲性能为代价)变得越来越有吸引力。

第五,定位和跟踪能力。由于物联网实体可被识别,并提供短距离无线通信功能,因此它们成为物理领域中可被跟踪定位(和移动)的智能对象。这在物流和产品生命周期管理中特别重要,目前这些领域已广泛采用 RFID 技术。

第六,自组织能力。物联网许多情境中出现的复杂性和动态性特征都要求系统中存在分布式智能,从而使智能对象(或其一个子集)能够自主地应对各种不同的情况,并最大限度地减少人为干预。这样的话,跟随用户的请求,物联网中的节点将自发地组织成临时网络,用于共享数据和执行协调任务。

第七,语义互操作和数据管理。物联网将交换和分析大量的数据。为了将这些数据转化成有用的信息,并保证其在不同应用之间的互操作性,非常有必要用明确的语言和格式提供足够的和标准化的数据格式、模式和其自身内容的语义描述(元数据)。这将使物联网应用程序自主思考、自动推理。这是一个关键功能,能使物联网技术在更广泛范围内得到采用。

最后,嵌入式安全和隐私保护机制。由于与物理领域的紧密相关性,物联网技术应该设计的具有安全性和隐私保护性。安全性应被视为关键的"系统级"属性,并将其融入物联网解决方案的体系结构和方法的设计中去。这是一个关键的要求,目的是提高用户接受度和技术广泛采用度。

10.4.3 物联网产业链

物联网产业已成为国家战略性新兴产业,但物联网产业本身还是比较宽泛。一般而言,物联网产业可细分为标识、感知、处理和信息传送四个环节,每个环节的核心技术分别是 RFID(二维码)、传感器、智能芯片和电信运营商的无线传输网络。因此,物联网产业链就是围绕着物联网技术应用由多家企业以某种关联关系而形成的动态链网络组织。物联网产业链涉足的环节比较多，而且关系比较紧密，为了更好地理解物联网产业链，可以将物联网产业链划分为芯片和传感器等终端设备制造商、网络设备提供商、网络运营商、系统集成商、软件及应用开发商、服务提供商、目标用户七个环节，如图10.4所示。

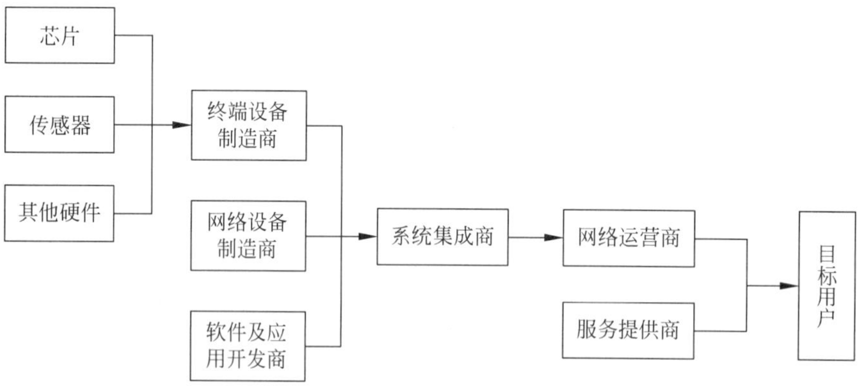

图10.4　物联网产业链

1）终端设备制造商

终端设备制造商位于物联网产业链的上游环节，主要负责提供必要的软硬件设备，通过将物体智能化后接入物联网，实现物与物的联结。这些终端设备主要有各种RFID卡、传感器、通信模块等。

2）网络设备提供商

网络设备提供商主要向网络运营商提供建设和运营网络的软硬件设备以及网络产品、服务和解决方案，是网络运营商向目标客户提供网络技术服务的基础。例如，思科、华为、汉柏科技、锐捷网络等知名企业都是大型的网络设备提供商。

3）网络运营商

网络运营商是真正的网络拥有者，负责向目标客户提供基础的网络连接服务，包括有线和无线两种通信网络。越来越多的知名运营商（如移动、电信、联通）已开始与物联网应用行业合作，转变成物联网运营商的角色，而且随着“两化融合”和“三网”融合进程的加快，甚至可能会出现独立的物联网运营商。

4）系统集成商

系统集成商是指具备系统资质，能对行业用户实施系统集成的企业，包括设备系统集成商和应用系统集成商。系统集成商通过选择合适的硬件设备及配套的软件系统，为目标客户提供物联网服务的全面解决方案。随着物联网的发展，系统集成商在物联网产业链中的地位越来越重要，它不仅要熟悉硬件设备系统的集成，还要深入用户的具体业务和应用层面，具有很好的跨行业应用整合能力。

5）软件及应用开发商

软件及应用开发商是物联网产业链中的关键环节，负责不断开发能够吸引目标客户的内容和应用。物联网产业发展的重点是能够带来实际效果的应用，软件是做好应用的关键，而中间件可以说是物联网软件的核心。所谓中间件是指一种独立的系统软件或服务程序，位于操作系统之上，负责管理网络资源，分布式应用软件就是借助中间件实现资源共享。

6）服务提供商

服务提供商是物联网面向用户的服务内容的直接提供者，其基于网络通过各类终端和平台提供服务。具体的服务方式是，通过网络运营商提供的增值接口，向客户提供统一的终端设备鉴权、终端接入控制、行业应用管理、业务运用管理和统一的平台管理等信息服务，最后和运营商按比例分成。

7）目标用户

目标用户是指物联网产品或服务的主要接受对象，也是物联网产业链的利润来源，主要包括个人、家庭、企业和行业。

10.4.4　物联网助力商业模式创新

1. 物联网商业模式维度

商业模式的核心是价值创造与价值获取，相应地，企业用户物联网商业模式的核心亦是价值创造与价值获取。感知与智能作为物联网的技术能力，是价值创造的来源，也是物联网商业模式的输入；效率与新颖作为物联网的经济价值，是价值获取的结果，也是物联网商业模式的输出。由此，可以根据物联网的技术能力（价值创造）与物联网的经济价值（价值获取）识别物联网商业模式的维度，如图10.5所示。图10.5揭示了物联网商业模式的四个维度，分别为基于感知的效率、基于感知的新颖、基于智能的效率、基于智能的新颖。

基于感知的效率侧重运用物联网技术的感知能力提升现有流程、产品或服务；基于感知的新颖侧重运用物联网技术的感知能力引入新的流程、产品

价值创造＼价值获取	效率	新颖
感知	基于感知的效率	基于感知的新颖
智能	基于智能的效率	基于智能的新颖

图 10.5　物联网商业模式的维度结构

或服务；基于智能的效率侧重运用物联网技术的智能能力提升现有流程、产品或服务；基于智能的新颖侧重运用物联网技术的智能能力引入新的流程、产品或服务。

2. 物联网驱动下的商业模式创新实践

在物联网环境中，物联网相关企业主要还是通过创新商业模式来实现盈利。国内外互联网企业莫不如此。物联网驱动下的商业模式创新实践，主要体现在以下四个方面：提供产品的即时跟踪服务、提供可度量的信息服务、终端客户参与价值创造、实时商务分析与决策制定。

1）提供产品的即时跟踪服务

对于商业模式而言，从提供产品到提供服务，是一种演进趋势。物联网的出现，提供了产品即服务（product as a service，PaaS）场景使能的支持技术。传感器可以跟踪产品，并给出定位。某个产品的使用时间以及使用场景可以被精确地记录到文档中，并可追溯。这样，相关企业就可以为产品或者配件提供精准的维护和维修服务。通过开放的物联网架构，不同的 PaaS 可以被融合。其实，PaaS 的物联网应用场景已经无处不在。拿我们熟悉的车辆行业来说，Daimler 公司推出了“汽车共享”计划 Car2Go。目前租车计费模式是根据车辆型号、行驶时间、耗油量等指标，而 Car2Go 的计费模式根据非常精准的汽车使用状况，包括发动机转速、加速度、车载重量以及其他的详细指标。这种模式激励了汽车的环保使用方式。第三方公司可以通过监控数据为车辆提供检修服务，第三方的服务中心可以为汽车提供停靠和保养服务。这种商业模式使得用户的花费可以被精确计算，最大限度地减少在租车过程中的人力消耗，并且可以和多家第三方公司合作，各尽其长。这种商业模式打破了传统租车企业按天计费和在门店租车还车的运营模式。

2）提供可度量的信息服务

当信息以度量的方式进行计费时，信息服务提供商的商业机会就来了。企业信息技术部门将会告别以成本投入为主的时代，进入盈利时代。物联网相关的数据可存储在数据中心，并得到处理。信息服务提供商还可以对物联网的各种信息进行聚合和处理，从而提高信息的价值。在物联网中，随着样本量的增加，信息收集成本的下降，信息分析的即时性提高，信息服务提供商可以彻底改变原有的市场研究方式。可以说，在防伪溯源领域的应用就是信息服务提供商的应用场景。以爱创的食品质量安全追溯为例，爱创从一个集成商的角度，用了一维码、二维码、RFID，甚至用了激光感知，然后综合起来做产品。例如，爱创给伊利做的牛奶包装就用了一个随机码，一半码印在盒里，一半码印在盒外面，来实现对它唯一的可控和追溯；又如，给华润做的每个啤酒盖上加上激光码，然后用照相的方式，24 瓶显示之后把它和那一箱做绑定，这就是信息服务的部分。可以说，这种商业模式主要借助物联网的唯一标识技术和计费模式才能实现，不过也增加了信息获取和聚集、信息系统购买和维护的成本。

3）终端客户参与价值创造

物联网提供了一个新的平台，用户可以投身到合作创造的过程中来。一方面，用户可参与到产品和服务生命周期各阶段的开发过程中；另一方面，各利益方可以参与到物联网价值的共创过程中。物联网综合计费方案可实现商家和终端客户之间的信息无缝双向流动。以下两家美国农场的例子就是最好的说明。第一个例子是，美国有超过两亿个农场，80%都是小农场，它们把自己产品在 LocalHarvest 网站上直接卖给消费者，网站展示一张美国地图（绿色标注是农场位置，红色是农贸市场或商店，蓝色是由附近农场供给的餐馆，紫色是杂货店），顾客输入邮编，网站上会提示附近的农场、市场等信息，顾客可通过平台实现 O2O 购物。第二个例子是，Blain's Farm & Fleet 美国中西部知名农场零售连锁，其销售品类有 15 万种，线上线下协同：一方面，顾客利用智能手机 APP 的 GPS 或输入邮编可查最近的商店和商品，网上下单就近取货，系统自动提供驾车路线；另一方面，在脸书上搞猜图片送礼品卡活动，拉动顾客。

4）实时商务分析与决策制定

以物流为例，对于物流而言，实时就是没有确切的时间限制。相比传统物流花费几天甚至几周，目前物流时间不过几个小时甚至几分钟，这就是一种实时。使用实时的业务分析并做出决策更为合适，其融合多种技术来获取信息，并对信息加以整合，增加信息的价值，进而促进物联网基础设施的应用。以智能卡车为例，卡车向物联网传递数据，获得实时的回应。一些简单的任务，如导航和动态路由，可以不通过物联网。但是更复杂的任务，如实时跟踪和状态监测，将在很大程度上受益于物联网。

问题思考

1. 商业模式创新与科技进步之间的关系是怎样的？
2. 大数据技术的发展对商业模式创新的影响有哪些？
3. 云计算技术的发展对商业模式创新的影响有哪些？
4. 物联网技术的发展对商业模式创新的影响有哪些？

案例分析

阿里 supET 工业互联网平台

阿里云在工业互联网领域拥有多个核心产品，如 ET 工业大脑和 supET、飞龙、飞象工业互联网平台等。ET 工业大脑是阿里云工业互联网平台的智能引擎和核心构件，而三个工业互联网平台无论在技术架构、服务能力还是运营模式等方面都是类似的，实际上是同一个平台，是阿里出于区域布局需要而做出的策略性安排，其中 supET 是全国性的平台，飞龙面向广东，飞象面向重庆。

1. supET 平台发展历程

2009 年，由阿里云自主研发、服务全球的超大规模通用计算操作系统飞天操作系统诞生，将云计算的三个方向整合起来：提供足够强大的计算能力，提供通用的计算能力，提供普惠的计算能力。2018 年，飞天 2.0 发布，支撑阿里云遍布全球的计算基础设施，针对亿万个端进行广泛适配，覆盖从物联网场景随时启动的轻计算到超级计算能力。

2013 年，淘工厂开始运营。淘工厂是链接淘宝卖家与工厂的平台，解决淘宝卖家找工厂难、试单难、翻单难、新款开发难的问题。它为电商卖家与优质工厂搭建了一条稳固的桥梁，一站式解决卖家供应链难题。

2017 年 3 月，阿里云在云栖大会深圳峰会宣布推出 ET 工业大脑。ET 工业大脑解决的是制造业的核心问题，通过并不昂贵的传感器、智能算法和强大的计算能力，让机器能够感知、传递和自我诊断问题。

2018 年 4 月，阿里云牵头启动 supET 工业互联网平台建设，旨在构筑包容、共赢、开放、协作的工业互联网平台生态，推动云计算、大数据、物联网、人工智能等新一代信息技术与工业的融合，为各行各业提供普惠的、一站式的数字化、网络化、智能化服务，助推中国制造业转型升级。

2018 年 6 月，supET“1＋N”工业互联网平台体系建设启动仪式在杭州阿里巴巴西溪园区举行，阿里云工业互联网有限公司正式揭牌成立。

2018 年 8 月，在重庆云栖大会上，阿里云 IoT 联合南岸区政府发布“飞象工业互联网平台”，计划 3 年内将接入 100 万工业设备，5 年内助力重庆 4000 家制造企业实现“智造”，打造工业互联网的“重庆标准”。

2018 年 11 月，在广东云栖大会上，阿里云发布飞龙工业互联网平台，该平台立足广东，辐射粤港澳大湾区，帮助广东打造新能源、电气装备等八大工业互联网产业集群。并宣布阿里云工业互联网总部落户广州。

在世界互联网大会上，阿里云 supET 工业互联网平台获世界互联网领先科技成果，也是唯一获奖的工业互联网平台。并成功入选首批国家工业互联网创新发展工程。

2019 年 8 月，阿里云 supET 入选工信部跨行业跨领域工业互联网平台。

2020 年 6 月，阿里云在 2020 云峰会上正式发布“云上春雷”计划，升级阿里云工业互联网平台，将在未来 3 年新增 100 万家企业上云，培养 1000 家行业服务商，助力 10000 家工厂完成数字化改造。

2. “1＋N”工业互联网体系

图 10.6 显示了整个 supET “1＋N”工业互联网平台体系架构，该平台体系由阿里云、中控、之江实验室联合打造。阿里云负责平台技术及产品架构，提供云计算能力、工业大数据模型和算法，以及生态协同创新模式。中控提供流程制造工业自动化、智能制造的专业技术能力和工业场景。之江实验室则结合其在工业领域的科研能力，为平台提供基础科研技术支撑。

“1”是指培育一个跨行业、跨领域、具有国际水准的国家级工业互联网平台——supET 工业互联网平台，提供基础架构、算法模型、数据处理、计算能

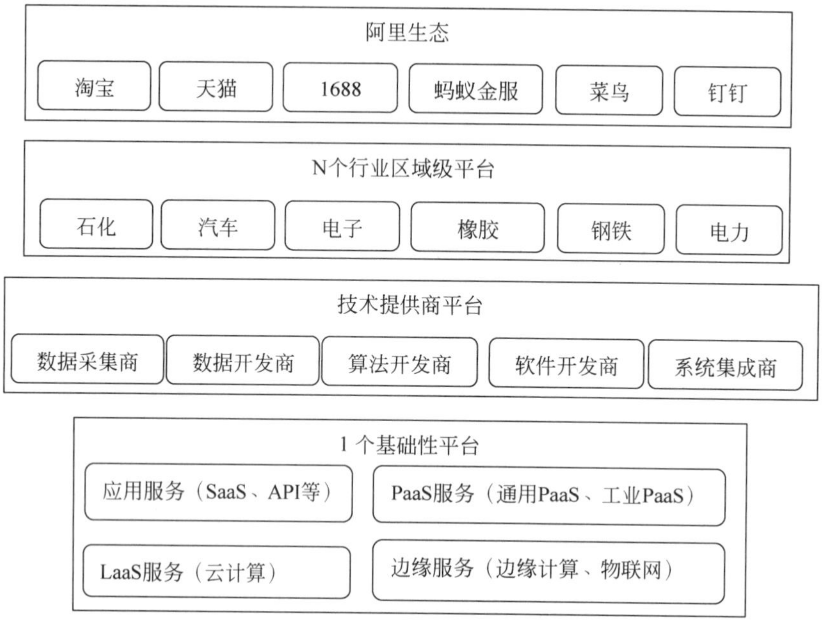

图 10.6　supET“1＋N”工业互联网平台体系

力、安全存储、平台联通等基础、共性、通用工具和服务。“N”是指培育一批行业级、区域级、企业级等多级工业互联网平台——围绕石油化工、汽车制造、电子制造、船舶修造、纺织服装、工程机械、供应链物流等领域，培育一批具有引领作用的行业级工业互联网平台；面向毛衫、经编、袜业、水晶、轴承、螺杆等浙江省块状经济产业集聚区，培育一批具有地方特色的区域级工业互联网平台；围绕龙头企业上下游产业链生态圈数字化、网络化、智能化发展需求，培育一批具有市场竞争力的企业级工业互联网平台。

3. supET 平台构架与体系

supET 是阿里“新制造”最重要的基础设施，向上对接订单信息，向下对接生产信息，同时沟通金融服务平台、物流服务平台和人才培育平台，实现工厂智能改造、工厂与工厂智联，最重要的是打通消费与生产之间的联系，可分为以下四个层级。

第一层：感知层，智能的感知控制。各类传感系统嵌入设备中，或者贴附在设备上，连接生产、库存、物流等环节，收集生产和环境数据。

第二层：平台层，全面的互联互通，即物联平台与边缘计算平台。传感器数据回传至平台，自动触发相关动作，打造以数据为关键要素的一站式服务平台。

第三层：智能层，深度的数据应用，即 ET 工业大脑。一方面对数据进行清洗、建模、分析和优化，另一方面将行业知识凝练在行业软件中，支持多源异构数据和设备的深度开发应用，实现行业技术和信息技术的“组合进化”。主要包括数据工厂、算法工厂、AI 创作间三个部分。

第四层：应用层，创新的服务模式。技术的“组合进化”引发服务业创新，产生新的商业价值，如定制、增值、运营、租赁、咨询、设计、教育等。

4. 平台核心服务能力

核心平台服务能力主要有三项。

第一，工业物联网服务。实现云、边、端一体化管理，服务了纺织服装、电子制造、机械加工等行业。

第二，工业数据智能化服务（ET 工业大脑）。实现工业数据智能化、分析应用，服务了光伏、橡胶、化工、电力、水泥、钢铁等数十个行业，且相关行业知识、领域能力都由这个平台上的合作方共同提供。

第三，工业 APP 运营服务。帮助软件开发商、系统集成商实现一站式的工业 APP 的开发、集成、托管、运维服务。此外，浙江中控侧重在于企业现场端为大中型企业提供工业自动化和智能制造的解决方案，并可与阿里云的云上平台对接。之江实验室建设了工业互联网攻防实验场和威胁态势感知平台。

问题讨论：

1. 阿里 supET 工业互联网平台的搭建体现了哪些技术发展的最新进展？
2. 阿里 supET 工业互联网平台本身的商业模式创新具有什么特征？
3. 阿里 supET 工业互联网平台将会引致哪些领域的商业模式创新？

参考文献

[1] 奥利弗，卡洛琳，米凯拉. 商业模式创新设计大全[M]. 聂茸，贾红霞，译. 北京：中国人民大学出版社，2017.

[2] 边沁. 道德与立法原理导论[M]. 时殷弘，译. 北京：商务印书馆，2000.

[3] 池本正纯. 图解商业模式[M]. 耿丽敏，译. 北京：人民邮电出版社，2018.

[4] 胡保亮. 商业模式：创新机理与绩效影响[M]. 北京：经济科学出版社，2014.

[5] 胡保亮. 物联网商业模式：构建机制与绩效影响[M]. 北京：经济科学出版社，2016.

[6] 姜启军，齐亚丽. 企业伦理[M]. 北京：中国轻工业出版社，2009.

[7] 今枝昌宏. 商业模式教科书[M]. 王晗，译. 北京：华夏出版社，2020.

[8] 克莱顿・克里斯坦森. 创新者的窘境[M]. 胡建桥，译. 北京：中信出版社，2014.

[9] 马化腾，孟昭莉，闫德利，等. 数字经济——中国创新增长新动能[M]. 北京：中信出版集团，2017.

[10] 三谷宏治. 商业模式全史[M]. 马云雷，杜君林，译. 南京：凤凰文艺出版社，2015.

[11] 数字经济发展研究小组，中国移动通信联合会区块链专委会，数字岛研究院. 中国城市数字经济发展报告(2019-2020) [R]. (2020-5-16)[2020-9-11]. http://www.cbdio.com/BigData/2020-05/09/content_6156160.htm.

[12] 汤潇. 数字经济——影响未来的新技术、新模式、新产业[M]. 北京：人民邮电出版社，2019.

[13] 亚历山大・奥斯特瓦德，伊夫・皮尼厄. 商业模式新生代[M]. 北京：机械工业出版社，2011.

[14] 杨大鹏. 数字产业化的模式与路径研究：以浙江为例[J]. 中共杭州市委党校学报，2019(5)：76-82.

[15] 于惊涛，肖贵荣. 商业伦理理论与案例[M]. 北京：清华大学出版社，2016.

[16] 于晓宇，王洋凯，李雅洁. VUCA 时代下的企业生态战略[J]. 清华管理评论，2018，10(12)：68-74.

[17] 余来文，陈吉乐，温著彬，等. 大数据商业模式[M]. 北京：经济管理出版社，2014.

[18] 余来文，封智勇，孟鹰. 物联网商业模式[M]. 北京：经济管理出版社，2019.

[19] 余来文，林晓伟，封智勇，等. 互联网思维 2.0：物联网、云计算、大数据[M]. 北京：经济管理出版社，2018.

[20] 余来文，王乔，封智勇. 云计算商业模式[M]. 福州：福建人民出版社，2013.

[21] 原磊. 商业模式与企业创新[M]. 北京：经济管理出版社，2017.

[22] 中国科学院科技战略咨询研究院课题组. 产业数字化转型战略与实践[M]. 北京：机械工业出版社，2020.

[23] AMIT R，ZOTT C. Value creation in e-business[J]. Strategic management journal，2001，22(6/7)：493-520.

[24] ASPARA J，HIETANEN J，TIKKANEN H. Business model innovation vs. replication：financial performance implications of strategic emphases[J]. Journal of strategic marketing，2010，18 (1)：39-56.

[25] ASPARA J，LAMBERG J A，LAUKIA A，et al. Corporate business model transformation and interorganisational cognition：the case of Nokia[J]. Long range planning，2013，46(6)：459-474.

[26] BHAMRA R，DANI S，BURNARD K. Resilience：the concept，a literature review and future directions[J]. International journal of production research，2011，49(18)：5375-5393.

[27] BOEKER W. Strategic change：the influence of managerial characteristics and organizational growth[J]. Academy of management journal，1997，40(1)：152-170.

[28] BOONE C,HENDRIKS W. Top management team diversity and firm performance: moderators of functional-background and locus-of-control diversity[J]. Management science,2009,55(2): 165-180.

[29] BUYL T,BOONE C,HENDRIKS W,et al. Top management team functional diversity and firm performance: the moderating role of CEO characteristics[J]. Journal of management studies, 2011,48(1): 151-177.

[30] CARPENTER M A,FREDRICKSON J W. Top management teams,global strategic posture,and the moderating role of uncertainty[J]. Academy of management journal,2003,44(3): 533-545.

[31] CASADESUS-MASANELL R,RICART J E. From strategy to business models and to tactics[J]. Long range planning,2010,43(2/3):195-215.

[32] CASADESUS-MASANELL R, TARZIJAN J. When one business model isn't enough[J]. Harvard business review,2012,90(1/2): 132-137.

[33] CHESBROUGH H W,ROSENBLOOM R S. The role of the business model in capturing value from innovation: evidence from Xerox corporation's technology spinoff companies[J]. Industrial and corporate change,2002,11(3): 529-555.

[34] CHOI T Y,DOOLEY K J,RUNGTUSANATHAM M. Supply networks and complex adaptive systems: control versus emergence[J]. Journal of operations management,2001,19(3): 351-366.

[35] CLAUSS T,KESTING T, NASKRENT J. A rolling stone gathers no moss: the effect of customers' perceived business model innovativeness on customer value co-creation behavior and customer satisfaction in the service sector[J]. R&D management,2019,49(2): 180-203.

[36] TEECE D J,PISANO G, SHUEN A. Dynamic capabilities and strategic management[J]. Strategic management journal,1997,18(7): 509-533.

[37] DE REUVER M,BOUWMAN H. Governance mechanisms for mobile service innovation in value networks[J]. Journal of business research,2012,65(3): 347-354.

[38] PEDERSEN E R G,GWOZDZ W, HVASS K K. Exploring the relationship between business model innovation,corporate sustainability,and organisational values within the fashion industry [J]. Journal of business ethics,2018,149(2): 267-284.

[39] FERRIER W J. Navigating the competitive landscape: the drivers and consequences of competitive aggressiveness[J]. Academy of management Journal,2001,44(4): 858-877.

[40] CHESBROUGH H. Business model innovation: it's not just about technology anymore[J]. Strategy & leadership,2007,35(6): 12-17.

[41] HOU H,CUI Z Y,SHI Y J. Learning club,home court,and magnetic field: facilitating business model portfolio extension with a multi-faceted corporate ecosystem[J]. Long range planning, 2020,53(4): 1-59.

[42] IANSITI M,LEVIEN R. Strategy as ecology[J]. Harvard business review,2004,82(3): 68-78.

[43] JOO J,SHIN M M. Building sustainable business ecosystems through customer participation: a lesson from South Korean cases[J]. Asia pacific management review,2018,23(1): 1-11.

[44] RAMEZANI J,CAMARINHA-MATOS L M. Approaches for resilience and antifragility in collaborative business ecosystems[J]. Technological forecasting & social change,2020,151(2): 1-26.

[45] JOHNSON M W,CHRISTENSEN C C,KAGERMANN H. Reinventing your business model [J]. Harvard business review,2008,86(12): 50-59.

[46] RONG K,PATTON D,CHEN W W. Business models dynamics and business ecosystems in the

emerging 3D printing industry[J]. Technological forecasting & social change, 2018, 134: 234-245.

[47] KEININGHAM T, BALL J, BENOIT S, et al. The interplay of customer experience and commitment[J]. Journal of services marketing, 2017, 31(2): 148-160.

[48] KEININGHAM T, AKSOY L, BRUCE H L, et al. Customer experience driven business model innovation[J]. Journal of business research, 2020, 116(8): 431-440.

[49] KHANAGHA S, VOLBERDA H, OSHRI I. Business model renewal and ambidexterity: structural alteration and strategy formation process during transition to a cloud business model [J]. R&D management, 2014, 44 (3): 322-340.

[50] KIM W C, MAUBORGNE R. Blue ocean strategy: how to create uncontested market space and make competition irrelevant[M]. Boston: Harvard Business School Press, 2005.

[51] KOR Y Y. Experience-based top management team competence and sustained growth [J]. Organization Science, 2003, 14(6): 707-719.

[52] LEMON K N, VERHOEF P C. Understanding customer experience throughout the customer journey [J]. Journal of marketing, 2016, 80(6): 69-96.

[53] MAGRETTA J. Why business models matter[J]. Harvard business review, 2002, 80(5): 86-92.

[54] MARKIDES C. Disruptive innovation: in need of better theory [J]. Journal of product innovation management, 2006, 23(1): 19-25.

[55] MARTINS L L, RINDOVA V P, GREENBAUM B E. Unlocking the hidden value of concepts: a cognitive approach to business model innovation[J]. Strategic entrepreneurship journal, 2015, 9 (1): 99-117.

[56] MOORE J F. Predators and prey: a new ecology of competition[J]. Harvard business review, 1993, 71(3): 75-86.

[57] MORRIS M, SCHINDEHUTTE M, ALLEN J. The entrepreneur's business model: toward a unified perspective[J]. Journal of business research, 2005, 58(6): 726-735.

[58] MORRISON S, CRANE F G. Building the service brand by creating and managing an emotional brand experience[J]. Journal of brand management, 2007, 14(5): 410-421.

[59] OSTERWALDER A, PIGNEUR Y. Business model generation: a handbook for visionaries, game changers and challengers[M]. Hoboken: John Wiley & Sons Inc, 2010.

[60] PRIEM R L, BUTLER J E, LI S. Toward reimagining strategy research: Retrospection and prospection on the 2011 AMR decade award article[J]. Academy of management review, 2013, 38 (4): 471-489.

[61] PRIEM R L, LI S, CARR J C. Insights and new directions from demand-side approaches to technology innovation, entrepreneurship, and strategic management research [J]. Journal of management, 2012, 38(1): 346-374.

[62] PRIEM R L, WENZEL M, KOCH J. Demand-side strategy and business models: putting value creation for consumers center stage[J]. Long range planning, 2018, 51(1): 22-31.

[63] PRIEM R L. A consumer perspective on value creation[J]. The academy of management review, 2007, 32(1): 219-235.

[64] SIDHU J S, COMMANDEUR H R, VOLBERDA H W. The multifaceted nature of exploration and exploitation: value of supply, demand, and spatial search for innovation [J]. Organization science, 2007, 18(1): 20-38.

[65] SNIHUR Y, TARZIJAN J. Managing complexity in a multi-business-model organization[J]. Long range planning, 2018, 51(1): 50-63.

[66] SPIETH P, ROETH T, MEISSNER S. Reinventing a business model in industrial networks: implications for customers' brand perceptions[J]. Industrial marketing management, 2019, 83(11): 275-287.

[67] TEECE D J. Business models, business strategy and innovation[J]. Long range planning, 2010, 43(2/3): 172-194.

[68] TEECE D J. Explicating dynamic capabilities: the nature and microfoundations of (sustainable) enterprise performance[J]. Strategic management journal, 2007, 28(13): 1319-1350.

[69] WARD T B. Cognition, creativity, and entrepreneurship[J]. Journal of business venturing, 2004, 19(2): 173-188.

[70] ZHANG J, JIANG Y, SHABBIR R, et al. Building industrial brand equity by leveraging firm capabilities and co-creating value with customers[J]. Industrial marketing management, 2015, 51(3): 47-58.

[71] ZOTT C, AMIT R, MASSA L. The business model: recent developments and future research[J]. Journal of management, 2011, 37(4): 1019-1042.

[72] ZOTT C, AMIT R. Designing your future business model: an activity system perspective[J]. Long range planning, 2010, 43(2/3): 216-226.

图书资源支持

感谢您一直以来对清华版图书的支持和爱护。为了配合本书的使用，本书提供配套的资源，有需求的读者请扫描下方的“书圈”微信公众号二维码，在图书专区下载，也可以拨打电话或发送电子邮件咨询。

如果您在使用本书的过程中遇到了什么问题，或者有相关图书出版计划，也请您发邮件告诉我们，以便我们更好地为您服务。

我们的联系方式：

地　　址：北京市海淀区双清路学研大厦 A 座 714

邮　　编：100084

电　　话：010-83470236　010-83470237

客服邮箱：2301891038@qq.com

QQ：2301891038（请写明您的单位和姓名）

资源下载：关注公众号“书圈”下载配套资源。

资源下载、样书申请

书圈

图书案例

清华计算机学堂

观看课程直播